A REFUNDAÇÃO DO PAPEL DO ESTADO NAS POLÍTICAS SOCIAIS
A ALTERNATIVA DO MOVIMENTO MUTUALISTA

ANA PAULA SANTOS QUELHAS

A REFUNDAÇÃO DO PAPEL DO ESTADO NAS POLÍTICAS SOCIAIS
A ALTERNATIVA DO MOVIMENTO MUTUALISTA

Dissertação de Mestrado em Sociologia
As Sociedades Nacionais perante os Processos de Globalização
da Faculdade de Economia da Universidade de Coimbra

ALMEDINA

TÍTULO:	A REFUNDAÇÃO DO PAPEL DO ESTADO NAS POLÍTICAS SOCIAIS – A ALTERNATIVA DO MOVIMENTO MUTUALISTA
AUTORA:	ANA PAULA DO CANTO LOPES P. SANTOS QUELHAS
EDITOR:	LIVRARIA ALMEDINA – COIMBRA www.almedina.net
DISTRIBUIDORES:	LIVRARIA ALMEDINA ARCO DE ALMEDINA, 15 TELEF. 239 851900 FAX 239 851901 3004-509 COIMBRA – PORTUGAL LIVRARIA ALMEDINA – PORTO RUA DE CEUTA, 79 TELEF. 22 2059773 FAX 22 2039497 4050-191 PORTO – PORTUGAL EDIÇÕES GLOBO, LDA. RUA S. FILIPE NERY, 37-A (AO RATO) TELEF. 21 3857619 FAX 21 3844661 1250-225 LISBOA – PORTUGAL LIVRARIA ALMEDINA ATRIUM SALDANHA LOJA 31 PRAÇA DUQUE DE SALDANHA, 1 TELEF. 21 3712690 atrium@almedina.net
EXECUÇÃO GRÁFICA:	G.C. – GRÁFICA DE COIMBRA, LDA. PALHEIRA – ASSAFRAGE 3001-453 COIMBRA Email: producao@graficadecoimbra.pt ABRIL, 2001
DEPÓSITO LEGAL:	161857/01

Toda a reprodução desta obra, por fotocópia ou outro qualquer processo, sem prévia autorização escrita do Editor, é ilícita e passível de procedimento judicial contra o infractor.

*Aos meus Pais,
ao José Manuel
e aos nossos Filhos,
José Maria,
António Maria
e Manuel Maria*

NOTA DA AUTORA

O trabalho que agora se publica segue de perto o texto da dissertação de Mestrado em Sociologia *A refundação do papel do Estado nas políticas sociais – a alternativa do movimento mutualista*, apresentada na Faculdade de Economia da Universidade de Coimbra em 10 de Dezembro de 1999 e defendida em provas públicas em 3 de Março de 2000, perante um Júri constituído pelos Senhores Professores Doutores Maria Ioannis Baganha, Rogério Roque Amaro, Pedro Hespanha e Rui Namorado.

Quero exprimir o meu agradecimento aos Professores do Mestrado, em particular aos responsáveis dos Seminários que compuseram a parte lectiva do Curso, Senhor Doutor Boaventura de Sousa Santos, do Seminário *Estado, Cidadania e Globalização*, Senhora Doutora Maria Ioannis Baganha, do Seminário *Migrações, Mobilidade e Globalização*, e Senhor Doutor João Arriscado Nunes, do Seminário *Cultura, Ciência e Globalização*, pelos espaços privilegiados de aprendizagem que souberam promover.

Ao Senhor Doutor Pedro Hespanha, orientador do trabalho, devo a disponibilidade de sempre, bem como o consentimento em elaborar o prefácio a esta publicação.

Aos Senhores Doutores Roque Amaro e Rui Namorado agradeço o facto de terem feito da discussão não apenas um momento de crítica, mas, sobretudo, de exortação e de estímulo.

Uma palavra de reconhecimento para o Senhor Professor Matos Carvalho e para a Senhora Dra. Maria de Lurdes Vieira, pelo encorajamento que me deram, ao longo dos mais de dois anos de partilha diária, enquanto membros do Conselho Directivo do Instituto Superior de Contabilidade e Administração de Coimbra. À Senhora Dra. Maria da Assunção Andrade Campos, também do ISCAC, agradeço o esclarecimento pronto, em cada dúvida surgida, aquando do tratamento estatístico dos inquéritos.

À Livraria Almedina, na pessoa do Senhor Engenheiro Carlos Pinto, fico a dever a possibilidade de dar a conhecer o trabalho realizado.

Por último, a todos os mutualistas que continuam a acreditar nas potencialidades do mutualismo, principalmente aos das associações que se dispuseram a colaborar no trabalho empírico, é deles a minha estima e a minha profunda gratidão.

Coimbra, Fevereiro de 2001

PREFÁCIO

Estamos no fim de uma era em que o Estado se assumiu – e a sociedade o reconheceu como tal – como o grande promotor do bem-estar social e o principal responsável pela solução dos problemas sociais. Não importando aqui justificar nem a razão dessa postura, nem as razões que a fizeram mudar, desejaria sublinhar, em vez disso e em primeiro lugar, a reemergência do debate em torno de formas organizativas que funcionem como alternativas ao actual sistema e, depois, assinalar a revalorização que começa a ser feita de iniciativas que permitem aos sectores mais desprotegidos da sociedade dar resposta aos problemas que enfrentam, sem recurso ao Estado ou ao mercado, ou sem dependência inexorável de qualquer um destes.

Fala-se, a propósito, da reemergência do terceiro sector, uma designação ampla, capaz de cobrir uma grande diversidade de iniciativas, todas elas desenvolvidas à margem do Estado e do mercado. Dado que nem o mercado, por causa da modernização, nem o Estado, por causa do défice, podem criar as actividades sociais que se impõe criar no momento actual, a noção de terceiro sector volta de novo à ordem do dia, embora, como observa Rosanvallon, ela assuma hoje uma dimensão mais social, ligada à ideia de inserção, do que nos anos 70 quando apareceu como uma alternativa às nacionalizações e à estatização da economia.

A questão que se coloca é a de saber se estas instituições são capazes de enfrentar os problemas sociais e de dispor de recursos como aqueles que até agora têm sido garantidos aos serviços públicos. Muitos autores, noutras sociedades e com base em outras experiências, têm sustentado a incapacidade de o sector privado não lucrativo assumir aquelas responsabilidades e, em resultado disso, antecipado o desenvolvimento rápido de um sector empresarial de mercado capaz de suprir os cortes da despesa pública ou de tomar a seu cargo os serviços privatizados. Não parece ser esse o caso de Portugal.

O debate sobre as formas de mobilizar os recursos, estimular a participação e garantir uma protecção adequada às condições que teremos que enfrentar no futuro, passa por uma avaliação das experiências que existem na nossa sociedade – dos seus trunfos e das suas debilidades – nomeadamente daquelas que têm desempenhado um papel mais saliente. E, na verdade, a experiência que temos neste domínio das iniciativas de organização autónoma dos cidadãos em Portugal é riquíssima. Muitas delas têm uma longa tradição, como é o caso das misericórdias, das mutualidades ou das cooperativas; outras são mais recentes mas conheceram em pouco tempo um êxito assinalável, como as instituições particulares de solidariedade social, as associações de desenvolvimento ou as empresas de inserção.

Tenho a convicção de que algumas destas novas fórmulas organizativas que estão a emergir não fazem devida justiça nem prestam a devida atenção às velhas fórmulas que procuraram atacar problemas não muito distintos dos que se colocam hoje. Por outro lado, aprende-se pouco com a diversidade das respostas encontradas, reinventam-se soluções, redesenham-se modelos de organização, reconstroem-se projectos de intervenção como se fosse a primeira vez que uma resposta foi encontrada. Por isso considero da maior valia todos os estudos que incidam sobre as experiências de organização autónoma dos cidadãos, que comparem os resultados dessas experiências ou que questionem a sua validade para o futuro.

Foi, assim, com o maior gosto que vi surgir e acompanhei o trabalho da Ana Paula Quelhas sobre a actualidade e o futuro do mutualismo em Portugal. Trata-se de um estudo destinado a avaliar, em particular, a capacidade de resposta das associações mutualistas num sistema renovado de segurança social.

Tendo partido, para esse trabalho, sob o impacto da imagem banalizada da decadência do movimento mutualista, da obsolescência das organizações e do desajustamento dos seus propósitos, ela encontrou uma realidade bem mais complexa. É certo que existe uma boa parte de associações em claro declínio e, relativamente a essas, o estudo revelou-se de grande utilidade ao evidenciar os motivos que conduziram a essa situação, os sinais do desinteresse dos associados, o efeito da concorrência de respostas mais atractivas, o surgimento de dificuldades insuperáveis. As lições colhidas de uma longa prática associativa são um instrumento valioso para as novas modalidades que se pretende agora implantar.

Mas a descoberta mais interessante do estudo reside no elevado dinamismo que foi possível encontrar em algumas modalidades da acção mutualística, designadamente na da saúde e na das pensões, precisamente dois domínios da protecção social em que a resposta pública é particularmente deficiente ou problemática. Existe da parte das associações a convicção de que o seu papel é extremamente relevante e de que existem condições para utilizar a fórmula mutualista como alternativa ou complemento do sistema público e em termos concorrenciais com o sector privado lucrativo. Mas também se está consciente das limitações que é necessário superar, algumas delas de natureza institucional como os constrangimentos à liberdade de gestão financeira decorrentes do próprio regime legal que regula as mutualidades.

Fica ao leitor avaliar este contributo para uma discussão que, entre nós, tem conhecido mais a argumentação ideológica do que a fundamentação baseada num conhecimento sério da realidade. Se é certo que a questão – velhas fórmulas para novos problemas ou novas fórmulas para velhos problemas ? – permanece ainda sem uma resposta definitiva, este trabalho ajuda-nos, decerto, a fazer luz sobre essa resposta ...

4 de Fevereiro de 2001

Pedro Hespanha

LISTA DE QUADROS

• Incluídos no texto principal:

QUADRO 1	– Idades legais de acesso à reforma
QUADRO 2	– Despesas de protecção social por habitante – 1994
QUADRO 3	– Prestações sociais em percentagem do PIB – 1990/1995
QUADRO 4	– Percentagem das despesas de protecção social por função – 1990/1995
QUADRO 5	– Indicador conjuntural de fecundidade – 1960/1995
QUADRO 6	– Taxa de mortalidade – 1960/1995
QUADRO 7	– Saldo migratório total – 1960/1995
QUADRO 8	– Percentagem de cidadãos estrangeiros na população total – 1950/1995
QUADRO 9	– População de 65 e mais anos em percentagem da população total – 1960/1995
QUADRO 10	– População de 0-14 anos em percentagem da população total – 1960/1995
QUADRO 11	– Dimensão média das famílias – 1981/1995
QUADRO 12	– Percentagem de Famílias em função da sua dimensão – 1995
QUADRO 13	– Taxa bruta de Nupcialidade – 1960/1995
QUADRO 14	– Número de divórcios por 1000 habitantes – 1960/1995
QUADRO 15	– Idades médias registadas à data de celebração do primeiro matrimónio – 1960/1992
QUADRO 16	– Taxa de actividade feminina – 1987/1996
QUADRO 17	– Localização por distrito das Associações Mutualistas portuguesas (91 associações)
QUADRO 18	– Localização por distrito das Associações Mutualistas portuguesas observadas
QUADRO 19	– Associações Mutualistas observadas por data de constituição
QUADRO 20	– Associações Mutualistas observadas por dimensão
QUADRO 21	– Perfil etário dos associados efectivos
QUADRO 21/A	– Distribuição da população associativa por sexo e por escalões etários
QUADRO 22	– Evolução do número global de associados
QUADRO 22/A	– Evolução do número global de associados de 1900 a 1999
QUADRO 22/B	– Evolução do número global de associados de 1920 a 1999
QUADRO 23	– Níveis de variação do número de associados nos dez anos transactos

QUADRO 24 – Distribuição da população associativa por anos de quotização
QUADRO 25 – Número de beneficiários
QUADRO 26 – Distribuição da população associativa por grupos profissionais
QUADRO 27 – Associados contribuintes, beneméritos, honorários ou outros
QUADRO 28 – Admissão de novos associados
QUADRO 29 – Financiamento dos sistemas públicos de pensões
QUADRO 30 – Papel do mutualismo no domínio das pensões de reforma
QUADRO 31 – Fontes de financiamento utilizadas
QUADRO 32 – Estrutura do financiamento por modalidades
QUADRO 33 – Adequabilidade dos apoios do Estado
QUADRO 34 – Níveis de importância atribuída a cada uma das fontes de financiamento
QUADRO 34/A – Fontes de financiamento pretendidas
QUADRO 35 – Apreciação do modelo de financiamento em vigor
QUADRO 36 – Trabalhadores ao serviço
QUADRO 37 – Participação do voluntariado
QUADRO 38 – Distribuição do pessoal por funções desempenhadas
QUADRO 39 – Relacionamento com outras associações mutualistas
QUADRO 40 – Gestão de regimes profissionais de Segurança Social
QUADRO 41 – Perspectivas futuras

• Incluídos em nota:

QUADRO I – Evolução dos fundos de pensões em Portugal – 1991/1996
QUADRO II.1 – Repartição dos associados efectivos por sexo e por nível etário (1 associação)
QUADRO II.2 – Repartição dos associados efectivos por sexo e por nível etário (1 associação)
QUADRO III – Áreas privilegiadas de actuação
QUADRO IV – Fontes de financiamento pretendidas

• Incluídos em anexo:

QUADRO 1 do Anexo I – Níveis de fiscalidade – percentagem das receitas fiscais em relação ao PIB (1965/1996)
QUADRO 2 do Anexo I – Importância dos principais impostos em percentagem das receitas fiscais (1965/1996)
QUADRO 3 do Anexo I – Estrutura das despesas da Segurança Social em percentagem das despesas correntes totais (1983/1994)
QUADRO 4 do Anexo I – Estrutura das prestações da protecção social por função em percentagem das prestações totais (1983/1994)

QUADRO 5 do Anexo I – Receitas correntes por tipo em percentagem das receitas correntes totais (1983/1994)

QUADRO 1 do Anexo II – População dos Estados-membros da União Europeia em 1 de Janeiro (1987/1997)

QUADRO 2 do Anexo II – Estrutura da População dos Estados-membros da União Europeia por grupos de idade e sexo em percentagem da população total (1983/1994)

QUADRO 3 do Anexo II – Projecções da População dos Estados-membros da União Europeia elaboradas por organismos diversos

QUADRO 4 do Anexo II – Projecções da População dos Estados-membros da União Europeia por grupo etário (elaboradas pelos Institutos Nacionais de Estatísticas)

NOTA PRÉVIA

O presente trabalho move-se entre o objectivo de determinar qual o papel reservado às associações mutualistas, num cenário de refundação das políticas sociais, e o de equacionar as suas potencialidades e os seus limites no desempenho desse papel. Procuraremos realizar esta tarefa de um modo abrangente, isto é, avaliando e articulando a actuação das associações mutualistas com a dos restantes agentes intervenientes nos processos de regulação social, a saber, das entidades privadas e, muito principalmente, do Estado.

Embora não nos mova o intuito de fazer a história dos modos de protecção social, arquitectámos o presente trabalho obedecendo a um critério de natureza cronológica, o que justifica a sua própria estrutura interna.

Desta forma, começaremos por apresentar alguns elementos caracterizadores das organizações que, num primeiro momento, se dedicaram a prover as necessidades de protecção dos indivíduos, o mesmo é dizer, organizações surgidas da livre vontade de associação dos seus constituintes e que caem no domínio do hoje denominado terceiro sector. Só depois avançaremos para o tratamento do Estado (construção do Estado-Providência, seu crescimento e sua crise), prosseguindo com a resposta do mercado e terminando com o reexame das potencialidades do terceiro sector, concretamente com as do movimento mutualista português, perante um contexto de refundação das políticas sociais.

A opção por esta estruturação, tendo por base a evolução diacrónica dos modos e dos agentes de protecção social, permite equacionar os movimentos sinusoidais dos diferentes modos e apurar o comportamento dos agentes que constituem os vértices do triângulo composto pela sociedade civil, pelo Estado e pelo mercado.

Assim sendo, logo no capítulo 1, intitulado «Terceiro sector, mutualismo e globalização», procuraremos formalizar o conceito de terceiro sector, cientes das dificuldades que encontraremos por diante, dada a latitude de que o próprio conceito enferma. De seguida, atendendo ao facto de as associações mutualistas nacionais serem objecto de estudo privilegiado neste trabalho, em particular no capítulo 5, intentaremos enquadrar o mutualismo no âmbito do terceiro sector, ao mesmo tempo que apontaremos alguns elementos concernentes ao seu surgimento e à sua evolução.

Finalizaremos este capítulo dedicando um ponto à problemática da globalização e que pretende ser um tributo ao tema que deu corpo ao Curso de Mestrado – *As Sociedades Nacionais perante os Processos de Globalização* –, no âmbito do qual se insere a presente dissertação. Muito embora o tratamento desta questão surja aqui individualizado, num ponto onde procuraremos ir no encalço das implicações dos processos de globalização sobre o terceiro sector em geral e sobre o mutualismo em particular, cuidamos que ela repassa todo o texto que aqui se apresenta, dado o próprio cariz transnacional do problema em apreço.

Sublinhe-se, aliás, que o interesse pelas potencialidades do mutualismo num contexto de refundação das políticas sociais decorre, em primeiro lugar, do recrudescimento que, no passado recente, particularmente desde os finais da década de setenta, o terceiro sector vem registando à escala global, isto é, tanto ao nível de países centrais como de países periféricos, tal como justamente é apontado por Boaventura de Sousa Santos ([1]).

Por outro lado, sabendo nós que o mutualismo português declinou fortemente após o Estado ter chamado a si a realização da *welfare function*, para querer reemergir nos últimos anos, urge questionar se não estaremos em presença de uma espécie de *movimento pendular* em que a prestação de cuidados sociais oscila entre a sociedade civil e o Estado. A ser verdade, importa precisar os contornos de tal articulação.

No capítulo 2, sob o título «A construção do Estado-Providência – a criação e o desenvolvimento dos sistemas públicos de protecção social», cuidaremos do surgimento dos sistemas públicos de assistência, tomando como referência espacial, os países que actualmente integram a União Europeia. Pretendemos, assim, conhecer o modo como se construiu aquilo que hoje designamos por Estado-Providência.

No âmbito dos sistemas de protecção social, dedicaremos particular atenção ao domínio das pensões, sendo este um dos pontos nevrálgicos na refundação das políticas sociais e que tem constituído uma das pedras basilares da crise do Estado-Providência. Deste modo, trataremos, ainda, a questão do financiamento dos sistemas públicos de pensões, focando o binómio repartição/capitalização.

([1]) Cfr. B. S. SANTOS, *A Reinvenção Solidária e Participativa do Estado*, p. 14.

Ainda no mesmo capítulo, perante o crescimento da *welfare function*, referenciaremos as teorias explicativas do crescimento do Estado, bem como reflectiremos sobre a eficácia do Estado-Providência.

Reservámos o capítulo 3, denominado «Das causas da crise dos sistemas públicos de protecção social», para a apresentação dos factores susceptíveis de comprometer o modo de funcionamento dos sistemas públicos de protecção. Entre esses factores, privilegiaremos os elementos de natureza exógena, dando conta das fortes modificações demográficas que se têm feito sentir, desde meados da década de setenta, bem como das transformações ocorridas, num passado recente, quer ao nível social/ /comportamental, quer ao nível das relações de trabalho.

No capítulo 4, sob o título «Da privatização à re-socialização das políticas sociais», daremos conta das soluções que vêm sendo apontadas pelas entidades do sector privado como alternativas ao modo de regulação social preconizado pelo Estado-Providência. Em particular, debruçar-nos-emos sobre a actuação das entidades gestoras de fundos de pensões, procurando, sobretudo, pôr em evidência a inadequabilidade e a fraca abragência das propostas por elas apresentadas.

Neste trabalho, o capítulo 5, intitulado «O mutualismo português perante a refundação das políticas sociais: potencialidades e limites», constitui o espaço privilegiado de discussão. Começaremos por apresentar uma breve perspectiva da situação prevalecente no âmbito do terceiro sector à escala europeia, enquadrando o mutualismo nesse contexto. De seguida, tomando como referência as associações mutualistas portuguesas, procuraremos averiguar quais as suas potencialidades e quais os seus limites, tendo em vista o exercício de um papel activo num quadro de refundação das políticas sociais.

O trabalho prossegue com a inclusão de quatro anexos intitulados, respectivamente, «Estruturas fiscais e composição das receitas e das despesas da Segurança Social», «Estrutura Demográfica na União Europeia – Estatísticas e projecções», «Elenco de membros da Association Internationale de la Mutualité» e «Inquérito às associações mutualistas nacionais».

Enquanto que a inserção dos dois primeiros anexos é instrumental para a compreensão e para a caracterização da realidade subjacente aos capítulos 2 e 3, o terceiro assume um carácter meramente consultivo. Por seu turno, é no último anexo que incluímos os elementos que possibilitaram a realização do trabalho empírico apresentado no capítulo 5, ou sejam, o formulário utilizado e o universo considerado para efeitos do lançamento do inquérito às associações mutualistas nacionais.

O trabalho termina com a referência à informação bibliográfica; de realçar a menção de alguns textos de especialistas directamente ligados a Ministérios do Emprego, a instituições de solidariedade social, a seguradoras e a mutualidades, que, embora muitas vezes sem o adequado enquadramento teórico, permitem uma compreensão mais nítida da realidade destas instituições e o apuramento da percepção dos seus dirigentes e técnicos.

Acrescem, ainda, dois reparos finais.

Começámos por sublinhar a ausência de pretensões historicistas na realização deste estudo, quando, na verdade, e numa parte significativa do trabalho, nos remetemos para referências de natureza histórica. Tal resulta da necessidade de situarmos devidamente o problema em estudo e, acima de tudo, de estarmos em posse de elementos suficientes para podermos cumprir os objectivos que desde o início nos propusemos. Quando nos demitimos das tais pretensões historicistas, pretendíamos, sobretudo, desonerar-nos do carácter exaustivo que este estudo poderia eventualmente assumir. Pensamos, porém, ter atingido um ponto de equilíbrio entre a apresentação de elementos passados e a problematização de questões presentes.

Por último, saliente-se o facto de, em determinados capítulos, se apresentarem elementos atinentes aos países que actualmente integram a União Europeia, enquanto que, em outros contextos, nos limitamos a observar o caso nacional. Desde logo, importa esclarecer as razões da escolha da União Europeia, sendo que as questões que se problematizam ao longo desde trabalho se colocam com idêntica acuidade em outros países. Trata-se, em primeiro lugar, de um espaço à mercê dos desígnios da globalização. Em segundo lugar, tal decisão resultou da necessidade de encontrar um campo de estudo cuja dimensão permitisse, em simultâneo, o rigor analítico e a comparação de realidades diversas. Enquanto isso, no que diz respeito à realização do trabalho empírico, remetemo-nos para o caso nacional, concretamente para as associações mutualistas portuguesas, em virtude da (óbvia) maior facilidade de pesquisa.

CAPÍTULO 1

TERCEIRO SECTOR, MUTUALISMO E GLOBALIZAÇÃO

1.1 – Sobre o conceito de terceiro sector

Quando procuramos encontrar uma definição de terceiro sector, somos, de imediato, acometidos de dificuldades diversas. Trata-se, desde logo, de uma realidade ambígua e multifacetada.

Ambígua, dado o carácter híbrido das organizações que caem no seu domínio, instituições que se encontram a *meio-caminho* entre o Estado e o mercado. Tal como aponta Boaventura de Sousa Santos, o terceiro sector é formado por um «conjunto de organizações sociais que não são nem estatais nem mercantis, ou seja, organizações sociais que, por um lado, sendo privadas, não visam fins lucrativos, e, por outro lado, sendo animadas por objectivos sociais, públicos ou colectivos, não são estatais» [2].

Multifacetada, dada a variedade de fenómenos que é uso incluir no seu âmbito, desde as cooperativas e as associações mutualistas até às organizações não governamentais. Ocorre sublinhar que o próprio conceito é alvo de diferentes formulações de acordo com o contexto em que são produzidas, ao mesmo tempo que a mesma realidade merece designações diversas, consoante o local em questão [3].

---

[2] Cfr. B. S. SANTOS, *A Reinvenção Solidária e Participativa do Estado*, p. 13.

[3] De acordo com Bidet, enquanto que nos países francófonos se utilizam, quase indiscriminadamente, as designações de *tiers secteur* e de *économie sociale*, nos países de tradição anglo-saxónica preferem-se as designações de *third sector* ou de *nonprofit sector*, não sendo utilizado o termo *social economy*.

Neste sentido, cfr. E. BIDET, *L'économie sociale*, p. 62.

Por sua vez, nos países latino-americanos a designação mais comum é a de *organizações da sociedade civil*.

Cuidaremos, neste capítulo, da articulação entre os conceitos de terceiro sector e de economia social; enquanto isso, no capítulo 5, caracterizaremos a situação prevalecente no âmbito do terceiro sector, no que se refere a alguns países da União Europeia.

Na busca de uma conceptualização adequada, analisemos as raízes históricas sobre as quais se ergueram as instituições que hoje entendemos como sendo organizações do terceiro sector.

Sem prejuízo da existência de influências anteriores, tais organizações surgiram, predominantemente, com o intuito de fazer face às vicissitudes decorrentes da Revolução Industrial, ao embalo dos valores então proclamados pelos denominados *socialistas utópicos*. Entre esses percursores, salientamos os papéis de Saint-Simon (1760-1825), de Charles Fourier (1772-1837) e de Robert Owen (1771-1858).

Saint-Simon, confrontado com o gigantismo do sistema industrial nascente, defendeu a criação de um modo de organização da produção que privilegiasse o bem-estar social das classes trabalhadoras (o *bonheur social*), em vez da maximização do lucro do produtor, e no qual o Estado assumiria a função de redistribuidor. Nos seus escritos, Saint-Simon exortava os Homens ao trabalho, de modo a que pudessem participar no modelo económico e social por si concebido.

Por sua vez, no entendimento de Fourier, o Homem é originariamente bom, sendo, contudo, oprimido pela civilização. Deste modo, empenhou-se em criar um espaço onde este se pudesse desenvolver liberto de influências nefastas, o denominado *phalanstère* ([4]). Este assentava no princípio da comunidade, onde a repartição dos bens deveria ocorrer segundo a contribuição de cada um, em termos de trabalho, de capital ou de talento.

Também Robert Owen, à semelhança de Fourier e de Godin, se preocupou em criar um micro-espaço, no âmbito da sua empresa de fiação de algodão, protegido das influências nefastas do mercado e da produção industrial. Rejeitando a propriedade privada e o lucro económico, substituindo o dinheiro por uma nova unidade de conta – os vales de trabalho –, o mérito de Owen ficou, sobretudo, a dever-se ao carácter inovador das políticas sociais que pôs em prática. A recusa de Owen em empregar crianças com menos de dez anos constitui um dos sinais dessa novidade.

([4]) Jean-Baptiste Godin (1817-1888), criou, de modo idêntico, o *familistère*, destinado a assegurar o conforto aos assalariados da indústria, num espírito comunitário. A contribuição de Godin para o desenvolvimento do hoje denominado terceiro sector ocorreu, também, no plano teórico, sendo autor de obras como *Solutions sociales* (1871) e *Mutualité sociale* (1880). Godin constitui, aliás, uma das grandes referências do mutualismo francês, principalmente se atendermos ao seu projecto de associação mutualista de dimensão nacional apoiada pelo Estado, o que, no entendimento de alguns autores, se traduz no embrião dos actuais sistemas de segurança social.

Embora menos emblemáticos, houve outros percursores que participaram, de modo significativo, na construção do hoje denominado terceiro sector. Entre eles, salientaremos as contribuições de Pierre Proudhon (1809-1865) e de Louis Blanc (1811-1882); enquanto o primeiro foi um dos percursores do sistema mutualista, o segundo desempenhou um papel fulcral no desenvolvimento do cooperativismo em França ([5]).

Desta breve resenha histórica, são de reter alguns aspectos que passamos a mencionar.

O surgimento do terceiro sector encontra-se profundamente ligado à realização de experiências *concretas*, que tinham como denominador comum a preocupação em colmatar as carências de natureza social, tornadas visíveis com a Revolução Industrial e com o desenvolvimento capitalista. Porém, desde cedo estas experiências foram legitimadas sob o ponto de vista *teórico*, entre outros, pela mão de Léon Walras, que na sua obra *Etudes d'économie sociale*, publicada em 1896, considera a economia social como «uma nova forma de fazer economia política» ([6]) ([7]).

Outra problemática que contribuirá para precisar o conceito de terceiro sector é a que resulta do dualismo Estado/sociedade civil.

Como sustenta Boaventura de Sousa Santos, «a distinção Estado/ /sociedade civil foi elaborada em função das condições económicas, sociais e políticas dos países centrais num período bem definido da sua

---

([5]) Foi, aliás, no domínio do cooperativismo que ocorreu uma das mais significativas experiências que lançaram os fundamentos do hoje denominado terceiro sector. Referimo-nos à sociedade dos *Equitables pionniers de Rochdale*, surgida em 1844, por iniciativa de 24 operários da indústria de tecelagem.

O seu objectivo era o de comprar, por grosso, determinados artigos que seriam posteriormente vendidos, a retalho, aos seus associados. Em 1847, esta iniciativa contava já com 110 associados, número que 30 anos mais tarde tinha ascendido aos 10.000.

O sucesso de Rochdale, se atendermos ao fracasso a que foram votados projectos anteriores, ficou a dever-se ao facto de, pela primeira vez, se ter articulado a pretensão de actuar na área social com o rigor na gestão.

É, sobretudo, de sublinhar o facto de Rochdale se ter construído tendo por base alguns dos princípios que norteiam o funcionamento do actual terceiro sector: democraticidade e igualdade, liberdade de adesão, justiça económica, equidade e independência política e religiosa.

([6]) Cfr. E. BIDET, *L'économie sociale*, p. 31.

([7]) Grifámos *concretas* e *teórico*, uma vez que, no final deste trabalho, dedicar-nos-emos a avaliar as potencialidades actuais do terceiro sector, tanto no plano *concreto* como no plano *teórico*.

história» ([8]), sendo, por força do seu «simplismo e reducionismo» ([9]), manifestamente inadequada para a análise das sociedades periféricas e semiperiféricas.

A fraca operacionalidade da distinção Estado/sociedade civil, quando aplicada a um leque alargado de países, resulta, por um lado, da existência, em muitos deles, de um Estado fraco, quando não mesmo de um Estado ausente, e, por outro lado, da existência de uma sociedade civil privada de modos de organização capazes de produzir processos de regulação alternativos. Daí não ser estranho o facto de as preocupações inerentes às associações pertencentes ao terceiro sector, oriundas de países periféricos e semiperiféricos, se diferenciarem, consideravelmente, das inerentes às suas congéneres localizadas em países ditos centrais. Tal justifica, também, o que há pouco afirmámos sobre a latitude de que o próprio conceito enferma, isto é, sobre a multiplicidade de formulações (e construções) de terceiro sector, consoante o ponto geográfico em apreço.

Assim sendo, releva a enorme dificuldade em encontrar uma formulação simultaneamente *precisa* e *global* do que se entende por terceiro sector.

Porém, uma importante diferenciação que poderemos estabelecer entre os diversos tipos de organizações que integram o terceiro sector diz respeito ao poder de alcance da sua actuação, isto é, entre as que promovem o benefício da sociedade em geral e aquelas cujo desempenho visa apenas atingir os seus associados, sejam eles pessoas físicas ou jurídicas ([10]).

De acordo com esta classificação, as associações mutualistas, objecto de estudo privilegiado neste trabalho, caem de modo claro, no âmbito das segundas, isto é, das instituições cujos objectivos se confinam à prossecução dos interesses dos respectivos membros ([11]).

([8]) Cfr. B. S. SANTOS, *Pela Mão de Alice. O Social e o Político na Pós-Modernidade*, p. 113.

([9]) Cfr. *ibidem*, p. 117.

([10]) A este título, cfr. A. C. OLIVEIRA, *Terceiro Setor: uma agenda para reforma do Marco Legal*, pp. 13-14.

Neste trabalho, sublinha-se, ainda, o entendimento ambíguo e diverso de que a noção de *interesse geral* ou *bem público* é alvo a nível global, ao mesmo tempo que se reclama a necessidade de clarificação do conceito – à semelhança do que já acontece em determinados países centrais –, principalmente para efeitos de atribuição de subsídios e de incentivos fiscais.

([11]) Entre nós, o Código das Associações Mutualistas, aprovado pelo Decreto-Lei nº 72/90, de 3 de Março, no artigo 8º, número 1, alínea h), ao enunciar os *princípios*

1.2 – Terceiro sector ou economia social?

Procurando ir ao encontro do conceito de «economia social», Hans Münkner afirmou: «As organizações da economia social definem-se como sendo empresas que privilegiam o serviço prestado relativamente ao lucro obtido, que integram na vida económica o factor social e que fazem face a necessidades que a empresa tradicional e a economia de mercado ou o Estado são incapazes de satisfazer» ([12]).

Por sua vez, Bidet sustenta que «a economia social compreende, hoje, um conjunto de organizações que se distinguem tanto das do sector capitalista como das do sector público pelo seu estatuto jurídico, pelas suas finalidades e pelo seu modo de funcionamento» ([13]).

Começámos por sublinhar quer a ambiguidade quer a latitude do conceito de terceiro sector. Dissemos tratar-se de um conjunto de organizações híbridas, a *meio-caminho* entre o Estado e o mercado. Ora, estamos em crer que poderemos apontar as mesmas particularidades ao conceito de economia social, parecendo óbvia a correspondência entre as duas categorias de sujeitos.

Também quanto à existência de uma certa imprecisão conceptual, Xavier Greffe aponta, quanto à economia social, que «se assentarmos no facto de que existe um domínio da economia que se afasta das leis do

---

mutualistas que devem presidir à constituição e ao funcionamento das mutualidades, consagra que «A atribuição de benefícios representa um direito que é contrapartida das quotizações pagas». De onde decorre que a restrição não se limita apenas aos associados da mutualidade, mas se estende aos membros inscritos num tipo de benefícios específico.

Dado o hibridismo que identifica as organizações do terceiro sector, a característica que agora apontamos leva-nos a questionar se não serão as associações mutualistas organizações bem próximas das mercantis, por limitarem o seu raio de acção a uma esfera de indivíduos específica, no caso os indivíduos dispostos a pagar as contribuições – um *preço*, como se de um mercado se tratasse – necessárias para aceder a determinada categoria de benefícios.

O número 3, do artigo 32.º, do Código das Associações Mutualistas é claro ao definir que «a quotização global de cada associado é determinada em função das modalidades subscritas», logo um *preço* que é pago em função das contrapartidas que se esperam obter. Aliás, no próprio Preâmbulo do Decreto-Lei n.º 72/90, de 3 de Março, pode ler-se que um dos propósitos do novo ordenamento jurídico é o de inserir, cada vez mais profundamente, o movimento mutualista português no espaço da segurança social privada.

Voltaremos a este assunto, com mais acuidade, no capítulo 5.

([12]) Cfr. H. MÜNKNER, «Panorama d'une économie sociale qui ne se reconnaît pas comme telle: le cas de l'Allemagne».

([13]) Cfr. E. BIDET, *L'économie sociale*, p. 39.

mercado e da regulação burocrática, torna-se extremamente difícil definir-lhe os contornos» ([14]), ao mesmo tempo que Defourny defende que «Qualquer que seja a definição que se retenha, é difícil traçar fronteiras precisas e estas estão longe de ser estanques» ([15]).

Porém, apesar da similitude existente entre as duas categorias de conceitos, são de assinalar algumas diferenças, particularmente quanto ao contexto do seu surgimento.

Assim, a primeira referência ao termo «economia social» ocorreu em 1830, com a publicação da obra *Nouveau traité d'économie sociale*, da autoria de Charles Dunoyer; por sua vez, Auguste Ott publica o *Traité d'économie sociale*, em 1851.

Já a designação de «terceiro sector» surge tardiamente, no final da década de setenta.

Jacques Delors, uma vez confrontado com os reflexos da crise económica dos anos setenta, exortava ao surgimento de pequenas unidades de produção, financiadas, conjuntamente, pelo Estado, pelos fundos decorrentes da venda dos seus produtos e pelas quotizações dos seus membros, que fossem capazes de ultrapassar as dificuldades inerentes aos modos tradicionais de produção.

Porém, desde cedo que a designação de terceiro sector ganha um novo cunho. Neste sentido, Hespanha sustenta que «O interesse pelo terceiro sector surge (...), neste final de século, muito marcado pela preocupação em responder aos novos problemas com que se defrontam as sociedades mundializadas (...). Neste quadro, o terceiro sector distingue-se, pela sua dimensão mais social, das configurações que tomara nos anos 70, quando as nacionalizações e a estatização da economia suscitaram um forte movimento de reflexão alternativa. Dele se espera que constitua, afinal, o vector decisivo de uma inserção social que não foi possível obter por outras formas» ([16]).

Certos autores, à semelhança de Henri Desroche, distinguem, hoje, entre uma «economia social emersa» e uma «economia social imersa» ([17]); enquanto o primeiro conceito engloba as cooperativas, as mutualidades e as associações que exerçam uma actividade económica, no segundo

---

([14]) Cfr. X. GREFFE, X. DUPUIS e S. PLIEGER, *Financer l'économie sociale*.
([15]) Cfr. J. DEFOURNY, e J.-L. MONZON-CAMPOS, *Economie sociale – Third sector*.
([16]) Cfr. P. HESPANHA, *Os caminhos e os descaminhos do terceiro sector – A propósito da experiência portuguesa recente*, p. 2.
([17]) A este título, cfr., por todos, H. DESROCHE, *Pour un traité d'économie sociale*.

incluiremos as organizações que não desenvolvam actividades económicas e todas as estruturas particulares sem fins lucrativos.

Se assim quisermos, poderemos, de um outro modo, distinguir entre um *terceiro sector em sentido estrito* e um *terceiro sector em sentido amplo*. Com a primeira designação pretendemos identificar as organizações que embora sem fins lucrativos se dedicam ao exercício de uma actividade económica, susceptível de ser desempenhada pelo Estado ou pelo mercado. Já na segunda, para além das acima mencionadas, incluiremos todas as organizações da sociedade civil que não exerçam actividades económicas, escapando, como tal, à avaliação pelos sistemas de contabilidade nacional dos respectivos países ([18]).

Por sua vez, Jacques Moreau, presidente do Comité National de Liaison des Activités Mutualistes, Coopératives et Associatives (CNLAMCA) ([19]), propõe outro tipo de articulação entre os dois conceitos, que, sem os sobrepôr, os localiza antes entre as fronteiras do Estado e do mercado.

Moreau defende que a noção de terceiro sector é, por natureza, mais ampla. O presidente do CNLAMCA sustenta que o terceiro sector é o agrupamento de todas as organizações que respondam a necessidades e a aspirações que nem o Estado nem o mercado sejam capazes de satisfazer, mas que fazem uso da solidariedade, seja ela um meio ou um fim em si mesma. Estas organizações beneficiam, ainda, segundo Moreau, no exercício da sua actividade, de um enquadramento legal estabelecido pelo Estado, que as conduz, regra geral, a situações de monopólio.

Por seu turno, as organizações da economia social caracterizam-se, na perspectiva de Moreau, por produzirem os bens e os serviços outrora reivindicados pelos seus promotores, não beneficiando, contudo, de nenhum tipo de ordenamento legal específico que proteja a sua actividade.

Não deixa, então, de ser interessante a designação de terceiro sector, que, *aparentemente*, mais parece ser apenas uma nova forma de identificar uma velha realidade, mais antiga ainda do que o próprio Estado ou do que o mercado ([20]).

([18]) No ponto 5.1 focaremos a problemática inerente ao conhecimento do terceiro sector, decorrente, em grande medida, da ausência de estatísticas oficiais que lhe sejam dedicadas.

([19]) Quanto à composição deste organismo e às actividades por si desenvolvidas, cfr. *infra* nota 199.

([20]) Dizemos *aparentemente* porque se coloca a questão de saber se os elementos caracterizadores dos tipos de solidariedade nascentes se diferenciam dos tipos outrora

É bom notar que quando falamos em sector público, sector privado ou terceiro sector é dos sectores da economia que se trata. O que há de novo é que a separação radical entre o «económico» e o «social» está em crise.

Neste trabalho, assumiremos uma noção alargada de terceiro sector, englobando nele as organizações que exerçam actividades económicas ou não, precavendo-nos sempre que as nomenclaturas *locais* apontem noutro sentido. Antes de mais, as associações mutualistas, que estudaremos, de forma mais apurada, no capítulo 5, caem, de modo inequívoco, no âmbito da denominada «economia social emersa» ou, de outro modo, ficam ao abrigo daquele que designámos por *terceiro sector em sentido estrito*.

1.3 – Das solidariedades primárias à emergência do mutualismo

Historicamente, sempre fomos confrontados com a existência de laços de solidariedade entre os homens; tal como sustenta Jorge Silveira, «a necessidade humana da entreajuda nasce com os primórdios do sedentarismo» [21].

Porém, nem sempre tal necessidade foi provida de modo idêntico. Defendendo que «a história das protecções será a história da luta contra a miséria e a insegurança», Castel confronta-nos com um conjunto de estádios de desenvolvimento das formas de protecção social, que, sem serem mutuamente exclusivas, coexistem com ponderação diversa nos vários tipos de sociedade [22].

Castel começa por identificar a existência de *solidariedades primárias*, no âmbito das quais as necessidades sociais eram supridas pela família ou pela comunidade próxima. Embora correspondendo a um período preciso da História, até ao advento da Revolução Industrial, assistimos à permanência deste tipo de solidariedades no âmbito das sociedades contemporâneas. Além do mais, perante a crise do modelo de Estado-Providência, equaciona-se, na actualidade e de modo cada vez mais intenso, o recurso a modos alternativos de protecção social.

---

existentes ou, o mesmo é dizer, se haverá que distinguir entre formas pré-modernas e modernas de solidariedade.

Retomaremos este assunto no capítulo 5, quando discutirmos as potencialidades e os limites do terceiro sector à luz da refundação das políticas sociais.

[21] Cfr. J. SILVEIRA, *O Mutualismo em Portugal*, p. 13.
[22] Cfr. R. CASTEL, «Le modèle de la "société salariale"», pp. 30-35.

Desde cedo, porém, de acordo com Castel, que a protecção social se especializou. Essa especialização tornou-se visível através do surgimento das primeiras instituições sociais, eclesiásticas ou laicas, minimamente organizadas, de que são exemplos os hospitais, os hospícios e os orfanatos. Estamos em crer que é na sequência do surgimento destas organizações que poderemos enquadrar a emergência do mutualismo, embora este, ao longo do tempo, tenha sofrido alterações muito profundas.

Foi, contudo, na Idade Média que proliferaram as formas embrionárias do actual mutualismo, através do surgimento das *confrarias*, das *irmandades*, dos *compromissos* e das *corporações de ofícios* e, mais tarde, já no século XVI, com o desenvolvimento das *gildas*.

O século XIX é, por excelência, o século do mutualismo, tendo-se, nesta época, verificado o incremento do associativismo de carácter laico, por oposição ao cariz religioso que caracteriza algumas das formas anteriormente apontadas, nomeadamente, as confrarias.

Entre nós, o mutualismo desenvolveu-se, de modo particular, sob a égide do fontismo, o que coincidiu com um período de avanço das relações capitalistas, de expansão industrial e de forte progresso social.

Tal como cedo se anunciou, não se pretende, com este trabalho, elaborar a história do movimento mutualista em Portugal, nem tão pouco gizar a síntese do que terá sido a sua evolução. Porém, a realização dos propósitos deste estudo impõe que se produzam breves notas históricas, no intuito de precisar o contexto em que se inserem os objectos em apreço.

Nesse sentido, diremos que, na segunda metade do século XIX, se assistiu, entre nós, ao aparecimento de inúmeras associações de socorros mútuos, cuja finalidade mais marcante era a da atribuição de subsídios de funeral e de luto.

O surgimento e o desenvolvimento do mutualismo devem, entre nós, ser entendidos à luz da situação económica de Portugal da segunda metade de Oitocentos. Os esforços de industrialização que então se encetavam eram financiados à custa dos capitais provenientes de Londres e de Paris, sendo o défice comercial compensado pelas remessas enviadas pelos inúmeros emigrantes portugueses a trabalhar no Brasil.

Muito embora Portugal tenha permanecido como um país eminentemente rural (em 1900, 51% da população europeia trabalhava na agricultura, estando o nosso país acima dessa média), os indicadores de industrialização registaram um sensível progresso entre 1870 e 1890. Estima-se que o produto industrial português tenha crescido a uma taxa média anual de cerca de 2,5%, ao longo da segunda metade do século XIX.

Por seu turno, a população industrial ascendia, apenas, a 1/3 da população agrícola. Foi, porém, esta população industrial que pôs em marcha o processo de criação e de desenvolvimento do mutualismo em Portugal [23].

De acordo com os elementos fornecidos pela União das Mutualidades Portuguesas, existiam, em 1931, em Portugal, 553 associações de socorros mútuos [24], número que, em 1965, havia descido para 185; desde então, este indicador não parou de decrescer, sendo, na actualidade, cerca de 90 as associações mutualistas que mantêm um contacto regular com a citada União.

O desaparecimento de diversas associações mutualistas ficou a dever-se não apenas ao seu encerramento puro e simples, resultante de processos de liquidação, mas, sobretudo, à ocorrência de algumas fusões de associações. Contudo, nos últimos anos, o mutualismo tem vindo a registar um certo recrudescimento, o que resulta da observação no número crescente de beneficiários [25]. Embora em menor número do que no passado, as associações mutualistas actualmente existentes caracterizam-se pela sua maior dimensão.

Porém, ao arrepio da tendência que se aponta para o mutualismo português, é de sublinhar que algumas das associações contactadas, por intermédio do inquérito realizado [26], apresentam, no passado recente,

---

[23] Elementos recolhidos em A. REIS, *Portugal Contemporâneo*, vol. I, pp. 509--510 e pp. 543-543.

[24] Sublinhe-se que o valor apresentado se refere a 1931, logo anterior à Lei Constitucional de 1933 e à Lei nº 1884, de 16 de Março de 1935. Tratam-se de dois marcos importantes no âmbito da história da protecção social portuguesa. Na Constituição de 1933, o direito à «assistência pública», consagrado na alínea 29 do artigo 3º da Constituição de 1911, desaparece, garantindo, agora, o Estado a coordenação das «corporações, associações ou organizações», especialmente daquelas que prossigam fins «de assistência, de beneficência ou de caridade», ao mesmo tempo que «promove e favorece as instituições de solidariedade e de previdência, as cooperativas e as mutualidades». Por sua vez, a Lei nº 1884, de 16 de Março de 1935, com uma base marcadamente corporativista, pretendeu, através da criação de um conjunto de caixas sectoriais, instaurar um sistema generalizado de pensões de reforma.

[25] Sobre a evolução do movimento mutualista em Portugal, cfr. B. S. SANTOS, M. BENTO, M. GONELHA e A. B. COSTA, *Uma visão solidária da Reforma da Segurança Social*, pp. 178-181 e pp. 183-184 e, também, J. SILVEIRA, *O Mutualismo em Portugal*, pp. 19-20.

[26] Cfr. *infra* ponto 5.3.

um decréscimo do número dos seus associados. Efectuado um segundo contacto com o propósito de esclarecer tal situação, as associações em causa referem que menos associados deram lugar a «melhores associados», isto é, a associados oriundos de segmentos económico-profissionais mais favorecidos.

Podendo o mutualismo ser historicamente considerado como um movimento social das classes operárias, a observação registada abre o debate em torno da questão de saber se terá havido, no passado recente, uma elevação da classe mutualista ou se, ao invés, terá ocorrido uma proletarização das classes mais favorecidas.

O mutualismo tem evoluído, em termos históricos, sob a observação de determinados princípios, usualmente designados *princípios fundamentais do mutualismo*. São eles os seguintes:
– *democraticidade*, que se concretiza na regra mais elementar do mutualismo – um homem, um voto – prevalecendo esta em todas as estruturas mutualistas, particularmente no órgão máximo de decisão, ou seja, na assembleia geral;
– *liberdade*, princípio segundo o qual o homem é livre de aderir ao movimento mutualista ou dele se demitir, não devendo, ainda, haver constrangimentos à criação de estruturas mutualistas;
– *independência*, pelo que deve cada associação mutualista manter a sua personalidade, muito embora possa participar em uniões ou em federações;
– *solidariedade*, princípio pelo qual se devem pautar todos os comportamentos no âmbito das associações mutualistas, promovendo o bem dos seus associados, sem fins de natureza lucrativa.

1.4 – O terceiro sector e os processos de globalização

Um outro ponto de reflexão consubstancia-se na avaliação do surgimento (e do desenvolvimento) do terceiro sector e do mutualismo à luz dos processos de globalização.

Desde logo, convém que principiemos, e em jeito de parêntesis, por precisar o conceito de globalização – pelo menos o conceito de globalização aqui assumido – atendendo à multiplicidade de entendimentos de que o fenómeno vem sendo alvo.

Procurando, então, ir no encalço do conceito de globalização, socorramo-nos dos trabalhos de Jan Neverdeen Pieterse e de Göran

Therborn ([27]). Enquanto Pieterse propõe uma leitura crítica do conceito de globalização, apontando limites às suas acepções mais comuns, Therborn trata, essencialmente, a questão da modernidade, surgindo a globalização como tema consequente e acessório.

Dando consistência à sua crítica, Pieterse refere que conceber a globalização como forma de ocidentalização é torná-la num processo unívoco, negando-lhe o seu carácter multidireccional. Não obstante, reconhece a inevitável ligação que vulgarmente se estabelece entre globalização e modernidade. Para além da coincidência temporal entre os dois processos – ambos emergiram durante o século XVI – foram, ainda, sustentados pelas mesmas estruturas – o Estado-nação e o individualismo. Porém, segundo Pieterse, também esta formulação confina a teoria da globalização a uma teoria da ocidentalização, logo histórica e geograficamente limitada. O autor justifica a sua posição recorrendo a uma definição proposta por Giddens, onde, de acordo com o próprio Pieterse, de um modo neutral, se qualifica a globalização como sendo um processo de «intensificação das relações sociais à escala mundial» ([28]). Ora, o qualificativo utilizado – a intensificação – pressupõe, desde logo, um estado prévio de coisas, no caso, um determinado nível de relações sociais à escala mundial, o que, atendendo a Pieterse, remete a temática da globalização para além do advento da modernidade.

Pieterse sugere, então, que a globalização seja entendida, não como um processo, mas sim como uma pluralidade de processos, que, à semelhança dos factos sociais totais, se reflecte em diversos domínios da existência. O autor propõe, sobretudo, o estudo da globalização como fenómeno de *hibridização*, no sentido em que ela faz gerar, em simultâneo, forças de unificação e forças de fragmentação. Na mesma linha de pensamento, Pieterse aponta que a formação do Estado-nação é expressão e função da globalização, antes de ser um processo contrário a ela. Isto porque a globalização pode, antes de mais, ser entendida como um processo de reforço das entidades particulares, em vez da anunciada uniformização de comportamentos à escala mundial. Actualmente, opera-se uma dinâmica crescente entre os conceitos de *globalização* e de *localização*, de tal forma que alguns autores sugerem o uso do conceito de *glocalização* ([29]).

([27]) Cfr. J. N. PIETERSE, «Globalization as Hybridization», pp. 45-68 e G. THERBORN, «Routes to/trough Modernity», pp. 124-139.

([28]) Cfr. A. GIDDENS, *The Consequences of Modernity*, p. 64, apud J. N. PIETERSE, «Globalization as Hybridization», p. 48.

([29]) Cfr. R. ROBERTSON, *Globalisation – Social Theory and Global Culture*, pp. 172-173.

Regressando ao nosso objecto de estudo, a questão que então se coloca é a de saber onde se encaixa o mutualismo no âmbito dos processos de globalização, isto é, se as associações mutualistas correspondem a fenómenos perfeitamente localizados ou se não serão antes *globalismos localizados*, tendo surgido como forma de reacção a condicionalismos externos.

Neste sentido, Boaventura de Sousa Santos, a propósito da reemergência recente do terceiro sector, refere que «A própria unidade de análise deste fenómeno é problemática, pois, se nos países centrais o terceiro sector parece ser o resultado de forças endógenas identificáveis no espaço nacional, em alguns países periféricos, sobretudo nos menos desenvolvidos, o terceiro sector é o efeito local de induções, quando não de pressões ou de interferências internacionais» ([30]).

Este exercício reporta-se a dois tempos, tendo em atenção, por um lado, os condicionalismos que marcaram o surgimento das associações mutualistas e, por outro, o contexto no qual se opera a sua reemergência. O mesmo é questionar se teremos tido, ao longo do tempo, sempre o mesmo tipo de globalização, ou se haverá aspectos que operem a distinção entre os actuais processos de globalização e os efeitos decorrentes da mundialização da economia que se observavam aquando do surgimento do movimento mutualista.

Recorrendo, de novo, ao quadro teórico proposto por Boaventura de Sousa Santos ([31]), cumpre avaliar se o mutualismo é o resultado de um processo de *globalização hegemónica* ou de um processo de *globalização contra-hegemónica*, ou seja, se se trata de um fenómeno dominado pela expansão do capitalismo global ou se de uma forma de resistência a esse capitalismo, através da criação de estruturas que lhe possam servir de alternativa. Melhor ainda, importa saber se não será o mutualismo um fenómeno de fronteira, que se reparte entre as duas categorias de conceitos.

Retomando o pensamento de Pieterse e a sua concepção de globalização enquanto fenómeno de *hibridização*, assiste-se, hoje, segundo o autor, a um cruzamento de diversos modos de organização e a uma interpenetração de diversos modos de produção, que resultam no aparecimento das denominadas *organizações económicas híbridas*.

([30]) Cfr. B. S. SANTOS, *A Reinvenção Solidária e Participativa do Estado*, p. 15.
([31]) Cfr. B. S. SANTOS, «Toward a Multicultural Conception of Human Rigths», pp. 3-6.

A título de exemplo, o autor enquadra, neste domínio, as instituições do terceiro sector.

Em nosso entender, esse hibridismo decorre de dois aspectos: por um lado, apesar de terem, em grande medida, surgido como contraponto ao capitalismo, foi o próprio capitalismo que legitimou o aparecimento e o desenvolvimento das organizações do terceiro sector; por outro lado, resulta da forte promiscuidade existente ao nível dos modos de funcionamento destas instituições, onde se entrecruzam elementos caracterizadores das organizações mercantis e elementos caracterizadores das entidades públicas e estatais.

Pieterse assinala, ainda, outro elemento marcante do processo de *hibridização* e que se concretiza na vivência dos chamados «tempos mistos», onde se sobrepõem sinais ditos de pré-modernidade, de modernidade e de pós-modernidade ([32]).

Uma vez aqui chegados, ganha acuidade a decifração da eventual existência de um cordão umbilical entre globalização e modernidade e, ainda, atendendo ao nosso objecto de estudo, a questão de saber se são (ou não) as associações mutualistas organizações modernas.

No que concerne à modernidade, Therborn sustenta que, em termos temporais, o conceito deriva do latim medieval '*modernus*', pretendendo com isso significar tudo o que é novo, por oposição ao antigo. Esta ideia de contraponto é perceptível, segundo o autor, através da ligação de certos vocábulos à época em questão, como é o caso de "revolução" e de "reforma".

Porém, de acordo com Therborn, o estudo da modernidade encerra mais uma descoberta do futuro do que uma avaliação do presente. Nesse sentido, este autor sugere algumas vias de investigação, elegendo, entre elas, duas pistas fundamentais, a saber, o individualismo e o colectivismo.

Esta perspectiva acorda, aliás, com a formulação de *hibridização* de Pieterse, ao reclamar a sobreposição de estruturas e o surgimento de organizações de dimensão e vocação muito diversas.

Como apontámos atrás, Pieterse identifica duas forças fundamentais como tendo sido os pilares da modernidade: o individualismo e o Estado-nação. A ser assim, poderemos dizer que, assentando as associações mutualistas sobre o princípio da comunidade, elas escapam aos

---

([32]) Também Hespanha assinala a concomitância temporal no aparecimento dos dois fenómenos, muito embora considere estarmos em presença de conceitos diversos, principalmente porque os modelos mais recentes de globalização resultam da incorporação simultânea de formas pré-modernas, modernas e pós-modernas. Cfr. P. HESPANHA, «Globalização, Crise Social e Conflitualidade», p. 7.

valores vigentes na época que as viu florescer ([33]). Sabendo, ainda, que o Estado, embora mais tarde, chamou a si a realização das funções de protecção social, integrando no seu campo de acção os próprios associados do movimento mutualista, ocorre pensar que as mutualidades terão surgido a contra-ciclo dos valores capitalistas do momento, logo podendo ser entendidas como *contra-hegemónicas*.

Também Esping-Andersen reconhece a correspondência entre individualismo e modernidade no seguinte excerto: «os modos pré-industriais de reprodução social, tais como a família, a igreja, *noblesse oblige* e as associações de solidariedade foram destruídas pelas forças ligadas à modernização, tais como a mobilidade social, a urbanização, o individualismo e a confiança no mercado». Referindo-se, concretamente, ao exercício das funções de protecção social, o autor acrescenta «O ponto capital é o de que o mercado não é um substituto adequado porque apenas satisfaz as necessidades daqueles que a ele podem aceder. Por esse motivo a '*welfare function*' foi apropriada pelo Estado-nação» ([34]).

Por outro lado, Friedmann, citando Coraggio, afirma que «o Estado esgotou as possibilidades de desenvolvimento» e, mais ainda, que «a sociedade civil é a nova fonte de energia» ([35]). Embora a observação do argentino se reporte aos países da América Latina, importa apurar o que nela há de verdadeiro, precisando os reais limites ao desenvolvimento do Estado e equacionando as potencialidades da sociedade civil, enquanto espaço de surgimento de alternativas credíveis no âmbito da regulação social.

No entanto, para além da tentativa de esboço de uma noção de terceiro sector (e do modo particular como o mutualismo se enquadra no seu âmbito), ocorre perguntar quais as causas associadas ao reincremento que o mutualismo regista a nível internacional e, mais ainda, quais as razões da pertinência, na actualidade, do desenvolvimento de um projecto de economia social. Ambas as questões merecerão o nosso interesse no capítulo 5 deste trabalho; antes, porém, procuraremos pôr em relevo as causas que determinaram o recuo do mutualismo enquanto modo de protecção social, através da observação da forma como surgiram e se desenvolveram os sistemas públicos de assistência, no espaço da União Europeia.

([33]) Não ignorando as suas profundas raízes históricas, referimo-nos, concretamente, à segunda metade do século XIX e aos primeiros anos do século XX, época em que o mutualismo sofreu uma notável expansão.

([34]) Cfr. G. ESPING-ANDERSEN, *The Three Worlds of Welfare Capitalism*, p. 13.

([35]) Cfr. J. FRIEDMANN, *Empowerment: uma Política de Desenvolvimento Alternativo*, p. 148.

CAPÍTULO 2

A CONSTRUÇÃO DO ESTADO-PROVIDÊNCIA –
– A CRIAÇÃO E O DESENVOLVIMENTO
DOS SISTEMAS PÚBLICOS DE PROTECÇÃO SOCIAL

Os sistemas públicos de protecção social, e entre eles os sistemas públicos de pensões, consolidaram-se, na maioria dos países que hoje integram a União Europeia, durante o após-guerra, tendo por base o modelo do Estado Keynesiano de bem-estar. Muito embora a adopção de medidas na área social tenha antecedido, em determinados países, o virar do século, como no caso da Alemanha, foi sobretudo após a II Guerra Mundial que se observou um notável crescimento das despesas públicas destinadas à protecção social e se construiu aquilo que hoje denominamos por Estado-Providência.

No que concerne aos sistemas públicos de pensões de reforma, à escala da União Europeia, estes estão longe de ser uma realidade homogénea. Desde logo, devemos atender ao desfasamento temporal com que se legislou neste domínio, particularmente visível se colocarmos em confronto os países do Norte e do Centro com os países do Sul da Europa.

Por outro lado, e para além da intensidade dos desafios resultantes dos diferentes ritmos de envelhecimento demográfico, os sistemas públicos de pensões vigentes nos Estados membros da União Europeia contêm em si múltiplas divergências funcionais, decorrentes do que é proposto pelos respectivos ordenamentos jurídicos.

Sem pretender dar conta do esforço já efectuado no sentido de aproximar legislações e práticas dos diferentes países ([36]), procuraremos,

---

([36]) A respeito da convergência dos sistemas de Segurança Social a nível comunitário, cfr. M. LAROQUE, «Coordination et convergence des systèmes de Sécurité sociale des États membres de la CEE» (refira-se que se trata de um estudo conduzido apenas para os 12 países que outrora integravam a Comunidade Europeia, não considerando, portanto, a Áustria, a Finlândia e a Suécia). Já sobre os regimes de protecção social

neste ponto, tão só fornecer uma visão da panorâmica actual dos sistemas públicos de pensões no âmbito da União Europeia; consideramos esse conhecimento fundamental, de modo a podermos avaliar em que medida a construção do Estado-Providência constituiu um entrave ao desenvolvimento do mutualismo no referido espaço.

2.1 – A heterogeneidade dos sistemas públicos de protecção social

Procuraremos, de seguida, observar um conjunto de aspectos determinantes da situação de heterogeneidade que se pretende aferir.

2.1.1 – Condicionantes históricas

Enquanto certos países apontam para um sistema de pensões geral e uniforme, outros optam por pensões proporcionais aos rendimentos auferidos na vida activa.

Entre os primeiros, incluiremos o Reino Unido, a Holanda, a Suécia e a Dinamarca ([37]). Fortemente inspirados nas teses beveridgianas ([38]), os sistemas vigentes encaram o direito à protecção social como um direito natural e legítimo dos indivíduos, ainda que desenraizado do exercício de qualquer actividade profissional ([39]).

---

actualmente em vigor nos Estados-membros da União Europeia, veja-se COMISSÃO EUROPEIA, *Os seus Direitos de Segurança Social quando se Desloca na União Europeia*.

([37]) Na Finlândia, vigora um sistema misto, que, para além de um regime contributivo, baseado nas quotizações do factor trabalho, prevê a existência de um regime de cobertura universal, que garante uma pensão mínima – a pensão nacional – a toda a população.

([38]) William Henry Beveridge, economista britânico, nasceu em 1879, em Rangpur, Paquistão. Beveridge foi, desde 1919 a 1937, director da *London School of Economics*; no entanto, a sua notoriedade advém-lhe da autoria do Plano Beveridge, onde preconizou alguns dos princípios fundamentais sobre os quais se ergueram, durante o advento do Estado de bem-estar, os sistemas de Segurança Social. Tornado *sir* em 1946, viria a falecer em 1963. Entre a sua obra destacam-se *Planning Under Socialism* (1936), *Social Insurance and Allied Services* (1942), *Full Employment in a Free Society* (1944), *The Evidence for Voluntary Action* (1949) e *A Defense of Free Learning* (1959).

([39]) As propostas de Beveridge seriam duramente criticadas por alguns autores de tendência liberal, nomeadamente por Milton Friedman, ao considerar que a garantia de protecção consistia, por si só, num desincentivo ao trabalho. A este título, cfr. M. e R. FRIEDMAN, *Liberdade para escolher*, pp. 177-178, onde se afirma «Todos os anos se gastam biliões de dólares com o *bem-estar* social e, não obstante estarmos a viver tempos em que o nível médio de vida do cidadão americano é mais elevado do que alguma vez

No relatório *Social Insurance and Allied Services*, publicado em 1942, William Beveridge, eleito, mais tarde, deputado liberal, definiu as bases sobre as quais se ergueu o sistema de Segurança Social britânico. Beveridge propôs uma ideia de Estado interventor, que devia fazer face ao «risco social», entendido este como o conjunto de vicissitudes capazes de pôr em causa o rendimento regular dos indivíduos.

O sistema preconizado por Beveridge é, simultaneamente, generalizado, unificado e uniforme. Generalizado, já que nele contempla toda a população, independentemente da actividade exercida ou do rendimento auferido; unificado, já que assenta num princípio de quotização única, ou seja, a mesma quotização cobre o indivíduo de todas as componentes do «risco social»; uniforme, em virtude de as prestações serem únicas e independentes do rendimento auferido.

As ideias liberais de Beveridge não o impediram de defender um Estado interventor; contemporâneo de Keynes, Beveridge aponta que o seu sistema só faz sentido em situações de pleno emprego, procurando, assim, precaver-se da ideia, inspiradora da crítica de alguns autores neo-liberais, de que protecção social induz ao ócio e ao desperdício de recursos ([40]). No entanto, a generalidade imposta pela abrangência do sistema beveridgiano, ao cobrir as necessidades essenciais e comuns a todos os indivíduos, seria, ela própria, limitativa da qualidade da assistência prestada, deixando grande espaço de manobra ao desenvolvimento de esquemas complementares de reforma, fundamentalmente no Reino Unido ([41]).

No segundo grupo de países, fiéis às propostas bismarkianas ([42]) dos seguros sociais obrigatórios, englobaremos os restantes Estados-membros da União Europeia. Nestes países, a pensão de reforma não

---

o foi no decorrer da história deste país, as contas da assistência social continuam a crescer (...). O esbanjamento é deprimente mas é o menor de todos os males oriundos dos programas paternalistas que alcançaram já proporções tão maciças. O maior de todos os seus males é o efeito maligno que exerce sobre a estrutura da nossa sociedade. Eles enfraquecem os alicerces da família; reduzem o incentivo para o trabalho, a poupança e a inovação; diminuem a acumulação de capital; e limitam a nossa liberdade: Estes são os principais factores porque devem ser julgados».

([40]) Cfr. *supra* nota anterior.

([41]) De todos os sistemas de protecção social da União Europeia, o britânico é aquele que foi mais fielmente decalcado das propostas de Beveridge.

([42]) Otto Edward Leopold von Bismark nasceu em 1 de Abril de 1815 e faleceu em 1898. Além de uma conturbada existência política, que culminou com a sua exoneração como chanceler pelo imperador William II, em 1890, Bismark, guiado por objectivos estratégicos, foi o obreiro do «Estado social» alemão, através da criação do sistema de seguros sociais obrigatórios.

aparece como um direito universal, mas dependente do desempenho de uma dada actividade profissional remunerada.

O sistema de seguros obrigatórios desenvolvido por Bismark tem a particularidade de envolver, simultaneamente, de forma igual ou diferenciada, empregadores e trabalhadores. Três leis distintas, que se sucederam no tempo, lançaram as bases do chamado «Estado social» alemão: lei de 15 de Junho de 1883, relativa ao seguro-doença, lei de 1884 sobre os acidentes de trabalho e, finalmente, em 1889, a lei relativa ao seguro velhice-invalidez, que constituiria o primeiro sistema obrigatório de reformas.

Inicialmente limitada aos operários assalariados [43], a lei de 1883, relativa ao seguro-doença, destinava-se àqueles cujo rendimento anual não ultrapassasse os 2000 marcos, cabendo dois terços da quotização ao assalariado e um terço ao empregador. Em caso de doença, o subsídio pago era proporcional à remuneração auferida.

A lei relativa aos acidentes de trabalho obrigava o patronato a contribuir para uma caixa corporativa, de modo a cobrir a invalidez permanente dos assalariados, resultante de acidente de trabalho. Numa situação de incapacidade total, era atribuída ao operário uma renda correspondente a dois terços do respectivo salário.

A lei de 1889, que instituiu o primeiro sistema de reformas, estabelecia quotizações em partes iguais para trabalhador e empregador.

Em 1911, estas leis seriam codificadas num compêndio único, que recebeu o nome de *Código dos Seguros Sociais de 1911*.

Apesar da sua orientação política conservadora, Bismark conseguiu, através de uma política social inovadora, estancar o descontentamento popular e o incremento de lutas sindicais e laborais, indo ao encontro das necessidades de segurança dos trabalhadores.

No entanto, para a formação e para o desenvolvimento do «Estado social» alemão, deveremos considerar, além da visão política de Bismark, todo um enquadramento teórico que propiciou a intervenção do Estado como mentor da política social alemã. Entre outros, Ferdinand Lassalle [44] rejeitou a eficiência do mercado livre e atribuiu ao Estado as funções de *mãe protectora*, ao afirmar que «Só a ajuda do Estado nos pode socorrer; como consegui-lo não sabemos, é um problema a resolver pelos sábios; mas o que nós sabemos é que se o Estado não se ocupar

---

[43] Nos anos de 1885 e 1886, esta lei estendeu-se à quase totalidade dos assalariados.

[44] Ferdinand Lassale (1825-1864) é considerado um dos fundadores do socialismo alemão. Lassale publicou uma série de brochuras, em que defendeu o estabelecimento de um sistema de associações operárias com o auxílio do Estado.

de nós, se continuamos nas mãos dos fabricantes, estamos perdidos». Por seu turno, Wagner, Shaeffle e Schmoller, pejorativamente denominados «socialistas de cátedra» ([45]), apontaram o Estado como o «grande mestre moral da humanidade».

2.1.2 – Condicionantes temporais

Um outro aspecto promotor da heterogeneidade dos regimes de pensões de reforma, à escala comunitária, resulta do facto de esses sistemas terem nascido em diferentes momentos temporais.

Por certo, esta circunstância não será alheia ao facto de os sistemas públicos de pensões terem atingido níveis de maturidade diversos, determinantes do nível de coberturas concedidas ([46]).

No que se refere às pensões de velhice, desde a pioneira Alemanha, até Portugal, Estado-membro que mais tardiamente criou um sistema público de pensões – só em 1935 ([47]) legislou nesse sentido –, todos os restantes países membros da União procuraram dotar-se, progressivamente, de esquemas públicos de assistência na reforma.

Assim, e em termos cronológicos, teremos:
- na Dinamarca, as pensões de velhice foram introduzidas, no respectivo ordenamento jurídico, por lei de 1891;
- na Bélgica, através da lei de 10 de Maio de 1900;
- na Irlanda e no Reino Unido, em 1908 ([48]);
- em França, por intermédio da lei de 5 de Abril de 1910;
- no Luxemburgo, por meio da lei de 6 de Maio de 1911;
- na Holanda, por intermédio da lei de 5 de Junho de 1913;
- em Espanha, por intermédio de Real Decreto de 11 de Março de 1919;

([45]) Denominação que deriva da realização de um congresso, em 1872, na localidade de Eisenach, onde participaram essencialmente professores. Daí a designação de «socialismo de cátedra».

([46]) Sobre os níveis de protecção efectiva prestados pelos sistemas públicos de protecção social na União Europeia, cfr. *infra* ponto 2.1.5, onde procuraremos, também, averiguar acerca da existência de uma relação causal entre antiguidade e maturidade.

([47]) Lei nº 1884, de 16 de Março de 1935.

([48]) A existência, no Reino Unido, de legislação datada de 1908, que instituiu um sistema de pensões a favor dos idosos indigentes, não retira a Beveridge o mérito de percursor e de grande obreiro do sistema de Segurança Social britânico. A sistematização e a abrangência conseguidas por Beveridge são, de facto, inovadoras, ao mesmo tempo que preconizam uma nova ideia de Estado e lhe atribuem papéis que, até então, não havia desempenhado.

– em Itália, através do Decreto-Lei nº 6032, de 21 de Abril de 1919;
– na Grécia, mais tardiamente, por lei de 1934 ([49]).

Podemos, então, considerar o surgimento dos sistemas de Segurança Social, enquanto realidades instituídas e institucionalizadas, como sendo um dos elementos caracterizadores do primeiro quartel do nosso século. Contudo, tal surgimento não deve ser encarado como sinónimo de uma vontade interventora, como um real desejo de estatização ou de defesa de um modelo de Estado prossecutor de políticas sociais; de certa forma, esta atitude contraria o paradigma económico liberal e, consequentemente, toda a teoria sobre o papel do Estado na economia e na sociedade. Deve, antes, ser compreendida como uma medida preventiva, como um paliativo contra as adversidades e como um meio de diminuir a oposição dos movimentos sindicalistas e de dissipar o clima de tensão económica e social que então se vivia.

Em Portugal, essa atitude é tardia e condicionada por um conjunto de circunstâncias particulares da nossa história recente. Em primeiro lugar, poderemos apontar a débil industrialização e o consequente parco papel reivindicativo do operariado. Em segundo lugar, a situação política não se coadunava com a existência de uma política social activa. Ainda, e em terceiro lugar, a existência de uma longa tradição em termos de assistência social, que se desenvolveu, em larga medida, sob a capa protectora da Igreja ou através do movimento mutualista, permitiu colmatar, durante muito tempo, as necessidades ditadas por situações mais gritantes e conduziu ao adiamento da tomada de medidas que generalizassem o acesso aos sistemas de assistência ([50]).

2.1.3 – Condicionantes de acesso

A idade legal de acesso à reforma é, normalmente, determinada por meio de diploma dos governos dos respectivos Estados-membros. Enquanto que a evolução demográfica assume contornos que escapam à vontade dos poderes políticos, a idade legal de acesso à reforma, à semelhança do que acontece com a duração do período de quotização, é um parâmetro facilmente controlado e manipulado pelos governos, de acordo com os seus objectivos de política económica. Quanto a este imperativo, importa remarcar a existência de sensíveis divergências, ao

---

([49]) Cfr. EUROPEAN COMISSION, *Social Protection in the Member States of the European Union*, pp. 168-169.

([50]) Sobre a génese do sistema de Segurança Social em Portugal, cfr. F. MAIA, *Segurança Social em Portugal – Evolução e Tendências*.

nível dos membros da União Europeia, conforme se dá conta através dos valores inscritos no quadro 1.

Importa, contudo, fazer alguns reparos relativamente a esses valores.

Na Bélgica, os indivíduos têm a faculdade de optar entre os 60 e os 65 anos para se retirarem da vida activa.

No caso da Grécia, as idades apontadas no quadro vigoram apenas para os indivíduos que tenham aderido ao sistema público de pensões antes de 31 de Dezembro de 1992; para os titulares das contribuições verificadas em data posterior, a idade de acesso à reforma, para as mulheres, ascende aos 65 anos.

Na Itália, vive-se, desde 1994, um regime de transição. As idades de retirada da vida activa em vigor nesta data, 61 e 56 anos, respectivamente, para homens e mulheres, têm sido incrementadas de um em cada dois anos, de modo a que, em 2002, se atinjam os níveis de 65 anos para os homens e de 60 anos para as mulheres. Os valores apresentados no quadro dizem respeito às idades em vigor na actualidade, 64 e 59 anos, situação que prevalece desde 2000.

QUADRO 1 – Idades legais de acesso à reforma

País	HOMENS	MULHERES
Bélgica	60	60
Dinamarca	67	67
Alemanha	63	60
Grécia	65	60
Espanha	65	65
França	60	60
Irlanda	65	65
Itália	64	59
Luxemburgo	65	65
Holanda	65	65
Áustria	65	60
Portugal	65	65
Finlândia	65	65
Suécia	65	65
Reino Unido	65	60

Fonte: COMISSION EUROPÉENNE, *La protection sociale dans les États membres de l'Union européenne*, 1998.

Uma situação da mesma natureza ocorreu, recentemente, em Portugal, no tocante à idade de retirada da vida activa das mulheres, na sequência do disposto pelo Decreto-Lei nº 329/93, de 25 de Setembro. Este diploma legislou no sentido de nivelar a idade de acesso à pensão de reforma para homens e mulheres. Atendendo a que a idade legal de acesso à reforma era, no caso das mulheres, de 62 anos, desde 1993 para cá, registou-se um acréscimo de seis meses em cada ano, até atingir o patamar de 65 anos, o que se veio a verificar em 1999.

Sublinhe-se, ainda, que o nivelamento progressivo das idades legais de acesso à reforma, para homens e para mulheres, se encontra previsto nos casos austríaco e britânico, indo ocorrer, respectivamente, de 2019 a 2028 e de 2010 a 2020.

Merece particular referência o caso espanhol, pelo facto de a reforma ser permitida aos 60 anos aos trabalhadores que tenham quotizado, antes de 1 de Janeiro de 1967, para as *Mutualidades Laborales*, sendo, todavia reduzido o montante da pensão. Não obstante, tendo em atenção que um dos principais objectivos deste estudo é o da articulação entre os papéis desempenhados pelo Estado e pela sociedade civil, no âmbito do exercício da protecção social, julgamos estar, no caso espanhol, em presença de uma interessante relação entre os sistemas públicos e as mutualidades.

Relativamente às condicionantes de acesso, deparamo-nos, também, no espaço europeu, com diferentes critérios de elegibilidade, principalmente no que se refere à duração das quotizações obrigatórias.

Neste domínio, poderemos apontar como casos extremos dois regimes particularmente permissivos – o belga e o holandês – que não impõem qualquer constrangimento no acesso aos sistemas públicos de pensões.

Na Dinamarca, nas pensões de velhice, o acesso ao regime geral exige a residência em território nacional por um mínimo de três anos, no período compreendido entre as idades de 15 e 67 anos, não tendo o acesso ao regime complementar qualquer tipo de restrição. Porém, para que um indivíduo tenha direito a uma pensão de reforma normal completa, é necessário que tenha residido, em território dinamarquês, durante 40 anos, entre os 15 e os 67 anos. Se o período de residência observado se fixar entre os 3 e os 40 anos, o valor da pensão a atribuir resultará da multiplicação do número efectivo de anos de residência por 1/40 do valor da pensão completa.

Também na Finlândia se impõem constrangimentos relativos à residência no acesso às prestações de velhice, concretamente à pensão nacional. Embora a residência, em solo finlandês, por um período de 3 anos, entre os 16 e os 65 anos, consagre o direito a esta prestação, tal requisito eleva-se para 40 anos se se pretender aceder à pensão nacional completa. Situação de idêntico teor se observa na Suécia, relativamente à pensão de base.

Nos restantes Estados-membros da União, o acesso ao sistema público de pensões de velhice é determinado em função do exercício de uma determinada actividade profissional, no âmbito do qual se impõem regimes de quotizações obrigatórias.

Nesse sentido, na Alemanha, obrigam-se os trabalhadores a 60 meses de contribuições.

Enquanto isso, na Grécia, mais uma vez, se estabelece a distinção entre os trabalhadores quotizados antes e depois da data de 31 de Dezembro de 1992. Assim, os indivíduos que efectuaram descontos até 31 de Dezembro de 1992 deveriam registar, nesta data, contribuições correspondentes a 4200 dias de trabalho. Por sua vez, os indivíduos cujas contribuições se efectuaram exclusivamente após a data mencionada deverão, no final da vida activa, contar com um nível de descontos correspondentes a 4500 dias de trabalho.

Na Itália, o acesso ao sistema implica, actualmente, a realização de descontos por um período de 19 anos. À semelhança do que acontece com as idades legais de acesso à reforma, também, ao nível deste parâmetro se observa uma situação de transição. Essa transição iniciou-se em 1994, em que eram exigidos 16 anos de quotização; desde então, este requisito tem-se elevado de um em cada dois anos, pelo que, em 2002, se terão atingido os pretendidos 20 anos de contribuições.

Já no Luxemburgo são exigidos 120 meses de quotização efectiva, com a particularidade de o montante correspondente poder ser compensado, caso os indivíduos, ao atingirem a idade de 65 anos, não satisfaçam este requisito.

O sistema português exige um período mínimo de quotização correspondente a quinze anos de contribuições, devendo, em cada ano, ter sido registados 120 dias de trabalho sujeitos a descontos.

Onde parece haver alguma homogeneidade, ao nível dos sistemas públicos de pensões da União Europeia, é no número de anos de quotização necessários para obtenção de uma pensão completa. Este parâmetro situa-se, habitualmente, nos 40 anos de quotização, sendo, contudo, de mencionar três excepções:
– a da Holanda, onde o período de quotização se eleva para 50 anos;
– a da Suécia, onde o mesmo período decresce para 30 anos;
– e, ainda, a do Reino Unido, onde se estabelecem 44 anos de quotização para os homens e 39 para as mulheres.

Outras diferenças poderíamos, ainda, apontar, no âmbito do funcionamento dos sistemas públicos de pensões à escala da União Europeia, particularmente visíveis no que diz respeito aos métodos de cálculo do valor das pensões.

Porém, julgamos que da descrição anterior resulta claro que são os Estados-membros do Sul da Europa aqueles que impõem mais entraves ao acesso dos indivíduos aos sistemas públicos de pensões de velhice, ao exigirem um maior nível de contrapartidas por parte dos eventuais beneficiários.

2.1.4 – Estruturas fiscais e modos de tributação

Reportando-nos, agora, a uma óptica global, diremos que as estruturas fiscais, patentes nos diversos países, condicionam profundamente os princípios inerentes ao modo de financiamento dos respectivos sistemas de Segurança Social.

Se, por princípio, na maioria dos países comunitários, são as quotizações dos trabalhadores o suporte do financiamento das pensões de reforma, encontramos como excepções os casos da Irlanda, onde as quotizações são complementadas, por regra, por subvenções estatais, e da Dinamarca, onde as pensões por invalidez e as pensões nacionais de sobrevivência e velhice são financiadas mediante aplicação de impostos directos ([51]).

De realçar, ainda, que a imposição de quotizações, os seus níveis e as suas bases de incidência resultam das múltiplas divergências observáveis no conjunto de países que integram o espaço em apreço. Essas divergências são sintomas claros da existência de mercados de trabalho organizados sobre bases muito diversas, cuja expressão mais evidente consiste no nível de salários auferidos.

2.1.5 – Níveis efectivos de protecção prestada

Se procurarmos avaliar, na prática, qual o nível de protecção social em cada Estado-membro, constataremos que a observação deste indicador denota a existência de profundas divergências entre os diversos países da União Europeia.

([51]) É neste sentido que, ao analisarmos a estrutura fiscal dos diversos Estados membros, somos confrontados com o peso perfeitamente irrisório detido pela classe 2000 na globalidade dos impostos dinamarqueses, o que denota o insignificante papel representado pelas pensões complementares, as únicas, neste país, financiadas por intermédio de quotizações.
A este respeito, cfr. Anexo I, quadros 1, 2 e 5.

Tais divergências são o resultado não só dos factores anteriormente citados, mas revelam, sobretudo, grandes discrepâncias ao nível do desenvolvimento económico e social, facilmente avaliáveis pela comparação dos diferentes PIB *per capita*.

Em 1994, observavam-se, no quadro dos países da União Europeia, fortes disparidades nos níveis efectivos de protecção social; enquanto na Grécia o nível médio de despesa se saldava nos 1236 ECU por habitante, na Dinamarca ascendia aos 8020 ECU *per capita* [52].

Esta apreciação corre o risco de se revelar particularmente desajustada, se não tivermos em atenção as especificidades de cada economia, nomeadamente, o seu nível de preços, avaliável, em termos metodológicos, por intermédio das paridades do poder de compra.

Uma vez corrigidos esses valores, o Luxemburgo passa a ser o país da Comunidade que, em 1994, apresentava o maior montante de despesas de protecção social *per capita*, 6674 ECU, seguido, então, da Dinamarca com 6374 ECU. Mais uma vez, a Grécia volta a apresentar o menor valor para este indicador, a saber, 1645 ECU.

QUADRO 2 – Despesas de protecção social por habitante – 1994

País	Médias anuais em ECU	Médias anuais em PPC
EUR 15	:	:
Bélgica	5142	5052
Dinamarca	8020	6374
Alemanha	6520	5514
Grécia	1236	1645
Espanha	2451	3020
França	5903	5500
Irlanda	2591	2873
Itália	3789	4312
Luxemburgo	7279	6674
Áustria	5924	5536
Holanda	6276	5611
Portugal	1435	2162
Finlândia	5615	5262
Suécia	:	:
Reino Unido	4128	4649

Fonte: EUROSTAT, *Estatísticas de Base da Comunidade*, 33ª edição.

[52] Cfr. EUROSTAT, *Estatísticas de Base da Comunidade*, 33ª edição.

Estes valores permitem o agrupamento dos quinze Estados-membros considerados em duas categorias distintas: teremos, de um lado, a Grécia, a Espanha, a Irlanda e Portugal, promotores de fracas políticas de protecção social, ficando, do outro lado, os restantes países do espaço europeu. É de notar que o primeiro grupo de países apresenta valores relativos ao nível de protecção social *per capita* que muito se afasta dos valores que podemos observar para os segundos.

É certo que essas disparidades surgem reduzidas se, em vez de utilizarmos as médias anuais em ECU, aferirmos os níveis de protecção social recorrendo às paridades dos poderes de compra. Porém, Portugal é o penúltimo país da série em apreço, quer se considerem as médias anuais em ECU, quer se utilizem as paridades do poder de compra.

Atendendo, agora, a uma perspectiva temporal, desde 1990 até 1995 [53], tendo por base os valores inscritos no quadro 3, registou-se, no espaço da União Europeia, um acréscimo generalizado do nível das despesas de protecção social.

**QUADRO 3 – Prestações sociais em percentagem do PIB –
– 1990/95**

País	1990	1991	1992	1993	1994	1995
EUR 15	:	:	:	:	:	:
Bélgica	26,9	27,3	27,2	28,3	27,0	28,9
Dinamarca	29,7	:	:	:	34,2	33,5
Alemanha	26,4	28,4	29,8	30,8	30,7	31,3
Grécia	15,9	15,0	14,6	15,4	15,6	:
Espanha	20,7	21,8	23,0	24,4	23,6	:
França	27,6	28,4	29,3	30,9	30,4	30,4
Irlanda	19,1	20,1	20,8	20,8	20,4	:
Itália	24,1	24,6	25,8	26,0	25,8	24,7
Luxemburgo	22,5	23,6	23,5	24,2	23,9	:
Holanda	33,1	33,3	33,8	34,2	32,8	31,9
Áustria	28,5	28,8	29,7	31,0	31,9	32,2
Portugal	15,9	17,2	19,0	21,3	21,7	21,7
Finlândia	25,5	30,4	34,4	35,5	34,8	33,1
Suécia	:	:	:	38,7	37,7	35,8
Reino Unido	22,9	25,2	27,3	28,4	28,1	:

Fonte: EUROSTAT, *Anuário '97*.

[53] Incluímos informação retrospectiva apenas até 1990, uma vez que a metodologia do Seepros (Sistema europeu de estatísticas integradas de protecção social) sofreu alterações recentes, não sendo possível obter dados mais antigos de acordo as novas

São de apontar, porém, três excepções: os casos da Grécia, da Holanda e da Suécia.

Para além disso, tal fenómeno conheceu desiguais pontos de partida e ritmos de evolução heterogéneos. Devemos assinalar, sobretudo, o forte acréscimo das despesas de protecção social observado em Portugal, no Reino Unido e na Finlândia, comparativamente aos aumentos mais ligeiros verificados nos restantes países.

Contudo, os valores inscritos no quadro 2 deixam antever a existência de uma relação causal entre antiguidade e maturidade, uma vez que são os países que mais tardiamente criaram sistemas de protecção social os que apresentam os menores níveis de protecção prestada como é o caso da Grécia e de Portugal.

Uma vez observado o crescimento generalizado das despesas de protecção social, à escala da União Europeia, deveremos, de seguida, analisar a sua composição, isto é, procurar averiguar quais as áreas privilegiadas por cada governo, através do peso relativo que as diferentes funções assumem no total dessas despesas.

QUADRO 4 – Percentagem das despesas de protecção social por função – 1990/95

País	Desemprego 1990	1994	1995	Invalidez 1990	1994	1995	Doença/Cuidados de saúde 1990	1994	1995	Velhice e Sobrevivência 1990	1994	1995	Prestações familiares 1990	1994	1995	Diversos 1990	1994	1995
EUR 15	:	:	:	:	:	:	:	:	:	:	:	:	:	:	:	:	:	:
Bélgica	13,9	15,3	15,1	7,6	7,0	6,2	26,8	26,8	22,5	40,7	40,0	44,9	9,5	8,8	9,1	1,5	2,1	2,2
Dinamarca	15,4	16,3	15,1	9,9	10,0	10,6	20,1	17,6	17,8	36,8	37,0	37,6	11,9	12,3	12,4	6,0	6,7	6,8
Alemanha	7,4	12,4	12,1	6,4	6,7	6,9	30,6	29,2	29,4	45,7	41,7	41,7	7,2	7,3	7,1	2,7	2,8	2,7
Grécia	:	:	:	:	:	:	:	:	:	:	:	:	:	:	:	:	:	:
Espanha	17,2	18,4	:	13,9	13,6	:	28,7	28,4	:	37,8	37,5	:	1,5	1,4	:	0,9	0,7	:
França	7,2	8,2	7,7	6,1	5,7	5,9	29,4	29,0	29,0	43,8	43,4	43,5	9,4	9,0	9,0	4,1	4,7	4,9
Irlanda	14,6	16,9	:	4,5	4,4	:	33,8	34,3	:	30,7	27,6	:	11,4	11,7	:	5,1	5,1	:
Itália	1,7	2,3	2,2	7,7	7,5	7,2	26,0	22,4	21,4	59,6	64,3	65,7	4,9	3,6	3,5	0,0	0,0	0,0
Luxemburgo	0,8	2,3	:	14,8	13,7	:	25,4	24,6	:	46,8	46,0	:	10,8	13,3	:	1,4	0,2	:
Holanda	8,4	10,8	10,6	17,2	15,5	15,2	28,3	28,8	29,3	36,7	36,7	37,0	5,5	4,8	4,6	3,8	3,4	3,3
Áustria	5,5	6,6	6,7	7,4	7,1	7,6	26,5	24,0	24,4	47,1	47,2	47,0	11,7	13,5	13,0	1,8	1,5	1,4
Portugal	2,5	5,5	5,5	16,6	14,1	12,0	30,3	34,5	32,7	43,1	39,8	43,5	7,1	5,6	5,8	0,4	0,4	0,4
Finlândia	6,1	15,6	14,3	15,2	14,8	14,8	28,5	20,6	21,2	34,1	31,9	32,8	13,5	13,6	13,3	2,6	3,5	3,6
Suécia	:	11,7	11,1	:	11,5	12,3	:	21,4	21,6	:	36,9	37,1	:	11,9	11,3	:	6,6	6,5
Reino Unido	5,7	6,6	5,9	10,3	11,7	11,9	27,3	25,6	25,8	40,7	39,3	39,4	9,0	8,9	9,0	6,9	7,9	8,1

Fonte: EUROSTAT, *Anuário'97*.

categorias. O conteúdo das actuais funções (cfr. *infra* quadro 4) não é integralmente coincidente com o das funções anteriores (saúde, velhice-sobrevivência, maternidade-família, desemprego-promoção do emprego e outras). O *Anuário'97* foi a primeira publicação da Eurostat a fazer uso da nova metodologia.

Uma primeira evidência resulta do facto de ter ocorrido um crescimento generalizado do peso relativo das prestações de desemprego, o que se justifica pela própria força que este fenómeno tem revelado, no espaço da União Europeia, principalmente após 1993.

No que concerne às restantes prestações, somos confrontados, em alguns casos, com o decréscimo do peso relativo das prestações de velhice e de sobrevivência, bem como das prestações de saúde.

Estamos em crer que tal decorre da reduzida amplitude do período considerado, no qual a evolução do desemprego determinou o recuo do peso relativo dos outros tipos de prestações.

Porém, as transformações recentes ocorridas na estrutura demográfica da União Europeia, de que daremos conta no capítulo seguinte, deixam antever uma outra tendência de evolução, para as próximas décadas, das despesas destinadas à protecção social. Na verdade, do envelhecimento demográfico poderá resultar o acréscimo conjunto das prestações de velhice e das prestações familiares, procurando, respectivamente, satisfazer as necessidades da população idosa e pôr em prática medidas de incentivo ao aumento da natalidade.

2.2 – A questão do financiamento: considerações em torno do binómio repartição/capitalização

Regressando, agora, à problemática das pensões, cumpre-nos analisar um dos pontos nodais neste domínio: a questão do financiamento dos sistemas públicos de pensões.

Não sendo um factor gerador de heterogeneidade no espaço da União Europeia, já que a opção dos diversos Estados-membros recai claramente sobre a hipótese de financiamento por repartição, importa, no plano teórico, referir que as administrações públicas se confrontam com dois métodos alternativos de financiamento de um sistema de pensões: o financiamento por repartição e o financiamento por capitalização.

Mais do que estabelecer dicotomias, detectando as causas do sucesso ou do insucesso de experiências conhecidas, urge esclarecer os conceitos, escalpelizar as vantagens e os inconvenientes de ambas as hipóteses e avaliar a real possibilidade de transição para um outro método de financiamento, caso a análise assim o aconselhe.

Um e outro procuram responder a uma série de questões de ordem funcional, nomeadamente, que fazer das quotizações recolhidas, como e quando se devem pagar as pensões e, principalmente, como conseguir equilibrar as primeiras e as segundas.

O método de financiamento por repartição encontra raízes na ideia de solidariedade entre gerações ([54]). Os recursos captados pelas entidades públicas correspondentes às contribuições dos cidadãos activos num dado momento são imediatamente transformados em pensões de reforma, havendo transferência directa do poder de compra de um grupo etário para o outro. Em termos globais, encontramo-nos perante duas operações de valor absoluto idêntico, mas de sinal contrário, que somadas necessariamente se anulam. Neste modo de financiamento, os idosos constituem um verdadeiro encargo para as camadas activas, ao consumirem bens e serviços para cuja produção não contribuem. Desta feita, de acordo com a equação fundamental da repartição teremos, em cada momento t:

Taxa Média de Quotização x Número de Activos x Salário Médio =

= Valor Médio das Pensões x Número de Inactivos Reformados

O esquema de financiamento por repartição é particularmente adequado para situações de estabilidade demográfica; daí ter sido o eleito pela maioria dos poderes públicos das economias ocidentais e por todos os das que integram o espaço comunitário, numa época em que não se adivinhavam alterações significativas nas estruturas populacionais. Este sistema propiciou soluções politicamente fáceis, até ao momento em que os indicadores demográficos evoluíram de forma a gerar um grave desajustamento entre as receitas e as despesas. A inevitável refundação dos sistemas públicos de assistência passa, também, por uma reformulação dos métodos de financiamento.

No entanto, a recente utilização deste modo de financiamento pelas entidades responsáveis pelos sistemas públicos de assistência não lhe confere, de forma alguma, o carácter de novidade. Já em organizações sociais muito simplificadas, como é o caso das sociedades primitivas, encontramos indícios deste sistema de assistência, uma vez que competia

---

([54]) Trata-se, contudo, de uma ideia de circulação restrita. Até há pouco tempo, antes dos principais títulos da comunicação social terem anunciado a crise de financiamento dos sistemas públicos de pensões, as prestações para a Segurança Social eram encaradas como o modo de garantir o compromisso dos Estados no pagamento futuro de uma pensão de reforma. As entidades privadas, nomeadamente as sociedades gestoras de fundos de pensões, foram grandes responsáveis pela difusão da nova realidade, sabiamente utilizada como argumento de venda dos seus produtos, tendo esta extravasado os círculos de académicos e de especialistas, tornando-se uma questão do domínio comum.

aos elementos mais jovens angariar a totalidade dos recursos necessários à sobrevivência da tribo, que seriam, posteriormente, repartidos entre todos os seus membros.

A sedentarização dos indivíduos, a organização económica das sociedades e o surgimento da moeda abririam o caminho para o aparecimento de mecanismos de funcionamento mais complexos; posteriormente, o incremento da grande indústria e o desenvolvimento do comércio dar-lhes-iam um impulso inquestionável. A Revolução Industrial criou, entre os operários, uma consciência de classe, patente no surgimento dos movimentos sindicais, que clamava por sistemas de protecção devidamente organizados. Essa consciência levou à constituição de poupanças, individuais ou colectivas, que puseram em marcha o método de financiamento por capitalização.

No método de financiamento por capitalização, o equilíbrio estabelece-se entre o valor do somatório das quotizações totais a que um indivíduo é sujeito durante a sua vida activa e o valor actual do montante de encargos a ter com esse indivíduo, uma vez atingida a situação de reforma.

Este modo de financiamento, ao preterir a transferência de rendimento entre gerações, elimina o carácter de *imposto* com que habitualmente são encaradas as prestações para a Segurança Social, vestindo-lhes a roupagem de uma poupança forçada que é encarada com agrado. Em vez do mal-estar criado pela convicção de um futuro sem contrapartidas, há lugar a um clima de optimismo, que deita por terra a despersonalização patente nos esquemas de repartição. É, então, fácil ao contribuinte reconhecer o seu próprio rosto no do beneficiário das suas contribuições, em vez da multidão anónima que, tradicionalmente, é chamado a prover.

Além disso, o financiamento por capitalização obriga à poupança e induz ao investimento, permitindo a acumulação de riqueza, ao invés da mera transferência de recursos apontada para os sistemas de financiamento por repartição.

Porém, o modo de financiamento por capitalização é portador de algumas contrapartidas negativas, de que é exemplo a sua incapacidade em corrigir as desigualdades sociais. Além do mais, o modo de financiamento por capitalização acentua essas desigualdades, não exercendo qualquer tipo de função redistributiva, tal como acontece no modo de financiamento por repartição.

Na actualidade, os sistemas públicos de pensões optam pelo modo de financiamento por repartição no que toca às pensões do regime geral, reservando o modo de financiamento por capitalização para as pensões dos regimes complementares ([55]).

2.3 – Do crescimento do Estado

Antes de iniciarmos o estudo da refundação do papel do Estado, cumpre referir que esta questão foi alvo de tratamento, sobretudo no início da década de noventa, em grande medida como resultado da manifestação dos primeiros sinais de falência dos modelos de inspiração neo-liberal, levados à prática durante os anos oitenta.

Assim sendo, estando nós em presença de uma problemática aparentemente localizada em termos temporais, convém esclarecer os motivos pelos quais se retoma a sua discussão.

Desde logo, tratar-se de uma questão já conhecida tal não implica, necessariamente, que seja uma questão ultrapassada (e, muito menos, resolvida); de facto, o vasto discurso em torno do tema está longe de propiciar consensos, a que não é alheia a pluralidade de situações de partida com base nas quais é produzido.

Para além de um problema técnico, resolúvel por intermédio do encontro de fórmulas propiciadoras de equilíbrio e de bem-estar, deparamo-nos, pois, com um outro problema, de raiz mais profunda, de natureza conceptual e ideológica.

A análise proporcionada pelas estatísticas constitui o ponto de partida do raciocínio daqueles que, nos nossos dias, se perfilam como os detractores da intervenção do Estado nas economias. Fiéis a uma ideologia neo-liberal, combatem com tenacidade a filosofia inerente ao Estado de bem-estar, pondo a nu a sua reduzida eficiência, numa lógica de

---

([55]) Os regimes gerais de Segurança Social distinguem-se dos regimes complementares, pois enquanto os primeiros assumem um carácter obrigatório, devendo abranger toda a população activa, incluíndo os trabalhadores independentes, e financiado pelas contribuições dos empregadores e dos trabalhadores, os segundos surgem por iniciativa dos interessados, sendo geridos por instituições não estaduais e destinando-se a majorar as prestações garantidas pelos sistemas oficiais.

Uns e outros diferenciam-se, ainda, dos regimes não contributivos, uma vez que o acesso a estes últimos não depende da verificação de requisitos prévios de tempo de trabalho ou de pagamento de contribuições, estruturando-se numa base universal ou assistencial, sendo financiados, essencialmente, por prestações estatais.

A este respeito, cfr. A. B. FÉLIX, «Segurança Social», p. 659.

análise custo-benefício. Os números não mentem ao revelarem o peso crescente das verbas arrecadadas pelos Estados, sob a forma de impostos directos e de quotizações sociais ([56]). Por outro lado, as despesas de protecção social, entre as quais se incluem os montantes das pensões de reforma, têm ganho terreno face aos PIB, indiciando taxas de crescimento significativamente superiores ([57]). Os factos parecem, pois, dar consistência aos argumentos utilizados pelos contestatários da intervenção do Estado nas economias, que nela vêem um dos principais entraves ao crescimento e ao desenvolvimento económico.

Para os autores de inspiração neo-liberal, a intervenção do Estado é a principal causadora dos males com que se defrontam as economias ocidentais, particularmente do desemprego, atendendo ao encarecimento do factor trabalho e ao desincentivo em encontrar uma ocupação, em virtude da grandeza das prestações garantidas pelos sistemas de assistência; porém, este discurso extremista parecem ignorar o importante efeito amortecedor que as prestações sociais desempenham numa época de crise ([58]) ([59]).

O debate em torno da intervenção do Estado nas economias, tal como refere Phillipe Delmas, assume, assim, um carácter «mais factual que conceptual» ([60]), o que se justifica, na opinião de alguns autores ([61]), pelo facto de o Estado-Providência ter crescido, também ele, devido a aspectos factuais. Neste sentido, a expansão do aparelho de Estado e o alargamento sistemático das funções por ele exercidas coincide, historicamente, com uma fase particularmente propícia, em termos económicos, sem que nunca se tenha procedido a uma avaliação prévia dos efeitos gerados por essa intervenção. Finda essa conjuntura, o Estado-Providência vê-se, hoje, a braços com uma crise de legitimidade.

Da mesma forma, Boaventura de Sousa Santos sustenta que «A rapidez, a profundidade e a imprevisibilidade de algumas transformações

---

([56]) Cfr. Anexo I, onde se apresentam dados estatísticos relativos à evolução das receitas fiscais, nos países da União Europeia.

([57]) Cfr. *supra* quadro 3, onde se apresentam elementos relativos à evolução das despesas sociais face aos PIB, nos países da União Europeia.

([58]) Sobre as críticas dirigidas aos sistemas de assistência, cfr. *supra* nota 39.

([59]) Neste sentido, cfr., ainda, J. J. TEIXEIRA RIBEIRO, *Lições de Finanças Públicas*, p. 421, onde se classifica o sistema da Segurança Social como um dos principais estabilizadores automáticos financeiros.

([60]) Cfr. P. DELMAS, *O Senhor do Tempo – A modernidade da acção do Estado*, p. 18.

([61]) Cfr. N. PLOUG. «L'Etat Providence en liquidation?», p. 68.

recentes conferem ao tempo presente uma característica nova: a realidade parece ter tomado definitivamente a dianteira sobre a teoria» (⁶²).

A discussão enveredou, então, pela via da constatação e da comparação dos resultados obtidos no passado recente – onde releva um largo consenso em torno do crescimento acentuado das despesas públicas – relegando, para segundo plano, as questões de natureza doutrinal. Os sinais de crise foram de tal modo fortes e surpreendentes que o debate teórico se esvaziou e sucumbiu perante a evidência da realidade.

Charles Shultze, conselheiro económico do presidente Carter, afirmou que «Há dez anos, o Estado era geralmente considerado como um instrumento para resolver problemas; hoje, para muitas pessoas, o problema é o próprio Estado» (⁶³). Estamos, pois, longe das teses keynesianas, em que o Estado aparecia como guardião da estabilidade geral do sistema económico. Se, há cinquenta anos, a solução para as crises passava pela intervenção dos Estados nas economias, hoje, paradoxalmente, apontamos a espada a essa intervenção, acusando-a de impedir o crescimento económico, em suma, exigindo a sua abolição como ponto de passagem obrigatória no caminho para a prosperidade.

Por seu turno, os autores neoclássicos, não ignorando a situação de crise em que emergiram as economias ocidentais e não fechando os olhos à realidade que os números parecem querer demonstrar, sugerem causas radicalmente diferentes para o fenómeno do abrandamento do ritmo de crescimento económico, registado no mundo ocidental, no início da década de setenta. Estes autores procuram reabilitar alguns argumentos de raiz Keynesiana, responsabilizando a redução da procura e a queda da produtividade pela nefasta evolução registada ao nível da taxa de crescimento do PIB.

Contudo, nem mesmo a evidência dos factos conseguiu pôr termo ao debate em torno do papel e do futuro do Estado; a persistência na discussão constitui, por si só, um forte indício determinante da sua legitimidade. De acordo com Ploug, «Numa perspectiva puramente histórica, não existe exemplo de sistema de assistência ou de sistema de prestações que não tenha nunca desaparecido», afirmando, logo adiante que «podemos pois questionar-nos se a estrutura actual do Estado Providência constitui o sistema definitivo» (⁶⁴). A segunda consideração deixa antever

---

(⁶²) Cfr. B. S. SANTOS, *Pela Mão de Alice. O Social e o Político na Pós-Modernidade*, p. 20.
(⁶³) Cfr. P. ROSANVALLON, *A crise do Estado-Providência*, p. 49.
(⁶⁴) Cfr. N. PLOUG, «L'Etat Providence en liquidation?», p. 76.

a possibilidade de reformulação do aparelho de Estado e faz-nos questionar quais os aspectos que diferenciam o Estado-Providência dos restantes modelos de assistência, susceptíveis de determinarem a sua reformulação em vez da sua extinção.

O que nos propomos fazer de seguida é, pois, ir em busca dos contornos fundamentais que presidem ao debate teórico [65] relativo ao crescimento do Estado e em função dos quais se pode reexaminar o seu papel nas modernas economias ocidentais, em particular, nas da União Europeia.

2.3.1 – A análise marxista do Estado

A inclusão – e a própria individualização – desta temática num trabalho com os objectivos do que se apresenta carecem de algumas linhas preliminares, que visem esclarecer o verdadeiro sentido da sua consideração.

No seu livro *Capitalismo contra Capitalismo*, publicado em 1991, Michael Albert [66] denuncia a esmagadora vitória da filosofia de mercado em todas as frentes de batalha; vitória pacífica, mas eficaz, que alterou a trilogia de base da organização económica mundial – países capitalistas, países comunistas e terceiro mundo. Essa vitória traduziu-se no arredamento dos modos de produção colectivistas e, consequentemente, na quebra do prestígio e da influência das teses marxistas, dando apenas lugar a uma dicotomia de realidades, considerando, de um lado, o grupo dos países ricos, ou ditos desenvolvidos, e, de outro, o grupo dos países pobres, ou ditos subdesenvolvidos.

A evolução económica recente parece, pois, ter remetido a teoria económica – e até a própria realidade – para um debate dualista, travado entre as paredes do próprio capitalismo, que se consubstancia na existência de dois modelos, susceptíveis de conduzir a diferentes modos de organização social, a saber, o modelo renano e o modelo americano.

A propriedade dos meios de produção, outrora redutora da tipologia dos sistemas económicos, perde importância relativa ao ser substituída, em grande escala, pela privatização dos mesmos.

Partindo da expressão «tudo o que é sólido se desfaz no ar», utilizada por Marx e Engels no Manifesto Comunista de 1848, Boaventura de Sousa Santos classifica a década de oitenta como sendo a «década em que o marxismo pareceu desfazer-se definitivamente no ar». No entanto,

---

[65] Segue-se, de perto, a sistematização proposta por Rosanvallon. Cfr. P. ROSANVALLON, *A crise do Estado-Providência*, pp. 130 e segs.

[66] Cfr. M. ALBERT, *Capitalismo contra Capitalismo*, p. 7.

no entender do mesmo autor, «o marxismo constitui um dos pilares das ciências sociais» e, além disso, «uma das mais brilhantes reflexões teóricas da modernidade» ([67]).

Entre o brilhantismo das ideias e a decadência dos factos, importa avaliar qual o contributo do marxismo para a explicação do problema em apreço.

Marx analisa o Estado em duas perspectivas, aliás, contraditórias entre si. Propõe-nos uma perspectiva libertária, em que critica o papel do Estado, considerando-o desnecessário numa sociedade igualitária, e uma perspectiva económica e social, em que o Estado aparece como um instrumento ao serviço da classe dominante, em seu entender, da burguesia.

Para Marx, tal como refere Rosanvallon ([68]), «o aparecimento do comunismo está ligado ao desaparecimento do Estado». Uma sociedade igualitária, resultante da apropriação colectiva dos meios de produção, como a que Marx preconizou por intermédio da sua teoria dos modos de produção, não carece da existência de uma entidade central que tem a seu cargo distribuir rendimentos e atenuar diferenças sociais.

Mas a análise marxista contemporânea do Estado-Providência é, essencialmente, um prolongamento dos trabalhos de Marx, na sua perspectiva económica e política. Tal como Marx visionava o Estado como um elemento legitimador do processo de acumulação capitalista e, consequentemente, do antagonismo entre capital e trabalho, autores há, como por exemplo, Anicet Le Pors, membro do Partido Comunista Francês, que classificam o Estado-Providência como uma "muleta do capital".

Importa, porém, atender aos contributos mais recentes de alguns autores de inspiração marxista, em torno da questão do papel do Estado nas sociedades contemporâneas, como é o caso de Ramesh Mishra e Claus Offe.

Mishra, em vez de pugnar pelo desaparecimento do Estado, defende a sua manutenção, tendo em vista os objectivos que este deve promover. Esses objectivos não devem ser necessariamente assistencialistas, cabendo ao Estado a adopção de políticas de pleno emprego. Mishra fornece, assim, uma nova perspectiva analítica do papel do Estado, centrada na relação entre o capital e o trabalho ([69]).

([67]) Cfr B. S. SANTOS, *Pela Mão de Alice. O Social e o Político na Pós-Modernidade*, pp. 25 e segs.
([68]) Cfr. P. ROSANVALLON, *A crise do Estado-Providência*, p. 130.
([69]) Cfr. R. MISHRA, *O Estado-Providência na sociedade capitalista*, principalmente capítulo 5.

Por sua vez, Offe sustenta a tese da *irreversibilidade*, que é, aliás, refutada por Mishra, tendo em conta as múltiplas contradições do Estado-Providência ([70]).

2.3.2 – As teorias explicativas do crescimento do Estado

Entre as análises económicas "clássicas" do Estado, destacaremos a teoria dos bens colectivos, a teoria da produtividade diferencial e a teoria dos efeitos de deslocação.

A teoria dos bens colectivos encontra corpo na distinção entre dois tipos de bens que, devido às suas características intrínsecas, são alvo de diferentes tipos de procura: os bens divisíveis e os bens indivisíveis.

Os primeiros estão sujeitos a um consumo perfeitamente individualizado, enquanto os segundos, onde incluiremos todo o tipo de infraestruturas e equipamentos sociais, geram uma procura socializada. Acresce que essa procura socializada desencadeia uma oferta também ela socializada, suscitando o aparecimento do Estado produtor, em parte devido à impossibilidade física de serem os particulares a promover a produção de bens indivisíveis. O facto de a procura que recai sobre os bens indivisíveis evoluir mais rapidamente do que aquela que se destina aos bens divisíveis explica o incremento do aparelho de Estado e o acréscimo das despesas públicas.

Esta concepção relaciona-se profundamente com a das «externalidades», segundo a qual compete ao Estado preencher as lacunas que o regular funcionamento do mercado não consegue suprimir. Esta necessidade de uma intervenção correctora, que legitima o crescimento do aparelho de Estado, suscitou imediata resposta por parte dos economistas neo-liberais, ao proporem o conceito de «internalidade», nele pretendendo abranger os efeitos perturbadores gerados pela intervenção no mercado das instituições públicas não mercantis.

Num artigo de 1979, Charles Wolf Jr. ([71]) avança a ideia de *non-market failures* (as falhas do *não-mercado*). Em seu entender, haverá lugar ao aparecimento de «internalidades» sempre que, na tomada de decisões sociais, sejam tidos em conta os custos e os benefícios dos

---

([70]) Cfr. C. OFFE, *Contradictions of the welfare state*, pp. 66 e segs.
([71]) Cfr. C. WOLF Jr., «A Theory of Non-Market Failures: Framework for Implementation Analysis».

burocratas e das administrações; daí que, na perspectiva do autor, as falhas do funcionamento do mercado só possam ser entendidas quando comparadas com as falhas do *não-mercado* ([72]).

Já Adolph Wagner, cuja contribuição para a teoria económica ficaria conhecida pela *Lei de Wagner*, explicava o crescimento do sector público recorrendo à teoria da vantagem comparativa de David Ricardo. Segundo este autor dos finais do século XIX, o Estado detinha uma posição privilegiada na produção de certos bens e serviços, nomeadamente redes de transportes e comunicações, que o processo de crescimento económico posto em marcha pela Revolução Industrial necessariamente exigia.

A teoria da produtividade diferencial justifica o crescimento das despesas do Estado tendo por base as diferenças de produtividade entre o sector público e o sector privado.

O recurso a uma forte componente de mão-de-obra por alguns serviços públicos determina uma evolução relativamente lenta da sua produtividade, perante a observada no sector privado. A manutenção da qualidade dos serviços prestados pelo Estado é, pois, assegurada à custa de dotações orçamentais crescentes, o que empola significativamente o peso do sector público nas economias.

De notar que, se esta explicação legitima, em parte, os argumentos dos autores liberais e neo-liberais, ao pôr em evidência a pouca eficácia de alguns serviços públicos, abre campo ao lançamento de vias reformadoras da intervenção estatal, nomeadamente no que se refere à adopção de modelos organizacionais mais eficientes, como teremos ocasião de referir ([73]).

A teoria dos efeitos de deslocação não fornece, propriamente, uma explicação para o crescimento do Estado; situando-se mais no campo da teoria da fiscalidade, procura dar conta das razões do aumento de um determinado nível de tributação e das condições de aceitação dessa modificação.

([72]) É neste sentido que alguns autores afirmam que as correntes liberais actuais ganham força e se distanciam profundamente das vigentes no século XVIII, pelo facto de o liberalismo actual se reconhecer como relativo, isto é, propiciador de menores males do que aqueles a que um sistema interventor necessariamente conduzirá.

([73]) Cfr. *infra* ponto 4.4.

Em 1961, tendo por base um estudo efectuado para a economia britânica sobre o crescimento das suas despesas públicas, Alan Peacock e Jack Wiseman [74] propõem o conceito, hoje consagrado na teoria económica, de «efeito de deslocação».

Esta teoria assenta numa premissa fundamental, comum à escola da *public choice*, que consiste no facto de as decisões relativas aos gastos públicos serem desprovidas de racionalidade económica e condicionadas por razões de ordem política, mais concretamente, fortemente influenciadas pelas preferências manifestadas pelos eleitores.

De acordo com Peakock e Wiseman, os cidadãos de um determinado país possuem representações ideais relativas à afectação dos recursos públicos, nem sempre coincidentes, muitas vezes mesmo incompatíveis, com a carga fiscal que estão dispostos a suportar. Nesta perspectiva, perante situações de estabilidade, afigura-se razoável, aos cidadãos, a manutenção do nível de tributação, ao mesmo tempo que reivindicam o aumento das despesas públicas, viabilizado pelo crescimento do produto interno.

Se numa época de estabilidade os indivíduos consideram como tolerável um determinado nível de tributação, a ocorrência de qualquer situação adversa pode legitimar um aumento da pressão fiscal. Uma vez ultrapassada a perturbação, o nível de tributação a praticar configurar-se-á no ponto atingido durante a situação de anormalidade, sendo tal deslocação aceite pelo comum dos indivíduos. Sintomaticamente, Peacock e Wiseman afirmariam que «É mais difícil selar um cavalo que mantê-lo selado» [75]. O novo patamar atingido pelas receitas públicas afigura-se, para os contribuintes, como razoável e necessário, em virtude dos compromissos assumidos pelo Estado durante a fase de perturbação.

No entanto, nos nossos dias e no caso concreto dos sistemas públicos de pensões, a viabilidade dos mesmos, quando assentes nos actuais moldes de financiamento, tem passado pelo incremento das contribuições dos cidadãos, mediante uma penalização contínua do factor trabalho, ao mesmo tempo que os tem privado de uma parcela dos seus benefícios por intermédio de mecanismos que visem reduzir o valor médio das pensões [76].

---

[74] Cfr. A. T. PEACOCK e J. WISEMAN, *The Growth of Public Expenditure in the United Kingdom*.
[75] Cfr. *ibidem*, p. xxxiv.
[76] Um exemplo destes mecanismos é o aumento da idade legal de acesso à reforma.

Para além das justificações encontradas pelas teorias "clássicas" do crescimento do Estado, caracterizadas pelo seu matiz marcadamente económico, devemos atender às propostas da teoria da burocracia e à teoria do mercado político.

Segundo a teoria da burocracia, o crescimento do Estado é determinado pelo próprio funcionamento dos serviços públicos e não por factores exógenos, tal como sugerem as análises económicas clássicas.

No final do século XVIII, Guillaume de Humboldt avançava que «Os que tratam dos assuntos do Estado têm cada vez mais tendência para desprezar os factos em si mesmos, considerando apenas a sua forma; talvez introduzam na forma melhorias reais; mas, como não dedicam ao facto principal uma atenção suficiente, estas melhorias são muitas vezes prejudiciais. Daí surgem novas formas, novas complicações, novas prescrições restritivas, que dão lugar, muito naturalmente, a um reforço de funcionários. Assim, todos os dez anos, na maior parte dos Estados, aumenta o número de pessoas empregadas, complica-se a burocracia, restringe-se a liberdade individual» [77].

Já no nosso século, assistimos, a partir da década de quarenta, à publicação de diversos trabalhos [78] alusivos ao fenómeno da burocracia. Se, por um lado, tal publicação coincide, na prática, com o crescimento do aparelho do Estado e com o pôr em prática as ideias inerentes ao modelo do Estado de bem-estar, por outro lado, pretende preencher o marasmo vivido pela Teoria da Administração, privada que estava de uma abordagem abrangente que ultrapassasse o mecanicismo da Teoria Clássica e a ingenuidade marcante da Teoria das Relações Humanas. No entanto, estes trabalhos retomam as ideias de Max Weber [79] e operacio-

---

[77] Cfr. G. HUMBOLDT, *Essai sur les limites de l'action de l'Etat*, Paris, 1867, apud P. ROSANVALLON, *A Crise do Estado-Providência*, p. 135.

[78] Entre os mais importantes trabalhos em torno da Teoria da Burocracia destacaremos:
  – de James Burnham, *The Managerial Revolution*, (1945);
  – de Philip Selznick, *TVA and the Grass Roots*, (1946) e *Leadership in Administration*, (1957);
  – de Robert Michels, *Political Parties*, (1949);
  – de Alvin B. Gouldner, *Patterns of Industrial Bureaucracy*, (1954);
  – de Peter M. Blau, *The Dinamics of Bureaucracy*, (1955);
  – de de Reinhard Bendix, *Max Weber: An Intellectual Portrait*, (1962);
  – de Robert K. Merton, *Social Theory and Social Structure*, (1968).

[79] Max Weber (1864-1920), sociólogo alemão, fundador da Sociologia da Burocracia, foi professor nas Universidades de Friburgo e Heidelberg. Entre a sua vasta obra

nalizam os conceitos que o sociólogo havia avançado logo no início do século.

Weber perspectivou o século XX como o século das organizações burocráticas. Nascida sob a égide do capitalismo, a burocracia pretende dar resposta aos problemas originados pelo gigantismo das organizações surgidas durante a Revolução Industrial. Contra as práticas discricionárias e os julgamentos tendenciosos, que a dimensão de algumas organizações poderia suscitar, o modelo burocrático propõe a normalização de comportamentos e a imparcialidade das decisões.

Ao formular a sua teoria dos tipos de autoridade ([80]), Weber fez corresponder burocracia e racionalidade, ao detectar a existência de uma autoridade legal, racional ou burocrática, onde a obediência acontece por via da racionalidade impregnada nas normas que os superiores fazem cumprir. Porque racionais, essas normas são comumente aceites pelos subordinados e conduzem a uma normalização de procedimentos, a uma formalização das comunicações e a uma impessoalidade das relações. A rigidez de comportamentos imposta pelas normas conduzirá à perfeita previsibilidade dos mesmos, assim como à profissionalização dos participantes nas organizações, dando origem a uma separação nítida entre as funções de proprietário e de gestor.

Em 1945, James Burnham ([81]), por intermédio do seu livro *The Managerial Revolution*, dá corpo à ideia acima expressa, anunciando o surgimento de uma nova classe, detentora de elevado estatuto económico e social, composta pelos gestores das organizações burocráticas. Burnham manifesta-se portador de uma fé inabalável na burocracia, quando chega a sustentar que, quer o capitalismo, quer o socialismo, eram, à data, sistemas efémeros, ambos incapazes de resolver os problemas do momento. Se o capitalismo se revelava impotente perante o desemprego, a depressão económica ou perante uma incipiente distribui-

---

destaca-se *A Ética Protestante e o Espírito do Capitalismo*, cuja primeira parte foi publicada em 1903 e a segunda em 1905. Outra obra de referência em Weber é *Economia e Sociedade*, tendo o autor iniciado a sua escrita em 1909. Esta ficaria, porém, inacabada, na sequência do falecimento de Weber, a 14 de Junho de 1920. É Marianne Weber, sua mulher, que, em 1922, publica, pela primeira vez, a *Economia e Sociedade*.

([80]) Para além da autoridade legal, racional ou burocrática, Weber apontou a existência de uma autoridade tradicional, característica das sociedades patriarcais, onde o poder é transmitido por herança, e de uma autoridade carismática, decorrente das características intrínsecas do líder.

([81]) Cfr. J. BURNHAM, *The Managerial Revolution*.

ção da riqueza, a derrocada do socialismo estaria eminente devido ao esvaziamento da classe operária, verdadeiro sustentáculo do sistema, e à sua gradual transformação em classe média. Burnham considerava-se perante uma verdadeira «revolução social» ([82]), em que «A transição é de um tipo de sociedade dita capitalista ou burguesa para um tipo de sociedade a que poderemos chamar dos gestores» ([83]).

De acordo com a teoria do mercado político, os governantes assumem comportamentos condizentes com os propostos pelo paradigma do *homo economicus*; não é a prossecução dos interesses globais que norteia a classe política, mas sim a satisfação dos seus objectivos pessoais.

Assim, para conseguirem ser reeleitos, os políticos dispersam esforços, promovendo os objectivos de um número significativo de minorias, com interesses diversos e, por vezes, antagónicos, o que empola substancialmente os orçamentos dos estados. O interesse geral é satisfeito não através de um denominador comum das necessidades dos indivíduos, mas sim à custa de um somatório de microinteresses.

2.4 – Da eficácia do Estado Providência

Entre as vozes que põem em evidência a fraca eficiência da acção do Estado, destaca-se a de Ivan Illich ao criar o conceito de «contraprodutividade» ([84]). Na sua obra *Limites para a Medicina – A expropriação da saúde*, de 1977, Illich debruça-se, fundamentalmente, sobre a produção de serviços de saúde; no entanto, as considerações que tece podem generalizar-se, com razoável precisão, a outros sectores de produção.

Illich chega ao conceito de «contraprodutividade», partindo da diferenciação entre dois modos de produção, a saber, o modo de produção dito «heterónomo» e o modo de produção dito «autónomo». Em seu entender, «Em todas as sociedades pós-neolíticas, dois modos de produção, a que chamarei, respectivamente, modo de produção autónomo e modo de produção heterónomo, concorrem sempre para a realização dos objectivos sociais mais importantes. Só que na nossa época os dois modos de produção entraram em conflito de uma maneira cada vez mais viva».

([82]) Cfr. J. BURNHAM, *The Managerial Revolution*, p. 65.
([83]) Cfr. *ibidem*, p. 63.
([84]) Cfr. I. ILLICH, *Limites para a Medicina – A expropriação da saúde*, pp. 75-92.

Segundo Illich, a industrialização e o progresso, à partida, fenómenos desejáveis, impedem o indivíduo de, através dos seus próprios meios, procurar satisfazer as suas necessidades. Todas as organizações caracterizadas por um modo de produção «heterónomo», na perspectiva do citado autor, são geradoras de contraprodutividade, já que esta decorre do facto de «o que pode ser consumido desclassifica o que se pode fazer» [85].

Hirschman, por seu turno, explica a actual crise do Estado-Providência pelo descontentamento dos consumidores dos bens públicos, em virtude da sua fraca qualidade [86]. Esta posição de Hirschman encontrará forte sustentáculo, se nos propusermos analisar as mutações ocorridas, no intervalo cronológico das duas últimas décadas, ao nível das economias ocidentais.

A crise energética do início da década de 70 provocou fortes alterações no domínio das estruturas organizacionais das empresas. A significativa alteração das estruturas de custos obrigou os empresários a reequacionar estratégias e a procurar novos vectores de competitividade.

Os anos de ouro do após-guerra tinham propiciado a criação e o desenvolvimento de unidades organizacionais de grande envergadura, movidas por uma lógica de concentração e de compressão de custos [87]. Porém, aos grandiosos impérios erguidos sob a égide do Estado de bem-estar sucedeu-se a apologia das unidades organizacionais de reduzida dimensão, dotadas de estruturas hierárquicas leves e flexíveis e capazes de se metamorfosearem consoante as exigências do meio envolvente.

---

[85] Cfr. I. ILLICH, *Limites para a Medicina – A expropriação da saúde*, pp. 75 e segs.
Illich diferencia entre modo de produção «autónomo» e modo de produção «heterónomo». Enquanto no primeiro inclui os bens que possam ser, em simultâneo, produzidos e consumidos pelo mesmo indivíduo, no segundo inclui os bens em que não possa haver coincidência entre produtor e consumidor.
[86] Cfr. A. O. HIRSCHMAN, «Estado-providência em dificuldades: crise do sistema ou dores de crescimento», *apud* P. ROSANVALLON, *A crise do Estado-Providência*, p. 139.
[87] Esta lógica encontrou forte sustentáculo no princípio das economias de escala, que aponta para uma redução do custo médio de produção, em virtude do alargamento da dimensão das unidades empresariais e do aumento da quantidade produzida (Q). O acréscimo de Q permite uma maior especialização e, consequentemente, uma organização mais eficiente das condições de produção. Se duplicarmos a quantidade de factores produtivos utilizados, obteremos um produto final superior ao dobro do inicialmente conseguido, o que equivale a uma redução relativa dos custos de produção.

A par desta modificação das estruturas organizacionais, assistimos a uma alteração profunda das estratégias empresariais. Em vez da oferta de produtos pouco diversificados, viabilizada pelos padrões de consumo colectivo caracterizadores do modelo económico vigente no após-guerra, as empresas, uma vez confrontadas com uma redução drástica da procura, viram-se obrigadas a estudar o mercado, a classificar os potenciais consumidores, atendendo às suas características específicas, e a desenvolver políticas adequadas para cada segmento.

Ao procurar ir ao encontro das exigências recônditas do mercado, o mundo empresarial tornou o consumidor um ser exigente; consciencializou-o do papel vital que assume no curso dos negócios, transformando-o numa espécie de decisor em última instância, que, *a posteriori*, aprova ou condena as medidas tomadas pelos conselhos de administração das empresas. Basta uma palavra sua para viabilizar ou deitar por terra meses de trabalho e de expectativas e para pôr em causa os avultados investimentos, normalmente inerentes ao lançamento de novos produtos.

Este processo conduziu a diferentes atitudes por parte de produtores e consumidores.

Do lado da oferta, assistimos ao descentrar das atenções dos empresários do processo produtivo e do produto em si mesmo para o mercado e para uma noção alargada de produto, em que este não se confina às suas características intrínsecas, mas vale pelas necessidades que é capaz de satisfazer.

O consumidor, por seu turno, habituou-se, com nítida satisfação, ao protagonismo que lhe foi atribuído, o que levou a uma selectividade crescente da procura. O consumidor revelou ser capaz de se indignar perante a mínima das contrariedades decorrentes da utilização dos produtos que as empresas conceberam para si, permanecendo totalmente indiferente quando confrontado com uma situação de perfeita normalidade, sem que isso lhe cause espanto ou lhe suscite o mais leve dos elogios. O consumidor julga a qualidade do produto um direito por si conquistado, sentido-se defraudado perante a sua inexistência.

Os mecanismos inerentes à esfera privada da economia constituem um forte – se não mesmo o único – padrão de referência para os consumidores e para os indivíduos em geral. Quando confrontados com a fraca eficácia dos sistemas públicos de assistência, apressam-se a estabelecer comparações entre os dois modos de produção, enraizados em diferentes princípios e que visam também objectivos diferentes.

Este cotejo entre realidades incomparáveis, pondo em relevo a reduzida eficiência do Estado, não encerra, de modo algum, a exigência da abolição da sua intervenção. Pelo contrário, o cidadão anónimo revela-se um actor de merecidos créditos, ao desempenhar, com a mesma facilidade, os papéis de contestador e de reivindicador; se, por um lado, critica o aparelho do Estado e proclama a sua ineficiência, por outro lado, não hesita em reclamar o maior envolvimento do Estado, sempre que confrontado com uma situação de carência, própria ou mesmo alheia.

Também os próprios empresários se arriscam a pisar os limites da incoerência quando classificam o Estado como um fardo para o curso dos negócios e como um entrave ao desenvolvimento da actividade económica, por força das pesadas estruturas de custos, que englobam os impostos e as contribuições para a Segurança Social, legalmente fixadas, e, até mesmo, os custos do capital e da energia, muitas vezes administrativamente regulamentados. No entanto, ao assumirem este tipo de discurso, em vez de se libertarem da tutela do Estado, reclamam-lhe, a cada instante, uma maior ajuda e uma maior protecção para o sector em que se inserem, exigindo, logo, um intervencionismo crescente.

Entre as características que invalidam a confrontação entre o modo privado e o modo público de produção, apontaremos a existência de diferentes estruturas organizacionais, o tipo de produto, a propriedade dos factores de produção e, sobretudo, as estratégias de crescimento e de desenvolvimento escolhidas por ambos.

Enquanto que as empresas se viram obrigadas a reestruturar o seu interior, sob pena de porem em risco a própria rendibilidade, os organismos públicos e, no caso concreto, os Ministérios do Emprego enveredaram por uma lógica de crescimento – resultante do próprio alargamento do campo de acção – e só muito recentemente tomaram consciência da necessidade de flexibilizar as suas estruturas, tendo em vista uma maior proximidade em relação ao utente e, ao mesmo tempo, de acelerar a brevidade das suas decisões. Para além de algumas empresas da esfera privada, normalmente de significativa dimensão, são os organismos públicos os mais fiéis representantes das propostas inerentes à Teoria da Burocracia ([88]), fortemente baseada na existência de um elevado formalismo, não sendo admitidos desvios, relativamente ao previsto nas normas.

Por outro lado, as empresas antecipam as necessidades dos indivíduos, invertendo a lógica inicial do consumidor, que era a de adquirir

---

([88]) Cfr. *supra* ponto 2.3.

produtos que realmente satisfizessem necessidades por si sentidas; através do desenvolvimento de campanhas promocionais, conseguem suscitar o desejo de aquisição, convertendo artigos perfeitamente supérfluos em quase artigos de primeira necessidade.

O modo de produção estatal, por seu turno, tem tido a particularidade de não surpreender o mercado, limitando-se a propor soluções desejadas e que, de algum modo, visam colmatar necessidades já existentes, na maioria das vezes, com um desfasamento temporal considerável.

Já referimos o protagonismo que o cliente foi crescentemente assumindo nos processos de tomada de decisão das empresas. Muitas são as organizações que, nos nossos dias, proclamam a prática de uma gestão toda ela condicionada e vocacionada pelo e para o cliente.

Paralelamente, as empresas desenvolvem políticas de segmentação que conduzem à "pessoalização" das relações entre a empresa e a clientela, em que a primeira aparece como a entidade que conhece e que tudo faz para satisfazer os desejos, por mais exigentes e extravagantes, do seu público consumidor. O cliente abandona o seu estatuto de "mais um", substituindo-o pelo de "apenas um", apegando-se a um individualismo excessivo, reclamando para si a falsa ilusão da razão de ser da própria organização.

Inversamente, o produto proposto pela esfera pública é, em grande medida, um produto uniformizado, ignorando as particularidades de cada indivíduo. Os esquemas públicos de produção, por contraposição ao ocorrido na esfera privada, não foram alvo de um processo de segmentação, caracterizando-se pela frieza e impessoalidade nas relações, apesar de, nos últimos anos, se terem registado, pontualmente, algumas tentativas de humanizar e "dar rosto" ([89]) às administrações.

Para além das diferentes trajectórias de natureza organizacional, observadas ao nível dos modos de produção público e privado, importa referir todo um conjunto de transformações económicas, que operaram paralelamente no tempo e que contribuem para esclarecer as acusações de ineficiência de que a acção do Estado tem, ultimamente, sido alvo.

Com o advento do Estado de bem-estar, assistimos, ao longo dos últimos cinquenta anos, a uma autêntica "terciarização" da economia. O sector dos serviços cedo exerceu sobre os poderes públicos um indis-

---

([89]) A colocação da expressão entre comas justifica-se pelo facto de ter sido utilizada numa campanha levada a efeito, tempo atrás, pelos serviços do Ministério do Emprego e da Segurança Social do nosso país, precisamente com o objectivo supramencionado.

cutível poder de sedução, devido à sua enorme capacidade de gerar emprego, consequência directa da perenidade da procura dirigida aos serviços tradicionalmente providos pelo Estado.

Porém, apesar do crescimento do aparelho público, nem todos os serviços existentes numa dada economia são fornecidos pelos Estados, sendo, inclusivamente, cada vez mais vulgar a proliferação de empresas prestadoras de serviços, atraentes aos olhos dos seus promotores pelo reduzido montante de capitais que o seu lançamento normalmente obriga. Entre a totalidade de serviços à disposição dos cidadãos de um determinado país, apenas uma fatia é assegurada pelo aparelho de Estado, normalmente os segmentos tradicionais, onde se incluem a educação, a saúde e a assistência social.

O problema da fraca eficiência deste tipo de serviços parece residir, não exclusivamente no tipo de agente que os produz, sejam públicos ou privados, mas, sobretudo, nas características intrínsecas ao próprio modo de produção dos serviços em geral. Assim sendo, uma visão que apele exclusivamente a factores de racionalidade económica corre o risco de fazer perigar o próprio conceito de Estado, esvaziando o seu conteúdo.

Mais uma vez somos remetidos para a paradoxal constatação de que, à semelhança da indústria, também no sector dos serviços se estabelece uma relação inversa entre competitividade e emprego. A fraca eficiência do sector terciário levanta uma onda de cepticismo em torno das potencialidades de crescimento para os tempos vindouros e fornece uma explicação parcial para a crise em que emergiram as economias ocidentais nos últimos anos.

Um trabalho datado de Junho de 1992, de Cantner e Kuhn ([90]), da Universidade de Augsburgo, pretende dar conta das vicissitudes e dos resultados inerentes à utilização das novas tecnologias no âmbito do sector dos serviços, mais precisamente, das organizações que, de alguma forma, constituem reproduções mais ou menos fiéis dos princípios subjacentes ao modelo burocrático.

Numa outra óptica de análise, poderemos, seguramente, afirmar que falharam os pressupostos sobre os quais se procurou erguer o Estado-Providência. Em vez do ritmo de crescimento acentuado que caracterizou as economias ocidentais no após-guerra, a década de 70 trouxe

---

([90]) Cfr. U. CANTNER e T. KUHN, «Technical progress in bureaucracies», pp. 389--399.

consigo um abrandamento generalizado da taxa de crescimento do PIB. Esta descida pôs em causa um dos compromissos fundamentais do modelo do Estado de bem-estar, que era o da redistribuição vertical de rendimentos.

A ineficácia da acção redistributiva do Estado-Providência tem dado corpo a algumas das mais vigorosas críticas que lhe têm sido dirigidas, provindas, essencialmente, de autores de inspiração neo-liberal. Segundo estes, a abrangência dos sistemas de protecção social é de tal forma lata que deles beneficiam, fundamentalmente, as classes médias.

William Simon, ao analisar a precaridade financeira da cidade de Nova Iorque, afirmaria: «A fonte mais importante dos seus problemas não é a generosidade para com os pobres e oprimidos, mas o facto de procurar subsidiar uma grande parte das classes médias, incluindo os seus próprios empregados» [91]. Na verdade, são as classes mais favorecidas que, normalmente, são detentoras de um maior nível de instrução e portadoras de experiências que lhes permitem explorar, de forma mais exaustiva e eficiente, as oportunidades oferecidas pelos sistemas de assistência.

Como notava Deleeck, já em 1977, citado por Lepage na sua obra *Amanhã, o Liberalismo*, «A experiência política empírica destes últimos vinte anos criou uma imagem *a posteriori* do efeito redistribuidor da Segurança Social totalmente diferente daquele que se esperava *a priori*: o efeito redistribuidor da Segurança Social não funciona em sentido único; é muito incerto; uma redistribuição em sentido inverso ao que se espera não está excluída à partida, e é até provável. (...) A sociedade do tipo *Welfare State* manteve-se impotente perante a persistência das disparidades e desigualdades sociais. Os principais beneficiários da política social foram essencialmente as classes médias (...) A distribuição maciça de pequenos subsídios a toda a população teve precisamente o efeito de tornar a redistribuição incerta» [92]. Esta visão de Deleeck é, no entanto, demasiado pessimista e ignora situações como as que ocorrem no âmbito dos países escandinavos, simultaneamente caracterizados pelo elevado nível das prestações e pela existência de desigualdades sociais muito ténues. O mesmo autor havia de denominar a ineficácia da acção redistributiva do Estado como «efeito Mateus», tendo por base o Capí-

---

[91] Simon é citado por Rosanvallon; cfr. P. ROSANVALLON, *A crise do Estado--Providência*, p. 138.

[92] Cfr. H. DELEECK, «Securité Sociale et Redistribution des Revenus», *apud* H. LEPAGE, *Amanhã, o liberalismo*, p. 154.

tulo 13, Versículo 12, do Evangelho segundo S. Mateus: «Àquele que tem, dar-se-lhe-á, e terá em abundância; mas àquele que não tem, ser--lhe-á tirado mesmo o que tem» [93].

A propósito da generalização do acesso aos sistemas de assistência, entre nós, Fernando Maia observa que, ao longo do tempo, «assistimos à atenuação do comutativismo de raiz bismarkiana e à crescente afirmação do demogarantismo universalista de feição beveridgiana» [94].

Mas nem só o acesso generalizado aos sistemas públicos de assistência contribuiu para inviabilizar a acção redistributiva do Estado-Providência. Essa falha foi agravada pela ausência de mecanismos correctores que visassem compensar a entrada, para o universo dos beneficiários, de indivíduos detentores de elevados níveis de rendimento. A frequente imposição de tectos salariais para efeitos contributivos exclui, à partida, da massa salarial que é onerada, os indivíduos com vencimentos mais elevados [95]. Também o facto de o financiamento dos sistemas de Segurança Social se basear, essencialmente, nos rendimentos do factor trabalho arreda, da esfera contributiva, uma significativa parcela dos rendimentos do capital, em regra bastante superiores em relação aos primeiros. Estes aspectos são, muitas vezes, agravados por uma nem sempre eficiente progressividade das cargas fiscais.

Comentando a ineficiência global do sistema de Segurança Social, Cantillon [96] avança que, atendendo aos indicadores de pobreza propostos pela Comunidade Europeia, apesar das transferências de rendimento efectuadas no âmbito dos sistemas de protecção social, 25% da população continua numa situação de insegurança, enquanto que 6% dessa população permanece na pobreza [97]. De acordo com a mesma fonte, as transferências efectuadas no âmbito dos sistemas de Segurança Social permitem reduzir o número de famílias em situação de carência em 78%, para os casos da França, Alemanha e Holanda, e em 73%, para o Reino Unido.

---

[93] Cfr. M. A. CABRA DE LUNA, «El tercer sector», p. 77.

[94] Cfr. F. MAIA, «Sistemas de Segurança Social – da lógica institucional à lógica funcional», pp. 43-44.

[95] Não pretendemos avaliar a questão de saber se a igualdade de direitos não se deverá traduzir numa igualdade de deveres, independentemente do nível de rendimento auferido, mas tão só referir que a imposição de tectos salariais, para efeitos contributivos, condiciona um dos propósitos do Estado-Providência, que consistia na distribuição vertical de rendimentos.

[96] Cfr. B. CANTILLON, «Les limites de la securité sociale», p. 5.

[97] As metodologias EUROPASS e Mitchell conduzem a resultados análogos.

De facto, estamos perante um amortecimento relativo das desigualdades sociais, mas que se demarca dos objectivos primários da redistribuição. Se as acções redistributivas têm, de algum modo, contribuído para tornar os ricos menos ricos e os pobres menos pobres, parecemos estar longe dos propósitos implícitos nos inflamados discursos apologéticos do Estado de bem-estar, que faziam da equidade um dos garantes da sua legitimidade, enquanto modo de organização económica, social e política.

A existência de uma distribuição horizontal, isto é, de transferências entre categorias de indivíduos cujo critério de diferenciação não assenta nos níveis de rendimento, tem substituído o sentido pioneiro de homogeneização das classes sociais, realizável por via da distribuição vertical.

A excessiva burocracia, contingência do modelo organizacional desenhado por Weber ([98]), é, também ela, apontada como uma das causas ditadoras da ineficiência do Estado-Providência. No após-guerra, assistimos a uma perfeita dialéctica entre a teoria e a realidade, em que o modelo organizacional proposto, assente na normalização dos procedimentos, encontra franco campo de aplicação nos múltiplos organismos públicos, nascidos sob a égide do intervencionismo do Estado.

No entanto, cedo este modelo revelou ser menos infalível do que Weber o havia previsto. Para lá das consequências previstas, a burocracia conduziu também, a consequências imprevistas, a *disfunções*, fazendo uso da terminologia proposta por Merton, em 1952. Entre essas *disfunções*, destacamos o excessivo apego às normas e aos regulamentos, que balizam o campo de acção dos intervenientes, mas que, curiosamente, constituem uma capa protectora dos mesmos, em caso de conflito.

A necessidade, no modelo burocrático, de formalizar todas as comunicações implica a produção de um significativo número de formulários e conduz a demoras, o que acarreta custos, financiados pelas administrações e, em última análise, suportados pela comunidade. A pouca ou nenhuma flexibilidade, resultado de uma excessiva regulamentação, conduz à não satisfação dos utentes, o que leva a que a generalidade dos indivíduos tenha uma imagem pouco favorável dos serviços públicos e das organizações burocráticas.

Os Estados parecem reconhecer implicitamente a sua ineficiência, ao pretenderem, em certos casos, colocar a gestão dos actuais sistemas

---

([98]) Cfr. *supra* ponto 2.3.

públicos de pensões sob a alçada de competências privadas [99]. No entanto, em vez da assunção deliberada da sua incapacidade, os Estados, por intermédio de um discurso encorajador de soluções preconizadas pelo mercado, nomeadamente, através da atribuição de vantajosos benefícios fiscais, procuram promover a transferência de responsabilidades, de modo que esta transferência seja considerada como um acréscimo de bem-estar para os indivíduos e não como uma escusa no desempenho das funções tradicionalmente inerentes aos poderes públicos. Os Estados procuram imunizar-se contra a impopularidade da via liberalizadora, chamando a si o protagonismo da situação e assumindo-se como entidades promotoras de eficiência acrescida.

Porém, a já referida falha dos pressupostos inerentes ao modelo de funcionamento do Estado de bem-estar não inviabiliza a reformulação dos mesmos e não deverá, de modo algum, servir de móbil para o desencadear de mecanismos excessivamente liberalizadores – a que alguns autores mais radicais não dispensam o qualificativo de libertinos [100] – que defraudem os compromissos moral e socialmente assumidos, encarados pelos utentes como direitos inalienáveis.

O não cumprimento dos condicionalismos exigidos pelo modelo proposto pelo Estado-Providência não só não põe em causa a legitimidade dos objectivos pretendidos, como reforça, ainda, essa legitimidade, ao conduzir o cidadão a (eventuais) situações de carência, resultantes da transferência, para o modo de produção privado, de algumas das funções concebidas e desenvolvidas no interior desse Estado-Providência.

Mais do que pôr em causa a validade dos objectivos que ditaram o desenvolvimento do Estado de bem-estar e que assumem, em certos casos, o carácter de conquistas históricas, devemos pugnar por uma remodelação das metodologias necessárias à prossecução desses objectivos, condicionada, naturalmente, pelas vicissitudes da nova ordem económica vigente.

Sendo néscio ignorar a necessidade de proceder a reformas de fundo nos actuais sistemas públicos de pensões, necessidade particularmente revelada após o estalar da crise económica do início dos anos setenta, será igualmente perverso imputar à Segurança Social a responsabilidade quase exclusiva dessa crise e apostar no desmantelamento desses sistemas em busca da sanidade e do equilíbrio económico.

([99]) Cfr. *infra* capítulo 4.
([100]) A este título, cfr. J. BICHOT, «Protection sociale: clarifier les idées avant de réformer», p. 841.

CAPÍTULO 3

DAS CAUSAS DA CRISE DOS SISTEMAS PÚBLICOS DE PROTECÇÃO SOCIAL

A *mudança social* ocorre, hoje, a um ritmo jamais observado ([101]). O passado recente confrontou-nos com um conjunto de transformações que abalaram, de modo decisivo, os pressupostos sobre os quais se ergueu o Estado-Providência.

Os sociólogos estão, contudo, longe de alcançar consensos em torno das causas subjacentes a essa mudança e, sobretudo, dos trilhos pelos quais ela terá de se construir.

Procuraremos, neste capítulo, pôr em relevo, entre os vários elementos de mudança, os que mais directamente se relacionam com a crise dos sistemas públicos de protecção social e, de um modo particular, com a crise dos sistemas públicos de pensões ([102]). Estes elementos de mudança devem, porém, ser avaliados à luz de um contexto mais lato, em virtude da multiplicidade de aspectos económicos, sociais, políticos e culturais que concorrem para explicar os processos de transição social em curso.

Entre as teorias explicativas da mudança social, destacamos as que sustentam que nos encontramos, na actualidade, perante um processo de transição para uma sociedade *pós-industrial* ([103]), em que a produção de

---

([101]) Entenda-se *mudança social* no sentido proposto por Giddens, isto é, «Identificar mudanças significativas implica mostrar até que ponto existem mudanças na estrutura subjacente de um objecto ou situação ao longo de um certo período de tempo». Cfr. A. GIDDENS, *Sociologia*, p. 767.

([102]) Tal como se sublinhou na nota prévia, privilegiaremos as causas de natureza exógena, isto é, os factores externos, que complementam as denominadas causas de natureza endógena, estas decorrentes do modo de funcionamento dos próprios sistemas. Relativamente a esta diferenciação, cfr. I. NEVES, *Crise e Reforma da Segurança Social – Equívocos e Realidades*, pp. 53 e segs.

([103]) O primeiro autor a utilizar o termo *pós-industrial* foi David Bell, no seu trabalho *The Coming of Post-Industrial Society*, datado de 1973.

bens materiais deixou de ser a actividade preponderante, assistindo-se, ao invés, a uma crescente terciarização das economias.

No entanto, segundo Giddens, é necessário haver cautela no tratamento da questão da sociedade *pós-industrial*. De acordo com este autor, se, por um lado, é de suspeitar da validade do suporte empírico sobre o qual se ergueu, é também verdade que esta perspectiva enfatiza, algo exageradamente, os factores de natureza económica, menosprezando os aspectos políticos e culturais.

Giddens salienta, ainda, o avanço preconizado por alguns autores, ao substituirem o conceito de *pós-industrial* pelo de *pós-moderno*.

Julgamos, porém, que as transformações recentes, ocorridas no contexto das sociedades contemporâneas, obrigarão, sobreudo, à emergência de formas de protecção de cariz *pós-salarial* ([104]). Desde já, procuraremos dar conta de quais foram essas transformações e de quais as suas consequências sobre os modos de organização dos sistemas de protecção social.

3.1 – A amplitude das transformações demográficas

O aumento da população mundial é um dos problemas mais graves com que a humanidade se defronta neste virar de milénio. Porém, também ao nível da questão demográfica se observam situações diversas à escala global; se nos países do Sul, onde os recursos são, por norma, mais escassos, se registam acentuadas taxas de crescimento demográfico, nos países do Norte, os níveis populacionais parecem ter estabilizado, ocorrendo mesmo, em determinados países, decréscimos do número total de indivíduos. Encontramo-nos, em ambos os casos, perante desajustamentos susceptíveis de gerar graves problemas económicos e sociais.

Já em 1936, Keynes, na sua *Teoria Geral*, manifestava preocupação com as eventuais consequências de um crescimento demográfico lento. Fiel ao princípio da procura efectiva, Keynes sustentava que o abrandamento do ritmo de crescimento da população poderia suscitar graves

---

([104]) Sobre os mecanismos de protecção *pós-salariais*, cfr. R. CASTEL, «Le modèle de la "société salariale", pp. 44 e segs.

Neste trabalho, dedicaremos particular atenção às formas de protecção *pós-salariais* no capítulo 5, concretamente através do estudo das potencialidades do movimento mutualista português, tendo em vista o exercício de um papel activo no âmbito das políticas de protecção social.

efeitos na procura global de uma dada economia e também no respectivo nível de produção, em virtude da redução da sua população activa.

Ao invés do ocorrido em séculos anteriores ([105]), as transformações demográficas, que tiveram lugar no após-guerra, nos países ocidentais, foram de tal forma rápidas e perceptíveis, que obrigam os responsáveis governamentais ao esboço de soluções urgentes, nomeadamente no que se refere aos sistemas públicos de protecção social e, de um modo muito particular, no que diz respeito aos sistemas públicos de pensões.

Procuraremos, de seguida, dar conta dessas transformações, tomando como referência o conjunto dos quinze países que actualmente integram a União Europeia. Preocupar-nos-emos, num primeiro momento, com os indicadores demográficos susceptíveis de influenciar a dimensão de uma determinada população, a saber, a natalidade, a mortalidade e os fluxos migratórios ([106]), para, num segundo momento, procedermos à

([105]) A respeito da noção de transição demográfica, cfr. J. M. NAZARETH, *Portugal – Os próximos 20 anos*, p. 18. Nazareth identifica a existência de três fases nos processos de transição demográfica: a primeira, «durante a qual as taxas brutas de mortalidade e de natalidade são elevadas mas com níveis muito próximos, o que implica a existência de um crescimento lento da população»; a segunda, a fase de transição propriamente dita, constituída por um período em que «a mortalidade declina e a natalidade permanece num nível elevado», seguindo-se um período em que «a mortalidade continua o seu declínio e a natalidade diminui ligeiramente»; e, por último, a fase de pós-transição, que se caracteriza pelo facto de as taxas de natalidade e de mortalidade serem pouco elevadas, com expressões aproximadas, donde resulta um baixo ritmo de crescimento populacional.

Neste sentido, poderemos dizer que assistimos, no século XIX, ao início do processo de transição demográfica, em que o modelo outrora vigente, simultaneamente caracterizado por fortes taxas de natalidade e de mortalidade, dá lugar a uma nova ordem, assente na manutenção de elevados níveis de fecundidade e no decréscimo significativo do número de óbitos, o que se cifrou num considerável rejuvenescimento das populações. Já no nosso século, ao arrepio da tendência manifestada pela natalidade, nos anos posteriores à 2ª Guerra Mundial, assistimos, desde o início da década de setenta, à queda abrupta das taxas de fecundidade, factor marcante da fase de pós-transição.

O conceito de transição demográfica foi apresentado, pela primeira vez, em 1929, por Warren Thompson, procurando referir-se à substituição de um dado modelo de estabilidade populacional por um modelo alternativo de regulação. A este título, cfr. A. GIDDENS, *Sociologia*, p. 706.

([106]) A questão migratória rodeia-se, no presente trabalho, de algumas particularidades. Sendo que se trata de um estudo que visa avaliar as potencialidades do terceiro sector, de um modo particular do mutualismo, num contexto de refundação das políticas sociais, tem-se notícia que, uma vez impedidos de aceder aos sistemas públicos de protecção, os imigrantes ilegais recorrem a esquemas que lhes permitam precaverem-se de eventuais riscos, similares, na forma e no funcionamento, aos encontrados nas associações mutualistas nacionais. Experiências desta natureza ocorrem já, entre nós, no

análise da sua estrutura, particularmente através do confronto entre o número de jovens e o número de idosos.

Assim sendo, começaremos por observar a evolução do indicador conjuntural de fecundidade ([107]) e das taxas de mortalidade, para os países já referidos, desde 1960 até aos nossos dias ([108]).

3.1.1 – Fecundidade e mortalidade

Se os anos de ouro do após-guerra trouxeram consigo um apreciável acréscimo das taxas de fecundidade e de natalidade, a crise generalizada que se instalou nas economias ocidentais, no dealbar da década de setenta, fez surgir novos valores e comportamentos, que se repercutiram de forma iniludível no ritmo de crescimento das populações.

Ao fenómeno vulgarmente conhecido por "*baby-boom*" sucedeu o "*baby-bust*", caracterizado pela queda acentuada das taxas de natalidade e de fecundidade. Paralelamente, também a taxa de mortalidade registou um percurso descensional. A regressão destes indicadores determinou o

---

âmbito das comunidades africanas provenientes das antigas Colónias, tendo como principal finalidade a atribuição de um subsídio de funeral. É de sublinhar que foi o mesmo fim que prevaleceu na fundação de muitas das mutualidades actualmente existentes em Portugal, ostentando, ainda, algumas delas, a designação de «lutuosa» na sua denominação social.

([107]) O indicador conjuntural de fecundidade resulta da adição das taxas de fecundidade observadas, num determinado ano, para certas categorias de idades, a saber, as mulheres com idades compreendidas entre os 15 e os 49 anos. Este indicador fornece-nos uma visão transversal da fecundidade, reportando-se ao nível de procriação ocorrido num dado momento e não correspondendo ao nível de descendência de nenhuma geração específica.

Tal informação é-nos proporcionada pelo indicador de descendência final, que nos indica o número de filhos gerados pelas mulheres nascidas em determinado ano. Este indicador fornece, pois, uma visão longitudinal da fecundidade, tendo a particularidade de apenas poder ser calculado no final da idade fértil da geração que se pretende avaliar.

Utilizamos o indicador conjuntural de fecundidade, uma vez que este constitui uma boa informação relativamente à capacidade de renovação das populações (2,1 filhos por mulher, tal como se refere na nota 110). Além do mais, o indicador conjuntural de fecundidade, sendo um indicador transversal, poderá ser calculado com maior rigor que um indicador longitudinal.

([108]) Para além dos valores assumidos pelos indicadores em questão, nos anos de 1960, 1970, 1980, 1985 e 1990, incluem-se os anos de 1991 a 1995, tendo como objectivo pôr em evidência as transformações ocorridas num passado recente, que, em alguns casos, vêm contrariar as tendências detectadas na série anterior. Refira-se que 1995 é o último ano para o qual se dispõe de informação tratada de um modo uniforme.

duplo envelhecimento das populações ([109]), pondo em causa os equilíbrios demográficos tradicionalmente apontados como desejáveis, nomeadamente a capacidade de reposição das gerações ([110]).

QUADRO 5 – Indicador Conjuntural de Fecundidade – 1960/1995

País	1960	1970	1980	1985	1990	1991	1992	1993	1994	1995
EUR 15	2,59	2,38	1,82	1,6	1,57	1,53	1,51	1,47	1,44	1,43
Bélgica	2,56	2,25	1,68	1,51	1,62	1,66	1,65	1,59	1,55	1,55
Dinamarca	2,54	1,95	1,55	1,45	1,67	1,68	1,76	1,75	1,8	1,8
Alemanha	2,37	2,03	1,56	1,37	1,45	1,33	1,3	1,28	1,24	1,25
Grécia	2,28	2,39	2,21	1,68	1,39	1,38	1,38	1,34	1,35	1,32
Espanha	2,86	2,9	2,2	1,64	1,36	1,33	1,32	1,27	1,21	1,18
França	2,73	2,47	1,95	1,81	1,78	1,77	1,73	1,66	1,65	1,7
Irlanda	3,76	3,93	3,25	2,5	2,12	2,09	2,01	1,92	1,85	1,86
Itália	2,41	2,42	1,64	1,42	1,34	1,31	1,31	1,26	1,21	1,17
Luxemburgo	2,28	1,98	1,49	1,38	1,61	1,6	1,64	1,7	1,72	1,69
Holanda	3,12	2,57	1,6	1,51	1,62	1,61	1,59	1,57	1,57	1,53
Áustria	2,69	2,29	1,62	1,47	1,45	1,49	1,49	1,48	1,44	1,4
Portugal	3,1	2,83	2,18	1,72	1,57	1,57	1,54	1,52	1,44	1,4
Finlândia	2,72	1,83	1,63	1,65	1,78	1,79	1,85	1,81	1,85	1,81
Suécia	2,2	1,92	1,68	1,74	2,13	2,11	2,09	1,99	1,88	1,73
Reino Unido	2,72	2,43	1,9	1,79	1,83	1,81	1,79	175	1,74	1,7

Fonte: EUROSTAT, *Estatísticas Demográficas*, 1997.

Da observação dos valores inscritos no quadro anterior, resulta clara a quebra generalizada da fecundidade, no espaço da União Europeia, para o período em referência. Porém, essa quebra foi particularmente acentuada no caso dos Estados-membros do Sul da Europa, cujos indicadores conjunturais registaram descidas que, em alguns casos, ultrapassaram os 50%. Enquanto isso, em determinados países, concretamente na

---

([109]) Falamos de *duplo* envelhecimento demográfico quando nos referimos, em simultâneo, ao envelhecimento demográfico *no topo*, resultante do acréscimo da proporção de idosos na população total, e ao envelhecimento demográfico *na base*, provocado pela redução da proporção de jovens na população total.
([110]) O limiar de reposição das gerações situa-se em 2,1 filhos por mulher.

Dinamarca e no Luxemburgo, que conheceram quebras importantes na fecundidade, vem-se assistindo, desde o início da década de noventa, a um gradual acréscimo do número médio de filhos por mulher. Da mesma forma, também na Bélgica e na Holanda se registou, no início dos anos noventa, um reforço deste indicador, que logo entrou, novamente, em queda.

Já no que se refere à evolução da taxa de mortalidade, esta registou uma queda pouco expressiva, atendendo à amplitude do período analisado.

QUADRO 6 – Taxa de Mortalidade – 1960/1995 (em ‰)

País	1960	1970	1980	1985	1990	1991	1992	1993	1994	1995
EUR 15	:	:	:	:	:	:	:	:	9,9	10
Bélgica	12,5	12,3	11,5	11,2	10,5	10,5	10,4	10,6	10,2	10,3
Dinamarca	9,5	9,8	10,9	11,4	11,9	11,6	11,8	12,1	11,8	12,1
Alemanha	11,6	12,1	11,6	11,5	11,5	11,5	11	11	10,9	10,8
Grécia	7,3	8,9	9,1	9,3	9,4	9,4	9,6	9,4	9,4	9,6
Espanha	8,6	8,3	7,7	7,7	8,6	8,6	8,7	8,7	8,6	8,7
França	11,4	10,7	10,2	10	9,3	9,2	9,1	9,2	9	9,2
Irlanda	11,5	11,4	9,8	9,4	9,1	8,9	8,7	8,9	8,6	8,8
Itália	9,4	9,6	9,7	9,5	9,4	9,5	9,6	9,5	9,6	9,5
Luxemburgo	11,8	12,2	11,3	11	10	9,7	10,3	9,8	9,4	9,3
Holanda	7,6	8,4	8,1	8,5	8,6	8,6	8,6	9	8,7	8,8
Áustria	:	:	:	:	10,7	10,6	10,6	:	10	10,1
Portugal	10,6	10,3	9,9	9,6	10,4	10,6	10,3	10,8	10,1	10,5
Finlândia	:	:	:	:	10,1	9,8	9,9	:	9,4	9,6
Suécia	:	:	:	:	11,1	11	11	:	10,5	10,6
Reino Unido	11,5	11,8	11,7	11,8	11,2	11,3	9,6	11,3	10,7	11

Fonte: EUROSTAT, *Estatísticas Demográficas*, 1994 e EUROSTAT, *Anuário*, 1995.

No entanto, essa redução resultou de contribuições muito diversas por parte dos diversos Estados-membros da União, conforme decorre da observação dos valores inscritos no quadro anterior. Os aparentemente contraditórios acréscimos da taxa de mortalidade apresentados pela Dinamarca e pela Holanda, países habitualmente conotados com elevados níveis de desenvolvimento e portadores de uma forte tradição em termos de políticas de assistência, mais não são do que o sinal evidente do facto de o processo de envelhecimento demográfico ter despontado, nestes países, relativamente mais cedo do que nos restantes parceiros da União ([111]).

A mortalidade evoluiu, pois, de um modo incerto, para o período em análise, nos países da União Europeia, sendo difícil detectar uma tendência clara, à semelhança do que acontece com outros indicadores. Os diferentes ritmos de evolução da mortalidade derivam de circunstâncias próprias de cada Estado-membro, nomeadamente da sua estrutura demográfica, dos níveis de sinistralidade ou da existência de um número significativo de indivíduos portadores das chamadas «doenças do século».

3.1.2 – Fluxos migratórios

Entre os factores susceptíveis de alterar a dimensão da população de um determinado país (bem como a sua composição), encontramos, por um lado, os fluxos migratórios a ele dirigidos e, por outro, os fluxos migratórios que nele têm origem.

QUADRO 7 – Saldo migratório total – 1960/1995

País	1960	1970	1980	1985	1990	1991	1992	1993	1994	1995
EUR 15	43134	-390044	588210	161997	1008667	1077607	1352072	1059812	783812	787341
Bélgica	8484	-32718	-2436	-1306	19961	13321	25289	18472	19054	2554
Dinamarca	-4101	21113	570	9794	8553	10880	11583	11468	10507	28665
Alemanha	158926	-271686	304410	67166	656166	602563	776397	462284	315568	398263
Grécia	-30475	-46222	50105	6005	71135	87246	48878	56025	27302	20859
Espanha	-141869	-50479	112659	-12115	-20012	32285	20223	24717	24023	47422
França	143523	182509	43974	38000	80000	90000	90000	70000	50000	40000
Irlanda	-41875	-2796	-592	-32875	-7667	4210	541	-4599	-2582	3864
Itália	-80860	-107276	4914	-20405	24212	4163	181913	181070	153364	90287
Luxemburgo	538	1084	1344	933	3937	4158	4272	4262	4049	4576
Holanda	-12549	32516	50557	20165	48730	49998	43185	44418	20429	14929
Áustria	-2034	10406	9357	9934	71913	87651	82067	40314	13107	7439
Portugal	-55528	-121951	42073	-27373	-60068	-24644	-9587	19954	10314	5375
Finlândia	-9156	-36381	-2180	2229	8604	14423	9093	9092	3611	4285
Suécia	-504	46644	9663	11087	34817	24954	19756	32106	50859	11648
Reino Unido	110614	-14807	-36208	90758	68386	76399	48432	90229	84207	107175

Fonte: EUROSTAT, *Statistiques Démographiques*, 1997.

([111]) A questão do envelhecimento demográfico será alvo de tratamento mais aturado no ponto 3.1.3 deste capítulo.

Assim sendo, apresentamos, no quadro 7, os valores relativos aos saldos migratórios ([112]) registados no período considerado, para os actuais quinze Estados-membros da União Europeia.

Tais valores sugerem, desde logo, alguns comentários.

Começamos por apontar, tal como sustenta Muus, que a generalidade dos países da Europa Ocidental passou, no após-guerra, de países de emigração a países de imigração ([113]). Tal deveu-se, segundo o autor, ao efeito conjugado e simultâneo da queda do crescimento demográfico e da melhoria significativa dos níveis de vida que então aí se faziam sentir.

Porém, os dados apresentados prestam-se, ainda, a outro tipo de observações. Na verdade, durante o período considerado, assistiu-se à ocorrência de importantes fluxos migratórios entre países hoje pertencentes à União Europeia, as denominadas migrações intra-europeias, as quais foram, aliás, geradoras de autênticas dicotomias no âmbito do referido espaço. Assim sendo, enquanto as necessidades de mão-de-obra dos países do centro europeu, particularmente da França e da Alemanha, foram supridas por trabalhadores provenientes do Sul, nomeadamente de Portugal, da Espanha, da Itália e da Grécia, a Irlanda tornou-se na principal fornecedora de força de trabalho externa do Reino Unido. Também a Suécia prosperou, durante largo tempo, à custa de mão-de-obra oriunda da Finlândia.

As tendências que se vêm descrevendo parecem, então, ser confirmadas pelos valores inscritos na tabela seguinte. De facto, são os países do Sul da Europa que, juntamente com a Irlanda e a Finlândia, apresentam valores mais elevados para o peso dos cidadãos nacionais na população total, em contraste com países como a França, a Alemanha e a Suécia, que se caracterizam pela importância relativamente forte das suas comunidades não nacionais.

([112]) Os valores inscritos no quadro 7 obtiveram-se, de acordo com nota explicativa da Eurostat, através da diferença entre a população total, existente num dado país, em 1 de Janeiro e em 31 de Dezembro de cada ano, à qual foi posteriormente deduzido o crescimento natural (nascimentos – óbitos) ocorrido nesse mesmo ano. Por não resultar do confronto entre imigração e emigração, este indicador ganha consistência, torneando, de alguma forma, a questão das migrações clandestinas e aproximando-se dos níveis efectivamente verificados.

([113]) Cfr. P. MUUS, «La migration internationale dans et vers la région économique européenne», pp. 159 e segs.

Quadro 8 – Percentagem de cidadãos estrangeiros na população total – 1950/1995 [114]

(1000)

País	1950 V. abs.	1950 %	1970 V. abs.	1970 %	1982 V. abs.	1982 %	1990 V. abs.	1990 %	1992 V. abs.	1992 %	1995 V. abs.	1995 %
Bélgica	368	4,3%	696	7,2%	886	9%	903	9%	920	9,1%	910	9%
Dinamarca	:	:	:	:	102	2%	161	3,1%	189	3,6%	223	4,2%
Alemanha	568	1,1%	2976	4,9%	4667	7,6%	5338	8,4%	6878	8,6%	7174	8,8%
Grécia	31	0,4%	15	0,2%	60	0,6%	173	1,7%	204	2%	:	:
Espanha	93	0,3%	148	0,4%	183	0,5%	279	0,7%	393	1%	499	1,2%
França	1765	4,3%	2621	5,1%	3660	6,7%	3607	6,3%	3790	6,6%	3597	6,3%
Irlanda	:	:	137	4,6%	232	6,6%	80	2,3%	95	2,7%	96	2,7%
Itália	47	0,1%	:	:	312	0,6%	469	0,8%	566	1%	991	1,7%
Luxemburgo	29	9,8%	63	18%	96	26%	109	28%	115	29%	138	33,4%
Holanda	104	1%	255	1,9%	547	3,8%	692	4,6%	779	5,1%	728	5%
Áustria	323	4,7%	212	2,8%	303	4%	482	6,2%	700	8,9%	723	9%
Portugal	21	0,2%	32	0,4%	64	0,6%	108	1,1%	122	1,2%	168	1,7%
Finlândia	11	0,3%	6	0,1%	13	0,3%	26	0,5%	46	0,9%	69	1,3%
Suécia	124	1,8%	411	5,1%	406	4,9%	484	5,6%	508	5,8%	532	5,2%
Reino Unido	:	:	2000	3,6%	2137	3,8%	1904	3,3%	2008	3,5%	2060	3,4%

Fonte: OECD/SOPEMI, *Trends in International Migration*, Annual Reports (números vários).

Porém, mais do que traçar uma retrospectiva do que foram os fluxos migratórios com destino ao espaço europeu, no período de tempo considerado, interessará questionarmo-nos acerca do seu futuro, no sentido de apurarmos quais os reflexos que tais movimentos poderão ter nas estruturas demográficas dos países em estudo.

Em jeito de conjectura, Muus interroga-se sobre a continuidade dos fluxos migratórios em direcção aos países europeus, o mesmo é dizer se permanecerá a Europa como sendo o alvo de escolha privilegiado de um número significativo de cidadãos, sobretudo dos provenientes de países terceiros [115]. Muus salienta o facto de, em termos comparativos, os movimentos populacionais que ocorrem em outras partes do mundo assumirem valores mais significativos do que aqueles que se dirigem para o Velho Continente [116]. A tal situação não serão estranhas as políticas

---

[114] Não se apresenta este indicador para os anos anteriormente referidos, em virtude de o mesmo apenas se encontrar disponível sob a forma que se dá notícia no quadro 8. Ainda assim, considerou-se pertinente a sua inclusão.

[115] Cfr. P. MUUS, «La migration internationale dans et vers la région économique européenne», pp. 179 e segs.

[116] A título de exemplo, o autor aponta os movimentos de refugiados no seio de África e as potencialidades económicas oferecidas por alguns países asiáticos, que têm feito desencadear significativos fluxos migratórios na sua direcção.

fortemente restritivas de acesso ao espaço europeu, decorrentes, entre outros, dos princípios consagrados no Acordo de Schengen ([117]).

Voltando aos elementos contidos no quadro 7, verificaremos que, nos últimos anos, para a generalidade dos países da União, o saldo migratório se tem fixado em valores positivos, o que nos permite afirmar que a Europa tem continuado a ser o destino eleito de um número significativo de migrantes.

Não obstante, as questões migratórias têm sido, no seio da União Europeia, palco de fortes dilemas. Por um lado, os Estados ocidentais sempre foram identificados como defensores dos direitos humanos e das liberdades individuais, sendo essa, justamente, uma das razões porque são os escolhidos por um número significativo de cidadãos provenientes de países terceiros. Deste modo, os Estados ficam divididos entre a vontade de manter essa tradição e a necessidade de adopção de medidas mais restritivas no domínio das migrações. Por outro lado, a supressão das fronteiras internas, resultante do contínuo processo de integração, coloca, desde logo, dificuldades acrescidas a um controlo eficaz da entrada dos imigrantes, particularmente daqueles que provêm de países terceiros.

Torna-se, assim, extremamente difícil conhecer, de modo certeiro, o que reserva o futuro em matéria de fluxos migratórios dirigidos para

---

([117]) Os Acordos de Schengen englobam, conjuntamente, o acordo de Schengen propriamente dito, assinado em 14 de Junho de 1985, nesta localidade luxemburguesa, pelos Governos dos países integrantes do Benelux, da República Federal da Alemanha e da França, relativo à abolição gradual dos controlos nas fronteiras comuns, e a Convenção da Aplicação Schengen (CAS), assinada pelos mesmos Estados e na mesma localidade, em 19 de Junho de 1990. Este Acordo vincula, porém, treze dos Estados-membros da União, excluindo-se a Irlanda e o Reino Unido do denominado espaço Schengen. Os Protocolos e os Acordos de Adesão ao Acordo de 1985 e à Convenção de aplicação de 1990, foram sendo assinados, para os restantes Estados-membros, nos seguintes locais, por ordem cronológica:
  – para a Itália, em Paris, em 27 de Novembro de 1990;
  – para a Espanha e Portugal, em Bona, em 25 de Junho de 1991;
  – para a Grécia, em Madrid, em 6 de Novembro de 1992;
  – para a Áustria, em Bruxelas, em 28 de Abril de 1995;
  – para a Dinamarca, a Finlândia e a Suécia, em 19 de Dezembro de 1996.
Concretamente, no que se refere ao caso nacional, a adesão aos acordos foi aprovada na Assembleia da República em 2 de Abril de 1992 (cfr. Diário da A. R., I série, nº 47, de 3 de Abril de 1992, e Resolução da A. R. nº 35/93, de 25 de Novembro), tendo o Protocolo de Adesão de Portugal Relativo à Supressão Gradual dos Controlos nas Fronteiras Comuns e o Acordo de Adesão à Convenção de Aplicação sido ratificados pelo Presidente da República por meio do Decreto nº 55/93, de 25 de Novembro.

os países europeus, pelo que nos limitaremos, aqui, a discutir, no plano teórico, algumas das suas eventuais consequências sobre as respectivas estruturas demográficas.

Avançaremos que um afluxo significativo de migrantes se poderá pautar por um rejuvenescimento das populações dos Estados-membros da União Europeia, uma vez que são, na sua maioria, indivíduos em idade activa aqueles que se deslocam. Consequentemente, tal poderá significar o acréscimo dos recursos dos sistemas públicos de assistência dos Estados-membros de destino, particularmente apetecido numa época em que se equaciona a viabilidade financeira dos mesmos.

Porém, tal consideração merece três reparos. Em primeiro lugar, os trabalhadores migrantes desempenham, regra geral, as funções menos qualificadas e, logo também, pior remuneradas, não permitindo, assim, um alargamento significativo da base de incidência das quotizações sociais. Em segundo lugar, devemos atender ao *princípio da exportação*, consagrado em diversos acordos, estabelecidos entre os Estados da União e os Estados de origem, em matéria de coordenação dos sistemas de Segurança Social, através do qual se salvaguarda o direito à transferência das contribuições efectuadas, às taxas em vigor, nos Estados onde decorreu o exercício da actividade profissional. Por último, acresce apontar que tem sido corrente a promoção de políticas de acolhimento das famílias dos trabalhadores migrantes, o que, a observar-se um contínuo crescimento dos fluxos migratórios dirigidos à União Europeia, poderá implicar um aumento significativo do número de beneficiários das políticas sociais.

Voltando a uma visão retrospectiva, é de relevar que, muito embora a Europa tenha passado, no após-guerra, de região de emigração para zona de imigração, tal não impediu que a sua população envelhecesse, conforme teremos ocasião de verificar no ponto seguinte. Nem mesmo a Alemanha e a França, países de imigração por excelência, conseguiram escapar a tal tendência.

3.1.3 – Relações de dependência [118]

A evolução dos indicadores demográficos anteriormente descrita teve como consequência óbvia o envelhecimento da população europeia.

---

[118] Em termos demográficos, considera-se a relação de dependência como sendo a *ratio* entre os indivíduos com mais de 65 anos e os indivíduos com idades compreendidas entre os 15 e os 64 anos. Autores há, contudo, que chamam a atenção para o facto

QUADRO 9 – População de 65 e mais anos em percentagem da população total – 1960/1995

País	1960	1970	1980	1985	1990	1991	1992	1993	1994	1995
EUR 15	10,6	12,2	13,9	13,6	14,5	14,7	14,9	15	15,2	15,4
Bélgica	11,9	13,3	14,3	13,7	14,8	15	15,2	15,4	15,5	15,7
Dinamarca	10,5	12,2	14,4	15	15,6	15,5	15,6	15,5	15,4	15,3
Alemanha	11,5	13,5	15,7	14,5	14,9	15	15	15	15,2	15,4
Grécia	9,4	11,1	13,2	13,4	13,7	13,9	14,3	14,6	15	15,3
Espanha	8,2	9,5	10,8	11,9	13,4	13,8	14,1	14,4	14,7	15,1
França	11,6	12,8	14,1	12,7	13,9	14,1	14,4	14,6	14,8	15
Irlanda	11,1	11,1	10,7	10,8	11,4	11,4	11,4	11,5	11,4	11,4
Itália	9,2	10,8	13,1	12,9	14,7	15	15,4	15,8	16,2	16,4
Luxemburgo	10,8	12,6	13,7	13,2	13,4	13,4	13,6	13,7	13,8	14
Holanda	9	10,1	11,5	12	12,8	12,9	12,9	13	13,1	13,2
Áustria	12,1	14	15,5	14,1	14,9	14,9	15	14,9	15	15,1
Portugal	8	9,7	11,4	11,7	13,3	13,6	13,9	14	14,3	14,4
Finlândia	7,2	9	11,9	12,4	13,3	13,5	13,6	13,8	13,9	14,1
Suécia	11,6	13,6	16,2	17	17,8	17,8	17,7	17,7	17,5	17,4
Reino Unido	11,7	13,1	15	15	15,6	15,7	15,8	15,8	15,7	15,7

Fonte: EUROSTAT, *Statistiques Démographiques*, 1997.

Sendo o envelhecimento demográfico sucessivamente apontado como uma das principais causas da crise de financiamento dos sistemas públicos de assistência, em particular dos sistemas públicos de pensões, importa, desde logo, conhecer a dimensão de tal fenómeno, de modo a podermos aferir o seu impacto no âmbito do problema em estudo.

Ao longo do período em apreço, em todos os países da União Europeia, assistimos a um reforço significativo da percentagem de idosos na população total. Este processo de envelhecimento ([119]) ocorreu, contu-

---

de este tipo de cálculo partir do pressuposto de que todos os indivíduos idosos são inactivos e de que todos os potencialmente activos exercem, de facto, uma actividade; daí que, de modo a avaliar correctamente o peso que a população idosa constitui para a economia de um país, sugiram um confronto, não exclusivamente demográfico, mas sim entre os indivíduos beneficiários dos sistemas de assistência e os indivíduos contribuintes para esses mesmos sistemas. A este título, cfr., por todos, R. P. HAGEMANN e G. NICOLETTI, «Les effets économiques du vieillissement demographique et ses conséquences pour le financement des retraites publiques», p. 66.

([119]) Falamos aqui de envelhecimento demográfico *no topo*. Sobre este conceito, cfr. *supra* nota 109.

do, de forma dissemelhante, no âmbito dos países em estudo. Para além de não se ter tratado de um processo linear – cite-se, a título de exemplo, o caso da Alemanha, que, em 1980, registava maior percentagem de idosos do que em 1985, o mesmo acontecendo com a Bélgica – foi na Finlândia e nos países da Europa do Sul que se verificaram os maiores acréscimos do peso relativo dos idosos na população total. Enquanto que na Finlândia a percentagem da população que conta com mais de 65 anos quase duplicou, em Espanha e em Portugal registaram-se aumentos no peso relativo dos idosos de cerca de 80%. Também significativas são as variações observadas na Itália e na Grécia, sendo, ainda, de apontar que, em 1995, eram a Suécia e a Itália, logo seguidas, pelo Reino Unido e pela Bélgica, com o mesmo valor, os países europeus que registavam maiores percentagens de idosos na sua população global, respectivamente, na ordem dos 17,4%, 16,4% e 15,7%.

Já no que se refere ao número de jovens, de acordo com os valores inscritos no quadro 10, verificou-se um decréscimo da sua expressão, no espaço de tempo considerado, para os Estados-membros da União Europeia.

QUADRO 10 – População de 0-14 anos em percentagem da população total – 1960/1995

País	1960	1970	1980	1985	1990	1991	1992	1993	1994	1995
EUR 15	24,4	24,7	21,8	19,7	18,3	18,2	18	17,9	17,8	17,6
Bélgica	23,4	23,6	20,3	18,9	18,1	18,1	18,2	18,2	18,1	18
Dinamarca	25,5	23,4	21,1	18,6	17,1	17	16,9	17	17,1	17,3
Alemanha	21	23,3	18,8	16,2	16	16,2	16,3	16,4	16,4	16,3
Grécia	24,8	24,2	23,1	21,1	19,5	19,1	18,6	18,1	17,6	17,1
Espanha	27,4	27,7	26	23,5	20,2	19,5	18,8	18,1	17,5	16,9
França	26,2	24,9	22,5	21,4	20,1	20,1	20	19,9	19,8	19,6
Irlanda	30,9	31,2	30,5	29,3	27,4	26,8	26,3	25,8	25,3	24,7
Itália	24,7	24,6	22,6	19,6	16,8	16,3	15,8	15,5	15,3	15,1
Luxemburgo	21,4	22,1	19	17,3	17,2	17,5	17,7	17,9	18,1	18,3
Holanda	30	27,4	22,6	19,7	18,2	18,2	18,3	18,3	18,4	18,4
Áustria	21,8	24,4	20,77	18,4	17,5	17,4	17,5	17,6	17,6	17,6
Portugal	29,2	28,5	25,5	23,9	20,8	20	19,4	18,9	18,4	18
Finlândia	30,7	24,9	20,5	19,4	19,3	19,3	19,2	19,2	19,1	19,1
Suécia	22,7	20,9	19,8	18,2	17,8	18	18,2	18,5	18,7	18,9
Reino Unido	23,3	24,1	21	19,3	18,9	19,1	19,2	19,4	19,4	19,4

Fonte: EUROSTAT, *Statistiques Démographiques*, 1997.

Foram os países da Europa Meridional, concretamente a Espanha, a Itália e Portugal, os responsáveis pelas maiores quebras do peso relativo dos jovens na população total, ocorridas durante o período observado. Variação análoga teve lugar também na Holanda, muito embora nos últimos anos da série em apreço se tenha registado uma inversão da tendência apontada, o mesmo acontecendo em países como a Dinamarca, o Luxemburgo e a Suécia. Não obstante, os acréscimos relativos do número de jovens não foram, de modo algum, bastantes para compensar os decréscimos ocorridos em anos anteriores.

Tal evolução teve, repercussões significativas ao nível das relações de dependência ([120]). De facto, o efeito conjugado da redução do número de jovens e do incremento do número de idosos trouxe consequências profundas para o problema do financiamento dos sistemas públicos de assistência, em particular nas áreas das pensões e da saúde, em virtude do desequilíbrio, cada vez maior, que se regista entre eventuais beneficiários e eventuais contribuintes. Além disso, também a diminuição contínua do número de jovens, resultado directo da quebra de fecundidade já anteriormente apontada ([121]), não deixa antever uma alteração desta tendência.

3.2 – A amplitude das transformações sociais

O passado recente confrontou-nos não apenas com uma alteração das estruturas demográficas, mas também com uma série de transformações no domínio das práticas sociais, que afectaram, de modo decisivo, os pilares sobre os quais se ergueu Estado-Providência. Entre elas, sublinhamos um conjunto de comportamentos que alteraram significativamente a estabilidade das estruturas familiares e dos quais procuraremos dar conta no ponto seguinte.

3.2.1 – Estabilidade das estruturas familiares

Um dos indicadores que nos permite formular um juízo acerca da estabilidade das estruturas familiares é a dimensão média das famílias. Ora, de acordo com os valores patentes no quadro 11, essa dimensão reduziu-se, nos países da União Europeia, no intervalo de tempo que

---

([120]) Sobre o conceito de relação de dependência, cfr. *supra* nota 118.
([121]) Cfr. *supra* quadro 5.

decorreu entre 1981 e 1989 ([122]), sendo de destacar o decréscimo verificado na Dinamarca. Ao mesmo tempo, assistimos, no período mencionado, ao aumento generalizado do número de famílias, aliás, particularmente sentido no caso dinamarquês, o que nos permite concluir acerca da enorme difusão dos núcleos familiares de reduzida dimensão.

QUADRO 11 – Dimensão média das famílias – 1981/1995

País	1981 Total de Famílias (1000)	1981 Dimensão Média (a)	1989 Total de Famílias (1000)	1989 Dimensão Média (a)	1993 Total de Famílias (1000)	1993 Dimensão Média (a)	1995 Total de Famílias (1000)	1995 Dimensão Média (a)
EUR 15	:	:	:	:	:	:	:	:
Bélgica	3608,2	2,62	3807	2,55	4026	2,47	4067	2,46
Dinamarca	2069,5	2,4	2976	1,72	2526	2,03	:	:
Alemanha	25336	2,39	27212	2,23	35779	2,24	36413	2,21
Grécia	2974,4	3,03	3370	2,84	3636	2,74	3756	2,69
Espanha	10586,5	3,33	11260	3,24	11867	3,13	12112	3,08
França	19590,4	2,62	21473	2,52	22511	2,44	23126	2,4
Irlanda	910,7	3,26	1045	3,06	1111	2,98	1146	2,91
Itália	18632,3	2,92	20759	2,7	19534	2,71	20360	2,66
Luxemburgo	128,4	2,72	139	2,63	152	2,61	144	2,83
Holanda	5111	2,7	5887	2,46	6324	2,34	6425	2,33
Áustria	:	:	:	:	:	:	3119	2,47
Portugal	2924,2	3,12	3267	3,01	3220	2,98	3275	2,94
Finlândia	:	:	:	:	:	:	2222	2,17
Suécia	:	:	:	:	:	:	:	:
Reino Unido	19948,8	2,66	22697	2,49	23647	2,39	24453	2,38

(a) – Obtida através de média ponderada.
Fonte: EUROSTAT, *Estatísticas de Base da Comunidade*, números diversos.

Já de 1989 em diante não se observou a uniformidade da tendência manifestada no período que decorreu de 1981 a 1989. Em termos globais, verificou-se um aumento do número de famílias, que se fez acompanhar de um decréscimo da sua dimensão. São, no entanto, de assinalar algumas excepções, como é o caso da Dinamarca, em 1993, que embora tendo reduzido o número de agregados familiares, viu reforçada a sua dimensão, e também da Alemanha que, no mesmo ano, registou um aumento simultâneo, quer no número de famílias, quer na sua dimensão. Por sua vez, no Luxemburgo, em 1995, registou-se um decréscimo do número de agregados familiares, elevando-se, contudo, a dimensão dos mesmos.

([122]) Também aqui se apresentam os valores atinentes a este indicador para um conjunto de anos diferente do que é uso no presente trabalho, pelo facto de os mesmos se encontrarem disponíveis apenas sob essa forma.

QUADRO 12 – Percentagem de Famílias em função da sua dimensão – 1995

País	Famílias compostas de ... pessoas				
	1	2	3	4	5 e mais
EUR 15	:	:	:	:	:
Bélgica	27,3%	30,8%	18,3%	15,6%	8%
Dinamarca	:	:	:	:	:
Alemanha	34,4%	32,3%	16%	12,6%	4,7%
Grécia	20,7%	28,9%	19,8%	21,7%	8,9%
Espanha	12,7%	24,5%	21,8%	24%	17%
França	29,2%	31,8%	16,8%	14,2%	8%
Irlanda	22,8%	23,1%	15,6%	17,1%	21,4%
Itália	22,7%	25,3%	23,1%	21,3%	7,6%
Luxemburgo	16,7%	28,5%	21,5%	21,5%	11,8%
Holanda	30,6%	33,9%	13,4%	15,9%	6,2%
Áustria	29,1%	28,6%	17,6%	15,7%	9%
Portugal	13,7%	26,4%	24,7%	22,8%	12,4%
Finlândia	37,4%	31%	14,4%	11,9%	5,3%
Suécia	:	:	:	:	:
Reino Unido	28,3%	33,9%	16%	14,7%	7,1%

Fonte: EUROSTAT, *Estatísticas de Base da Comunidade*, 33ª edição.

Observando agora a percentagem de famílias existentes, no ano de 1995, nos países membros da União Europeia, em função da sua dimensão, são os países do Sul da Europa, particularmente a Espanha e Portugal, e também a Irlanda os que revelam maior propensão para a existência de agregados familiares de grande dimensão, o que, aliás, acorda com os valores relativos à dimensão média das famílias, apresentados no quadro 11.

Na realidade, enquanto que na maioria dos países em análise lideram distanciadas as famílias de dois elementos, na Espanha, na Irlanda e em Portugal reina um relativo equilíbrio entre os diversos tipos de família.

Em contraponto, é de mencionar o peso significativo dos agregados familiares de apenas um elemento observado na Finlândia, que é, aliás, entre os Estados-membros da União Europeia, o que, em 1995, registava a menor dimensão média das famílias, conforme decorre da observação dos valores inscritos no quadro 12.

Para além dos indicadores já mencionados, também a taxa bruta de nupcialidade ([123]), assim como o número de divórcios registados por cada 1000 habitantes, nos permitirão formular um juízo acerca da estabilidade das estruturas familiares, no espaço da União Europeia.

Apesar de não ter sido uma tendência uniforme ao longo do período considerado, os valores inscritos no quadro 13 confrontam-nos com um decréscimo generalizado do hábito de contrair matrimónio. Esse decréscimo foi particularmente óbvio no caso alemão, registando-se, em 1995, em média, menos 4 casamentos por 1000 habitantes do que em 1960.

QUADRO 13 – Taxa bruta de Nupcialidade – 1960/1995

País	1960	1970	1980	1985	1990	1991	1992	1993	1994	1995
EUR 15	:	:	:	5,7	6	5,6	5,5	5,3	5,2	5,1
Bélgica	7,2	7,6	6,7	5,8	6,5	6,1	5,8	5,4	5,1	5,1
Dinamarca	7,8	7,4	5,2	5,7	6,1	6	6,2	6,1	6,8	6,6
Alemanha	9,5	7,4	6,3	6,4	6,5	5,7	5,6	5,5	5,4	5,3
Grécia	7	7,7	6,5	6,4	5,8	6,4	4,7	6	5,4	6,1
Espanha	7,7	7,3	5,9	5,2	5,7	5,6	5,6	5,2	5,1	5
França	7	7,8	6,2	4,9	5,1	4,9	4,7	4,4	4,4	4,4
Irlanda	5,5	7	6,4	5,3	5,1	4,9	4,7	4,7	4,5	4,3
Itália	7,7	7,3	5,7	5,3	5,6	5,5	5,5	5,3	5,1	4,9
Luxemburgo	7,1	6,3	5,9	5,3	6,1	6,7	6,4	6	5,8	5,1
Holanda	7,8	9,5	6,4	5,7	6,4	6,3	6,2	5,8	5,4	5,3
Áustria	:	:	:	5,9	5,8	5,6	5,8	5,6	5,4	5,3
Portugal	7,8	9,4	7,4	6,9	7,2	7,3	7,1	6,9	6,7	6,6
Finlândia	:	:	:	5,3	5	4,9	4,7	4,9	4,9	4,6
Suécia	:	:	:	4,6	4,7	4,3	4,3	3,9	3,9	3,8
Reino Unido	7,5	8,5	7,4	6,9	6,5	6,1	6,1	5,9	5,7	5,5

Fonte: EUROSTAT, anuários diversos.

([123]) A taxa bruta de nupcialidade indica-nos o número de casamentos ocorridos, em média, num determinado país, por cada 1000 habitantes.

Se os europeus parecem ter cada vez menor tendência para o casamento, manifestam, por seu turno, uma crescente apetência para o divórcio. O número de divórcios por 1000 habitantes conheceu uma forte subida, no período de tempo que decorreu de 1960 a 1995; na Irlanda, essencialmente devido à forte tradição católica, o divórcio não era permitido por lei ([124]), o mesmo acontecendo em alguns dos países considerados para determinados anos da série observada.

**QUADRO 14 – Número de divórcios por 1000 habitantes –
– 1960/1995**

País	1960	1970	1980	1985	1990	1991	1992	1993	1994	1995
EUR 15	:	:	:	:	1,7	1,6	1,6	1,7	1,8	1,8
Bélgica	0,5	0,7	1,5	1,9	2	2,1	2,2	2,1	2,2	3,5
Dinamarca	1,5	1,9	2,7	2,8	2,7	2,5	2,5	2,5	2,6	2,5
Alemanha	1	1,3	1,8	2,3	2	1,7	1,7	1,9	2	2,1
Grécia	0,3	0,4	0,7	0,8	0,6	0,6	0,6	0,7	0,7	1,1
Espanha	-	-	-	0,5	0,6	0,7	0,7	0,7	0,8	0,8
França	0,7	0,8	1,5	1,9	1,9	1,9	1,9	1,9	2	2
Irlanda	-	-	-	-	-	-	-	-	-	-
Itália	-	-	0,2	0,3	0,5	0,5	0,5	0,4	0,5	0,5
Luxemburgo	0,5	0,6	1,6	1,8	2	2	1,8	1,9	1,7	1,8
Holanda	0,5	0,8	1,8	2,3	1,9	1,9	2	2	2,4	2,2
Áustria	:	:	:	2	2,1	2,1	2,1	2	2,1	2,3
Portugal	0,1	0,1	0,6	0,9	0,9	1,1	1,3	1,2	1,4	1,2
Finlândia	:	:	:	1,8	2,6	2,6	2,6	2,5	2,7	2,7
Suécia	:	:	:	2,4	2,3	2,3	2,5	2,5	2,5	2,6
Reino Unido	0,5	1,1	2,8	3,1	2,9	3	3	3,1	3	2,9

Fonte: EUROSTAT, anuários diversos.

Ainda assim, mesmo nos países onde o fim do matrimónio sempre foi permitido, a manifestação do fenómeno mantinha-se, em 1960, em níveis consideravelmente baixos, excepção feita da Dinamarca que já apresentava 1,5 divórcios por 1000 habitantes.

([124]) O referendo realizado na Irlanda, em Novembro de 1995, revogou a imposição constitucional de 1937, que impedia o divórcio; neste referendo o «sim» venceu tangencialmente, arrecadando 50,3% dos votos, contra os 49,7% contados pelo «não». Em 1986, já se havia realizado uma outra consulta, que o «não» havia vencido numa proporção de 2 para 1.

É ainda de relevar o elevado número de divórcios que, em 1995, se registava na Bélgica, contrastando este valor com a baixa expressão observada para este indicador nos países do Sul da Europa, principalmente na Espanha e na Itália [125].

Da observação da idade média registada aquando da celebração do primeiro matrimónio, resulta que, ao longo da década de sessenta, na maioria dos países europeus [126], se verificou um decréscimo da expressão deste indicador. Contudo, na década de setenta, assistimos já a um aumento da idade média dos nubentes, tendência essa que, de um modo geral, não deixou de se verificar até final do período considerado.

QUADRO 15 – Idades médias registadas à data de celebração do primeiro matrimónio – 1960/1992 [127]

País	1960 H	1960 M	1970 H	1970 M	1980 H	1980 M	1985 H	1985 M	1990 H	1990 M	1991 H	1991 M	1992 H	1992 M
EUR 15	:	:	:	:	:	:	:	:	:	:	:	:	:	:
Bélgica	25,1	22,8	24,4	22,4	24,3	22,2	25,1	23,1	26,3	24,2	26,4	24,4	26,7	24,7
Dinamarca	25,8	22,8	25,3	22,8	27,2	24,6	28,7	26,2	30	27,6	30,2	27,8	30,5	28
Alemanha	25,4	23,4	24,9	22,5	25,6	22,9	26,8	24,2	27,9	25,3	28,4	25,7	28,5	25,8
Grécia	29,2	25,2	28,9	23,7	27,9	23,1	28,1	23,6	28,8	24,5	29,1	24,8	29,3	25
Espanha	28,8	26,1	27,4	24,7	25,9	23,5	26,7	24,3	27,5	25,3	28,1	25,6	:	:
França	25,7	23	24,7	22,6	25,1	23	26,2	24,2	27,5	25,5	27,8	25,8	28,1	26,1
Irlanda	30,8	27,6	27,4	25,3	26,1	25	27,3	24,7	28,3	26,1	28,4	26,3	:	26,6
Itália	28,6	24,8	27,4	23,9	27,1	23,8	27,7	24,6	28,6	25,6	28,8	25,7	:	:
Luxemburgo	:	:	:	:	25,9	23	26,4	23,9	26,9	25,4	28,1	25,9	28,3	26
Holanda	26,6	24,2	25	22,9	25,5	23,1	26,6	24,4	28,2	25,9	28,5	26,2	28,7	26,5
Áustria	:	:	:	:	:	:	:	:	:	:	:	:	:	:
Portugal	26,9	24,8	26,6	24,3	25,4	23,2	25,6	23,4	26	24,9	26,2	24,2	26,3	24,3
Finlândia	:	:	:	:	:	:	:	:	:	:	:	:	:	:
Suécia	:	:	:	:	:	:	:	:	:	:	:	:	:	:
Reino Unido	:	:	:	:	:	:	28,5	25,4	:	:	:	:	:	:

Fonte: EUROSTAT, anuários diversos.

---

[125] O aumento do número de divórcios, no período considerado e para os países em questão, torna-se, ainda, mais significativo se, em vez de um universo de 1000 habitantes, considerarmos o número de casais existentes, atendendo a que a taxa bruta de nupcialidade vem registando um andamento decrescente, tal como se deu conta no quadro 13.

[126] No início dos anos sessenta, Portugal escapou à tendência de redução da idade média de celebração do primeiro casamento que se verificou nos restantes países apontados, o que grandemente se justifica pela mobilização para a Guerra Colonial de indivíduos em idade de contrair matrimónio.

[127] A informação relativa a este indicador encontra-se disponível apenas até 1992.

No caso da Dinamarca, o aumento da idade média registada à data de celebração do primeiro matrimónio ocorreu logo no início da década de setenta, enquanto que na Grécia, na Espanha e na Irlanda este fenómeno teria uma manifestação mais tardia, já em meados dos anos oitenta.

Os números que se vêm apresentando revelam, pois, uma mudança significativa de valores e comportamentos, que afectaram decisivamente o núcleo familiar tradicional.

É notória a difusão de novas formas de organização familiar, de que são exemplo as famílias monoparentais e as uniões livres, ao mesmo tempo que se verificou, no passado recente, uma crescente nuclearização das famílias, a avaliar pelo peso relativo detido pelas famílias de reduzida dimensão.

Em paralelo, assistimos, também, a uma radical transformação do modelo matrimonial. O casamento, outrora encarado como instituição, obedecendo a modos de regulação externos, veiculados pela imposição de fortes sanções sociais aos comportamentos divergentes dos padronizados, assume o carácter de «pacto», tal como o classifica o relatório atinente à situação demográfica na União Europeia, elaborado pela Comissão em 1994 ([128]). Desta forma, o casamento vale enquanto modelo propiciador de satisfação dos seus intervenientes, dando as sanções sociais lugar a padrões individuais de aferição.

3.2.2 – Feminização do emprego

Durante décadas, a estabilidade das estruturas familiares permitiu que, no seio da própria família, fosse superado todo um conjunto de necessidades de protecção social. As mulheres foram, durante largo tempo, encaradas, no mundo ocidental, como o elemento natural de apoio ao núcleo familiar. A sua permanência no lar permitia-lhes, para além da realização das tarefas domésticas, assegurar todo o tipo de cuidados a crianças e a idosos. A sua súbita ingressão no mercado de trabalho ([129]) fez privar as famílias de uma das suas tradicionais fontes de assistência,

---

([128]) Cfr. COMISSÃO DAS COMUNIDADES EUROPEIAS, *A Situação Demográfica na União Europeia*, p. 56.

([129]) Apesar de, desde há séculos, as mulheres não exercerem exclusivamente tarefas domésticas, falamos em súbita ingressão no mercado de trabalho por ter sido, fundamentalmente, no início dos anos setenta que um número significativo de mulheres passou a exercer uma actividade profissional de modo regular, implicando o abandono do lar durante um período mais ou menos fixo ao longo do dia.

desencadeando um desequilíbrio crescente entre as necessidades a satisfazer e os recursos disponíveis.

De acordo com os valores apontados pela Comissão Europeia, de 1980 a 1990, enquanto o número de trabalhadores empregados do sexo masculino conheceu um acréscimo de apenas 1%, o total de mulheres trabalhadoras aumentou, no mesmo período, cerca de 16% ([130]). De facto, a generalidade dos países da União conhece hoje curvas de actividade em forma de U invertido ([131]), quer para homens, quer para mulheres, evidenciando a presença constante destas últimas no mercado de trabalho, independentemente da idade somada.

No início da década de sessenta, nenhum dos países da União evidenciava uma participação contínua das mulheres na vida activa. Quatro desses países, a Dinamarca, a França, o Reino Unido e a Alemanha, registavam curvas de dois picos, havendo, porém, uma disparidade significativa entre o número de mulheres que iniciavam uma actividade e o número de mulheres que, posteriormente, regressavam ao mercado de trabalho.

Na actualidade, as curvas de actividade feminina assumem, inequivocamente, a forma de U invertido, sendo a da Dinamarca a ilustração mais perfeita de tal configuração. Para os restantes países, as curvas apresentam uma tendência decrescente para lá dos 30 anos, não se registando, contudo, na sua trajectória, picos significativos.

O reforço da presença feminina no mercado de trabalho parece ter sido confirmado no passado recente, em particular na década que decorreu de 1987 a 1996, conforme se dá notícia no quadro que se segue.

([130]) Cfr. COMISSÃO DAS COMUNIDADES EUROPEIAS, *Emprego na Europa*, p. 28.

([131]) De acordo com a fonte citada na nota anterior, poderemos encontrar três tipos de curvas de actividade feminina:
- curvas de um só pico, em que se registam altas taxas de actividade feminina entre os 20 e os 25 anos, resultando do casamento e do acréscimo das responsabilidades familiares o abandono do mercado de trabalho;
- curvas de dois picos (cuja configuração se assemelha à de um M), em que as mulheres ingressam no mercado de trabalho cerca dos 20 anos, abandonam-no entre os 25 e os 40, a ele regressando quando os filhos já se encontram crescidos;
- curvas em U invertido, com níveis continuamente elevados de actividade feminina, qualquer que seja o escalão etário considerado.

QUADRO 16 – Taxa de actividade feminina – 1987/1996

País	1987	1988	1989	1990	1991	1992	1993	1994	1995	1996
EUR 15	:	:	:	:	55,8	55,7	55,9	56,4	56,7	57,2
Bélgica	45,5	45,3	45,6	46,1	48,2	49,3	50,3	51,2	51,7	52
Dinamarca	76,5	76,6	76,4	77,6	78	78,2	77,4	73,8	73,3	73,6
Alemanha	52,7	53,8	54,4	57,6	61,2	61,1	60,7	61,4	61,3	61,3
Grécia	41,1	42,6	43	42,6	40,2	41,7	42,3	43,2	44,3	45,8
Espanha	37,1	39,2	39,7	40,6	40,7	41,8	42,6	44,2	44,9	45,7
França	57,6	57,7	57,9	58	58,2	58,9	59,6	60,1	60,6	61,3
Irlanda	41	40,4	40,8	41,9	42,7	43,4	45,4	46,7	47,1	48,6
Itália	41,7	42,8	43,4	43,2	44,2	42	42	42,2	42,5	43,3
Luxemburgo	43,4	41,8	42,4	42,4	44,6	47,5	46,1	47	44,1	45,7
Holanda	49,3	49,7	50,4	52,4	53,6	55,3	56	57,4	58,3	59,6
Áustria	52,7	53,5	54,1	55,2	56,1	57,8	58,5	62,3	62,3	61,8
Portugal	55	56	56,7	57,1	59,9	58,6	58,7	58,8	59,1	59,5
Finlândia	72,5	72,5	73	72,5	71,7	70,4	69,7	69,6	69,4	69,3
Suécia	80,9	81,6	81,9	82,3	81,4	79,6	77,3	75,7	78,2	75,2
Reino Unido	63	63,8	65,6	66,1	66	65,9	66	66,1	66	66,5

Fonte: EUROSTAT, *Anuário'97*, 1997.

Excepção feita da Dinamarca, da Finlândia e da Suécia, em todos os Estados-membros da União Europeia se registaram, no período considerado, acréscimos nas taxas de actividade feminina, alguns deles particularmente significativos, como é o caso de Espanha. Ainda assim, os três países anteriormente mencionados eram aqueles em que, em 1996, ocorriam os maiores níveis de participação das mulheres no emprego.

Historicamente, assistimos a uma convergência de comportamentos, no tocante ao emprego, entre homens e mulheres, e a um enraizamento de padrões sociais que apoiam a ininterrupção da actividade feminina, mesmo aquando da idade fértil [132]. Tais atitudes em nada vieram facilitar a tarefa dos poderes públicos, *maxime* do Estado, sucessivamente solicitados a prover necessidades outrora satisfeitas no núcleo

---

[132] No período em referência, foram, aliás, de acordo com a fonte citada, as mulheres com idades compreendidas entre os 25 e os 49 anos as grandes responsáveis pelo incremento da taxa de actividade feminina.

familiar. Poderemos, no entanto, avançar que as mulheres trabalhadoras funcionaram, em grande medida, como garantia de suporte ao financiamento dos sistemas de repartição ([133]). O acréscimo da taxa de actividade feminina permitiu o alargamento da base de incidência das quotizações sociais e assim enfrentar os crescentes encargos resultantes do incremento do número de beneficiários dos sistemas de protecção social.

3.3 – A amplitude das transformações laborais

3.3.1 – O fim da «sociedade salarial» ([134])

A realidade empresarial é, cada vez mais, um universo de incertezas. Depois de quase um século de história ([135]), em que a Teoria da Administração se foi construindo à custa da proposta de modelos organizacionais redutíveis a um conjunto de princípios simples e fáceis de enunciar ([136]), os seus actuais discípulos vêem-se abandonados pelas certezas que deram corpo à ciência que professam e enveredam pelo sinuoso caminho da compreensão de uma realidade que surpreende em cada dia que passa. A celeridade dos acontecimentos actuais não se

---

([133]) Sobre o conceito de sistema de repartição, cfr. *supra* ponto 2.2.

([134]) Sendo, por nós, entendida a sociedade salarial no sentido proposto por Castel. Cfr. R. CASTEL, «Le modèle de la "société salariale"», pp. 34 e segs.

([135]) Atribui-se a Frederick Winslow Taylor (1856-1915), engenheiro americano, defensor da racionalização dos métodos de trabalho mediante a aplicação de princípios científicos ao processo produtivo, o papel de fundador da Teoria da Administração. Não obstante as contribuições dispersas que poderemos registar ao longo da História, Taylor foi pioneiro na abordagem formal e integrada das organizações. Em termos temporais, o surgimento da Teoria da Administração coincide com a evolução verificada em termos reais, nomeadamente no que se refere ao aumento significativo do número e do grau de complexidade das organizações. Além do mérito que não é negado a Taylor, não poderemos deixar de apontar um contexto económico e social particularmente propício ao surgimento do estudo integrado da problemática empresarial.

([136]) Apesar da maior ou menor complexidade patente nos modelos organizacionais com que fomos sendo confrontados ao longo do século, cada um deles acaba por ser redutível a um conjunto de ideias simples que os identificam e os individualizam perante propostas alternativas. Assim, Frederick Winslow Taylor, por intermédio da sua Abordagem Científica da Administração, ficaria conhecido pela divisão do trabalho e pela sua concepção de *homo economicus*; já Elton Mayo, fundador da Teoria das Relações Humanas, fez escola através do abandono de perspectivas individualistas e pela introdução de novos conceitos, como as características psico-sociais do trabalhador; por sua vez, a Teoria da Burocracia afirmou-se pela normalização dos comportamentos e pela eficiência supostamente gerada em função dessa normalização.

coaduna com a relativa estabilidade dos paradigmas de gestão de décadas transactas, mas antes se confunde com a busca contínua de soluções geradoras de eficiência.

A produção de trabalhos, nas áreas da gestão e da organização de empresas, processa-se a um ritmo acelerado, justificado pela apetência dos decisores. Só que, em vez da publicação de grandes obras de referência, preconizadoras de autênticos paradigmas da gestão, proliferam os artigos de opinião que versam sobre assuntos específicos, que procuram fornecer a solução para problemas já instalados, sem, na sua maioria, assumirem um carácter profético. Nem mesmo os emblemáticos Peter Drucker e Michael Porter parecem ter escapado à via do pragmatismo.

O anúncio da Ford-Volkswagen da redução da jornada semanal de trabalho para quatro dias deu lugar a uma efémera alegria que se esgotou perante o decréscimo proporcional do salário auferido. A solução encontrada pelo produtor euro-americano parece ter legitimado todo o tipo de alternativas e deixado campo aberto aos empresários na busca de mecanismos concretos, que não obriguem ao sacrifício dos padrões de aferição da *performance* ([137]) organizacional.

Por seu turno, também o conteúdo das funções existentes numa organização se alterou radicalmente. As profissões tradicionais são gradualmente substituídas por outras, dotadas de complexidade crescente, que, na maioria das vezes, constituem simples junções das anteriores, dando lugar a novas nomenclaturas. No nosso país, assistimos à invasão pacífica da terminologia anglo-saxónica, que conquista rapidamente empresários e utilizadores de tais designações, mas que, não raras vezes, choca os puristas do léxico da língua portuguesa.

A par da vontade crescente de reduzir o número de efectivos, incorrendo em investimentos de elevado montante em material informático, assistimos à desumanização dos postos de trabalho, à quase desertificação das empresas e ao apanágio das novas tecnologias ([138]). Tal atitude, para além de contribuir para engrossar daquilo que vem constituindo uma das principais preocupações dos responsáveis comunitários – o desemprego –, acarreta graves problemas no que se refere ao financiamento dos sistemas públicos de assistência; estes ficam privados de uma

---

([137]) Palavra de origem inglesa, sobejamente utilizada na linguagem empresarial, que pretende significar rendimento.

([138]) Este processo tem como referência teórica as técnicas do enriquecimento individual de tarefas propostas por Herzberg.

parcela de onde provém parte significativa dos seus recursos, que são, precisamente, as quotizações que recaem sobre o factor trabalho. Se a última metade da década de oitenta se caracterizou por um acréscimo significativo do número de postos de trabalho ([139]), os anos noventa marcaram o inverter da tendência.

As novas tecnologias, particularmente as tecnologias da informação, tornaram-se familiares para o comum dos cidadãos; são poucos aqueles que hoje, nos seus postos de trabalho, ainda não foram confrontados com o desafio da inovação tecnológica. Aparentemente, pensamos estar em presença de um fenómeno caracterizador da pós-modernidade, esquecendo-nos que, já em 1909, Ford havia reduzido em 80% o número de horas necessárias à produção de um veículo, mediante introdução de novos instrumentos e de novas metodologias. Este processo, velho de um século, foi, contudo, particularmente sentido na vintena de anos que sucederam ao primeiro choque petrolífero. É certo que a investigação, no âmbito das novas tecnologias, se iniciou muito antes da sua adopção generalizada pelo mundo empresarial; no entanto, após a deflagração da crise dos anos setenta, as novas tecnologias assumiram o papel de protagonistas ao serem subitamente necessárias para a resolução de problemas concretos, surgidos em consequência das grandes transformações que então afectaram a indústria.

3.3.2 – Crescimento e emprego: a controvérsia no fim do século

A proporção de operários perante o total de activos, que, em 1920, era de 1/3, passou, em 1950, para 1/4, tendo decrescido, em 1990, até aos 1/8 ([140]). As previsões apresentadas por Philippe Delmas apontam para que, nos Estados Unidos, de 1985 até ao final do século, se assista a um aumento da produção industrial em cerca de 1/3, para um número de efectivos constante, enquanto que, para o Japão, se antevê como possível, num prazo de 25 anos, a duplicação da produção industrial, acompanhada de um decréscimo de 25 a 40% da mão-de-obra ([141]).

([139]) Segundo os valores apontados pela Comissão das Comunidades Europeias, na segunda metade da década de oitenta, ter-se-ão criado, no espaço comunitário, mais de 9 milhões de postos de trabalho. Estima-se que, em finais de 1993, o desemprego tivesse atingido, na Europa Comunitária, os mesmos valores que em 1985. Cfr. COMISSÃO DAS COMUNIDADES EUROPEIAS, *Emprego na Europa*, pp. 3-7.

([140]) Cfr. P. DELMAS, *O Senhor do tempo – A modernidade da acção do Estado*, p. 58.

([141]) Cfr. nota anterior.

A actividade industrial exige cada vez um menor número de homens, o que nos leva até uma das maiores controvérsias deste fim de século, a divergência existente entre o crescimento e o emprego. Se é certo que, no mundo ocidental, o peso da indústria no PNB, quando avaliado a preços correntes, tem assumido um carácter decrescente, o mesmo já não acontece se procedermos a essa avaliação em termos de quantidades físicas. Neste sentido, o mesmo Delmas denuncia, certeiramente, a existência de um "grande divórcio" ([142]) entre a capacidade produtiva da indústria e a sua faculdade de gerar novos postos de trabalho.

Uma questão que vem sendo formulada, atendendo às transformações atrás apontadas, é a de saber quem deverá suportar os encargos inerentes ao financiamento das políticas sociais, se os trabalhadores, se as entidades patronais, ou, o mesmo é dizer, sobre quem deverão recair as quotizações sociais.

Autores há ([143]) que classificam a questão da natureza das quotizações como sendo inconsistente, já que tal distinção não corresponde a nenhuma realidade sob o ponto de vista económico. Para os trabalhadores, o montante que auferem corresponde ao salário deduzido da carga fiscal e das contribuições para a Segurança Social, estejam estas a seu cargo ou da entidade patronal. Os empregadores, por seu turno, suportam um custo global do trabalho, constituído pelo somatório das contribuições para a Segurança Social e do salário líquido auferido pelo trabalhador, custo esse que se vê acrescido quando aumenta uma das suas componentes.

No entanto, se tal análise se revela verosímil sob um ponto de vista estático, meramente numérico, o mesmo não acontece numa perspectiva dinâmica; face à ideia da inconsistência da natureza das contribuições, pode parecer que os empregadores reagem com relativa indiferença às variações da taxa de quotização, por apenas ser determinante o custo global do factor trabalho. Um aumento dessa taxa obrigará, contudo, a uma redução do salário efectivamente pago ao trabalhador ou ao aumento do referido custo global, com as inevitáveis repercussões ao nível das margens das empresas. Ao mesmo tempo, uma política fiscal mais benevolente levará a um aumento da capacidade de reinvestimento, o que poderá suscitar efeitos desejáveis em termos de nível de emprego, ou a

---

([142]) Cfr. P. DELMAS, *O Senhor do tempo – A modernidade da acção do Estado*, pp. 61 e segs.

([143]) Cfr. J. BICHOT, «Protection social: clarifier les idées avant de réformer», p. 842.

um aumento do nível de salários dos trabalhadores, solução que se pode revelar particularmente compensadora, não só pelo alargamento da base de incidência da taxa de quotização, mas também pelos mecanismos de natureza motivacional que permite desencadear.

As quotizações assumem, na óptica do empregador, um carácter de imposto, sendo por ele encaradas como verdadeiros entraves à competitividade das suas empresas. Na salvaguarda dessa competitividade, atendendo ao peso significativo que o custo da mão-de-obra detém nas respectivas estruturas de custos, apostam na substituição do factor trabalho por meios tecnológicos avançados. No entanto, este discurso, que tem servido de autêntico guardião dos interesses dos empregadores, é facilmente rebatido; a ser verdadeiro, deveríamos estar em presença de uma relação de proporcionalidade entre os custos de mão-de-obra e as taxas de quotização. Tal como revelam os números, nem sempre são os países que suportam as cargas sociais mais elevadas aqueles que também apresentam os maiores custos de mão-de-obra.

Por outro lado, a serem verdadeiros os argumentos que têm legitimado o comportamento das entidades patronais, se a substituição do homem por máquinas é devida, em grande medida, aos custos de mão-de-obra, que integram as quotizações sociais, o percurso exactamente inverso deveria ser possível, isto é, um decréscimo desses custos, mais concretamente das taxas de quotização, deveria permitir o acréscimo dos níveis de emprego e o refreio da trajectória a que ultimamente temos assistido.

Ora, tanto quanto nos demonstra o passado recente, múltiplos foram os países da União Europeia ([144]) que levaram a cabo programas de incentivo ao emprego, por intermédio do desagravo dos encargos com a mão-de-obra, aos quais os empresários nem sempre responderam de forma tão eficaz quanto o que seria desejado.

A braços com graves problemas de desemprego, alguns Estados-membros socorreram-se de uma espécie de vacina, injectando nos organismos o vírus provocador da infecção; de modo a procurar promover o aumento do número de postos de trabalho, lançaram medidas que visavam reduzir os encargos para a Segurança Social, quer através de mecanismos de isenção para determinadas categorias, quer pela redução

---

([144]) À excepção da Alemanha, da Dinamarca e da Grécia, todos os restantes Estados-membros puseram em prática medidas de promoção do emprego, por intermédio do manuseamento do montante dos encargos exigidos para a Segurança Social.

efectiva das taxas de quotização. Estas acções englobavam, sobretudo, medidas de incentivo à promoção do primeiro emprego e à integração no mercado de trabalho de desempregados de longa duração. Neste sentido, a Resolução do Conselho, de 22 de Dezembro de 1986, relativa a um programa de acção para o crescimento do emprego na Europa Comunitária, enfatizou, particularmente, a necessidade de tomar medidas conducentes à promoção de novas empresas, ao crescimento do emprego e à criação de mercados de trabalho mais eficientes, assim como ao estabelecimento de políticas de formação e ao combate do desemprego de longa duração.

Entre outros, a título de exemplo, poderemos apontar os seguintes casos:

– a Bélgica, a partir de 1989, reduziu as contribuições para a Segurança Social, durante 2 anos, para os potenciais empregadores que admitissem, a título permanente, o seu primeiro trabalhador, assim como reduziu as quotizações para as entidades que admitissem, por tempo indeterminado, desempregados de longa duração, em situação de desemprego há dois ou mais anos;

– a Espanha determinou a redução de 12% das quotizações dos empregadores que admitissem trabalhadores com menos de 26 anos, quer através da transformação de um contrato de duração determinada em contrato de duração indeterminada, quer através de um contrato de emprego-formação, além de proporcionar uma redução do mesmo montante nas quotizações das empresas contratadoras de indivíduos desempregados de longa duração com idade superior a 45 anos;

– a França introduziu um decréscimo de 50% nas prestações dos empregadores que contratassem jovens com idades compreendidas entre os 16 e os 25 anos, nos 3 meses que sucedessem ao final do contrato de formação, assim como incentivou a criação de novas empresas, ao isentar de prestações, durante um período de 6 meses, os seus promotores, quando estes fossem desempregados;

– a Holanda exonerou de contribuições, por um máximo de quatro anos, as empresas que admitissem indivíduos com mais de 21 anos e em situação de desemprego prolongado há pelo menos 3 anos;

– o Reino Unido, a partir de 1985, pôs em prática um sistema de redução das quotizações com escala progressiva, em que a mais baixos salários corresponde um menor nível de contribuições.

Entre nós, isentaram-se de prestações para a Segurança Social, durante 24 meses, as entidades patronais que, por contrato permanente, a tempo inteiro ou parcial, admitissem jovens com idades compreendidas entre os 16 e os 30 anos.

Se é certo que as quotizações sociais pesam de um modo significativo nas estruturas de custos das organizações fortemente utilizadoras de mão-de-obra, nada garante, aos seus promotores, que a substituição dos seus efectivos por capital se traduza numa redução do valor absoluto dos seus encargos. Trata-se, pois, de um argumento fictício, mesmo falacioso, já que é lícito esperar, no curto prazo, que os custos suportados pela empresa se elevem consideravelmente em resultado dos fortes investimentos iniciais que acompanham um processo de mecanização de uma empresa. Mesmo quando superado o esforço inicial de investimento, há todo um conjunto de encargos, resultantes da introdução de um método de produção altamente mecanizado, que, de alguma forma, substituem os custos de mão-de-obra, onde poderemos apontar, nomeadamente, o custo da energia e as amortizações.

O discurso dos empregadores ganhará consistência se estes abandonarem a lógica de curto prazo, centrada na substituição trabalho-capital, que, além de não ser inatacável, suscita a desconfiança e a antipatia dos trabalhadores, e apostarem numa perspectiva de longo prazo, em que o recurso às novas tecnologias é considerado como determinante dos aumentos da produtividade global dos factores de produção, do valor acrescentado e dos ganhos de competitividade, logo do grau de eficiência global e do nível de rendimento do próprio país.

Já sob o ponto de vista jurídico, a diferenciação entre quotizações a cargo do trabalhador e quotizações a cargo da entidade patronal é estabelecida por força dos regimes legais vigentes nos diversos países da União, o que se traduz na nítida discriminação dos respectivos montantes nas folhas de vencimento.

No plano fiscal, tendo em atenção a opinião de Teixeira Ribeiro no tocante aos efeitos económicos dos impostos, estamos em presença de um fenómeno de «repercussão para trás» ou «repercussão regressiva» ([145]), já que os empregadores conseguem repercutir, para os seus trabalhadores a carga decorrente das contribuições sociais a que estão sujeitos. Se, no plano jurídico, a distinção entre as prestações, respectivamente a cargo do trabalhador e da entidade patronal, é clara, tornando-os a ambos «contribuintes de direito», o fenómeno da repercussão transforma o trabalhador em «contribuinte de facto» de ambas as prestações, já que é

([145]) Cfr. J. J. TEIXEIRA RIBEIRO, *Lições de Finanças Públicas*, p. 329.

sobre ele que vai incidir a tributação, por intermédio da privação de uma parcela do seu salário ([146]).

Esta perspectiva coloca-nos, novamente, perante uma situação ambígua e, uma vez mais, desmistifica os argumentos apresentados pelos empregadores quanto ao peso real das contribuições sociais. Como já foi apontado, se tal entendimento vale quando impregnado de uma lógica de eficiência global, deixa, contudo, de ser razoável ao realçar, exclusivamente, as variáveis de curto prazo.

Poderemos, pois, redimensionar a questão da problemática da incidência das prestações para a Segurança Social com base numa abordagem tripartida, isto é, serão, na realidade, os empregadores, os trabalhadores, ou até mesmo os próprios consumidores, os verdadeiros contribuintes. Enquanto os primeiros poderão, à custa das contribuições, ver reduzidas as suas margens de lucro, os segundos serão confrontados com uma diminuição dos seus salários líquidos; o fenómeno da repercussão poderá ainda recair sobre os terceiros, mediante uma subida dos preços dos produtos por eles adquiridos, merecendo, neste caso e de acordo com o citado financista, a designação de «repercussão progressiva» ou «repercussão para diante» ([147]).

De acordo com o relatório publicado, em Outubro de 1994, pelo Banco Mundial, sob o título *Averting the old age crisis*, são as características específicas de cada mercado de trabalho, concretamente a elasticidade da curva da oferta de mão-de-obra, que determinam o tipo de repercussão que se verifica.

Assim, quando a oferta de mão-de-obra é relativamente pouco elástica, os empregadores conseguem repercutir «para trás» o peso das contribuições, mediante a redução do salário efectivamente pago ao trabalhador.

Quando a curva da oferta de mão-de-obra é relativamente elástica, os empregadores não conseguem repercutir para os trabalhadores os montantes referentes às quotizações, uma vez que numa situação desta natureza não se admitem grandes oscilações em torno do preço do factor

---

([146]) Teixeira Ribeiro, aludindo ao fenómeno da repercussão, diferencia entre o «contribuinte de direito» e o «contribuinte de facto», referindo, respectivamente, a pessoa que paga o imposto e aquela que verdadeiramente o suporta. Sobre o primeiro dá-se a «incidência legal», enquanto que sobre o segundo opera a «incidência real», consistindo a repercussão na transferência do encargo tributário do «contribuinte de direito» para o «contribuinte de facto». Cfr. J. J. TEIXEIRA RIBEIRO, *Lições de Finanças Públicas*, p. 328.

([147]) Cfr. J. J. TEIXEIRA RIBEIRO, *Lições de Finanças Públicas*, p. 329.

trabalho; neste caso, verificar-se-á o fenómeno da «repercussão para diante», onerando os consumidores.

Ao avaliarmos o problema na óptica do benefício, verificamos que são os trabalhadores os exclusivos beneficiários das prestações sociais, quer as contribuições recaiam, no plano jurídico, sobre eles próprios, quer sobre as respectivas entidades patronais.

Sem atendermos às particularidades que rodeiam a metodologia de financiamento por repartição, sobre a qual assentam os actuais sistemas públicos de pensões, as contribuições para a Segurança Social reverterão directamente a favor dos trabalhadores retirados, sob a forma de salário diferido. Tida em conta a problemática da solidariedade entre gerações ([148]), a questão da incidência não só não se resolve como se agudiza, pois pertencendo os beneficiários das prestações à mesma categoria de sujeitos, isto é, aos trabalhadores, os empresários são chamados a dispender fundos destinados a suprir as necessidades dos trabalhadores de outrora, de cuja participação na vida económica em nada beneficiaram. Para os empregadores, as quotizações sociais aparecerão sempre como um custo intrínseco do factor trabalho, que onerará particularmente as empresas fortemente utilizadoras de mão-de-obra, tal como, por exemplo, os custos de energia sobrecarregam as estruturas das organizações fortemente consumidoras desse recurso.

Parece inevitável reequacionar o problema inicialmente formulado, já que o que importa não é só estabelecer a distinção entre as quotizações respectivamente a cargo do trabalhador e da entidade patronal, por ambas integrarem o custo global do trabalho, mas também determinar a unidade sobre a qual deverá recair a tributação, isto é, o método de tributação que se revele mais justo e eficaz, que seja, simultaneamente, propiciador de equidade e dotado de um pragmatismo metodológico que não ponha em causa os objectivos intrínsecos aos próprios sistemas e que não faça perigar os equilíbrios financeiros tidos como desejáveis à prossecução dos mesmos.

Neste sentido, algumas hipóteses têm sido avançadas, não tendo ultrapassado, na sua maioria, o campo das pretensões. Assim, teremos:

– uma primeira hipótese consiste em fazer incidir a taxa de quotização sobre o valor das amortizações, sendo este considerado um bom indicador do grau de mecanização das empresas. Esta via tem como objectivo desonerar o factor trabalho, penalizando, sobretudo, o factor capital;

([148]) Cfr. *supra* ponto 2.2.

– uma segunda hipótese aponta para que o cálculo das prestações para a Segurança Social seja efectuado com base no consumo de energia das empresas. Esta via tem sido, fundamentalmente, discutida em França, onde se considera a existência de recursos energéticos uma das principais fontes de riqueza do Estado moderno. Nesse sentido, a tributação do consumo de energia oneraria a «riqueza colectiva despersonalizada»;
– uma terceira hipótese consiste em tributar o valor acrescentado das empresas. Sendo o valor acrescentado definido como o diferencial entre o valor global da produção e o valor dos consumos intermédios, este englobará os salários pagos aos trabalhadores. Esta via proporciona uma base de incidência maior do que a do imposto sobre o valor acrescentado, já que este apenas recai sobre os produtos efectivamente vendidos, não onerando quer os produtos em *stock*, quer os produtos destinados à exportação.

A estas três vias, além de limitações específicas, aponta-se o aspecto comum da sua difícil exequibilidade. Essa impraticabilidade resulta, sobretudo, da ausência de suportes informativos que permitam identificar, de modo claro, a matéria colectável, muito particularmente no que se refere às duas primeiras hipóteses.

Relativamente à primeira hipótese, é certo que as empresas procedem à amortização do seu capital fixo à taxa legal em vigor, devendo tal operação transparecer nas suas contas anuais. No entanto, num larguíssimo número de exemplos, as taxas legais não coincidem com o valor real de depreciação, pelo que podem ser introduzidas aqui algumas distorções.

No que se refere à segunda alternativa, nem todas as unidades produtivas dispõem de sistemas de contabilidade de gestão, susceptíveis de apurar com a exactidão os montantes de energia consumida.

Por último, a terceira hipótese é aquela que encerra maiores possibilidades de aplicação, uma vez que as empresas procedem à determinação do seu valor acrescentado, para efeitos de cumprimento das suas obrigações fiscais, em sede de tributação indirecta. Porém, também nem sempre o valor obtido é o real, atendendo à multiplicidade de transacções comerciais que ocorrem à margem da tributação.

CAPÍTULO 4

DA PRIVATIZAÇÃO À RE-SOCIALIZAÇÃO DAS POLÍTICAS SOCIAIS

A crise que se instalou nas economias ocidentais, no início da década de setenta, questionou o modelo keynesiano do Estado de bem-estar. A busca de um modelo alternativo originou uma dicotomia de soluções entre os que se debatem por uma remodelação da ordem estabelecida, permanecendo a sua filosofia subjacente, e os que propõem um sistema completamente novo, apelando à transferência para a esfera privada da economia de um conjunto de funções desempenhadas pelos Estados e privilegiando uma crescente "mercadorização" das relações sociais.

Os poderes políticos acolheram progressivamente esta última solução, em alguns casos com nítido atraso ([149]), como uma desoneração de muitos dos encargos que historicamente lhes haviam sido imputados, como é o caso dos sistemas públicos de pensões ([150]).

A trilogia tradicionalmente apontada como base do financiamento de um sistema público de pensões – contribuições do Estado, quotizações dos empregadores e quotizações dos trabalhadores – foi sendo gradualmente substituída por um conjunto de quatro elementos, acrescendo as seguradoras às entidades já mencionadas.

Entre nós, no estudo publicado, em 1994, pela Associação Portuguesa de Seguradores, *O Financiamento das Reformas – Contribuição do Sector de Seguros*, este sector declara-se expressamente interessado em

---

([149]) Referimo-nos, concretamente, ao caso português. Quando a crise dos sistemas públicos de pensões começava a dar os primeiros sinais de existência ao nível de alguns países europeus e neles se ensaiavam passos conducentes à privatização dos mesmos, a Segurança Social, enquanto sistema, era ainda, em Portugal, uma realidade em crescimento. Sendo que, no Reino Unido, na segunda metade da década de setenta, já se procuravam pôr em prática medidas restritivas do campo de acção dos sistemas de protecção social, entre nós, tal período coincide com uma fase de forte incremento das despesas públicas.

([150]) Sobre a génese dos sistemas públicos de protecção social, cfr. *supra* capítulo 2.

partilhar as preocupações inerentes à problemática do financiamento dos sistemas públicos de pensões: «É fundamentalmente da complementaridade e da cooperação entre todos os interessados – Estado, cidadãos, empregadores e seguradoras – que se podem obter resultados positivos e em tempo oportuno» ([151]). Múltiplas são as estatísticas aí apresentadas, dando particular atenção ao caso português, com o intuito de reforçar, no espírito de eventual leitor, a dúvida de saber se haverá alguém, no futuro, disponível para fazer face aos encargos da sua própria reforma.

4.1 – A resposta do mercado: o surgimento dos planos de pensões

O pessimismo patente nas projecções demográficas que se desenham para o virar do milénio não deixou indiferente o mundo financeiro, desencadeando, antes, uma euforia criadora que atingiu as sociedades seguradoras e as recentes sociedades gestoras de fundos de pensões ([152]). Propondo o fim da guerra, que dividiu gerações de economistas, entre Estado e mercado, as entidades financeiras apostam num modelo caracterizado pelo coexistência das duas realidades, adoptando um discurso em que se assumem como parte interessada na resolução de um problema que, à partida, lhes é alheio. Parecemos, então, estar em presença de uma aliança tácita, mal disfarçada, entre o Estado e as seguradoras, que agrada a ambos, onde o primeiro, por intermédio dos mecanismos legais ao seu dispôr, concede às segundas as benesses da exploração de um segmento de mercado que se antevê rendível, a avaliar pelo crescente número de entidades gestoras de fundos de pensões e pelo montante dos prémios por elas recepcionados ([153]) ([154]).

([151]) Cfr. AAVV, *O Financiamento das Reformas*, p. 10.

([152]) Foi o Decreto-Lei n.º 396/86, de 25 de Novembro, que introduziu, no ordenamento jurídico português, a figura das sociedades gestoras de fundos de pensões, estabelecendo as normas de constituição e de funcionamento das mesmas. No entanto, a ordem jurídica portuguesa, de acordo com o estabelecido no Decreto-Lei n.º 323/85, de 6 de Agosto, já contemplava a existência de fundos de pensões, estando a sua gestão a cargo das seguradoras do ramo «Vida». O Decreto-Lei n.º 396/86, de 25 de Novembro, seria posteriormente revogado pelo Decreto-Lei n.º 415/91, de 25 de Outubro, diploma que, actualmente, regulamenta, entre nós, a constituição e o funcionamento dos fundos de pensões.

([153]) De acordo com os números apontados pelo Instituto de Seguros de Portugal, em 1987, o número de entidades gestoras era de 15, que tinham captado, até 31 de Dezembro desse ano, prémios no montante de 16.816 milhões de escudos. Em 1990, esses valores tinham ascendido, respectivamente, para 23 entidades e 169.424 milhões de escudos. De então para cá, a evolução registada, ao nível do mercado nacional, no tocante aos fundos de pensões, tem sido a seguinte:

A subscrição de planos de pensões ([155]), entre nós, é feita mediante a entrega de determinadas quantias à entidade gestora, que esta rentabilizará de acordo com os critérios legalmente instituídos. Na data em que o beneficiário atingir a idade correspondente à da situação de reforma, a sociedade gestora restituir-lhe-á o somatório do capital que lhe foi confiado e dos juros rendidos, sob a forma de entrega única, renda vitalícia ou ainda através de uma combinação das duas modalidades mencionadas. A detecção destas três fases – subscrição, acumulação e reembolso – ao longo da vigência do plano, permitir-nos-á tecer algumas considerações em torno do regime fiscal dos planos de pensões e assim entender o que se pretende ilustrar quando aludimos à existência de uma aliança implícita entre os poderes políticos e as sociedades gestoras de fundos de pensões.

Um estudo elaborado por Johnson e Whitehouse, do Institute for Fiscal Studies, de Londres ([156]), passando em revista o ordenamento

QUADRO I – Evolução dos Fundos de Pensões em Portugal – 1991/1996

	1991	1992	1993	1994	1995	1996
Nº de fundos	200	215	219	217	226	237
Montante (*)	290624	452395	789316	987123	1384610	1650347
Entidades gestoras	26	26	26	26	28	31
Seguradoras	13	11	11	11	12	14
Sociedades gestoras	13	15	15	15	16	17

(*) - milhões de escudos
Fonte: Instituto de Seguros de Portugal, publicações diversas.

([154]) O forte acréscimo apontado na nota anterior pode ser explicado pelo facto de a taxa de "securitização", no nosso país, ser consideravelmente menor do que a dos nossos parceiros da União Europeia. A este título, cfr. J. H. PUÉRTOLAS, *Más seguros que nunca*, p. 19, onde o autor, à data colaborador da seguradora espanhola *La Vanguardia*, referindo-se à situação do seu país, opina no mesmo sentido, considerando a baixa "securitização" da economia espanhola como uma perspectiva favorável de evolução para este sector.

([155]) Será útil estabelecer a distinção entre plano de pensões e fundo de pensões. O número 2 do artigo 1º, do Decreto-Lei n.º 396/86, de 25 de Novembro, refere que «Os fundos de pensões (...) são patrimónios exclusivamente afectos à realização de planos de pensões, entendendo-se por estes os programas de prestações pecuniárias (...) a título de reforma, velhice, invalidez, ou por morte». De acordo com esta definição legal, enquanto que os planos de pensões são conjuntos de regras que determinam os direitos e as obrigações das entidades neles intervenientes, os fundos de pensões constituem um método de financiamento desses planos.

([156]) Cfr. P.-A. CHIAPPORI, «Les Fonds de Pension», pp. 145-147.

jurídico de alguns dos Estados-membros da União Europeia, dá conta do regime fiscal particularmente propício de que gozam os fundos de pensões. Os países da União Europeia optam, na generalidade, por tributar unicamente a fase do reembolso, sendo dedutível, total ou parcialmente, na matéria colectável do subscritor, o montante das entregas efectuadas a favor do fundo e isentando de tributação os rendimentos por ele gerados ([157]).

A concessão destas benesses tem provocado alguma controvérsia dentro do próprio mundo financeiro, em virtude da situação de privilégio dos planos de pensões quando comparados com outros produtos financeiros existentes no mercado. Perante a acusação de pactuarem com uma situação "sub-optimal", os poderes públicos ripostam afirmando que, para além de os benefícios fiscais não serem exclusivos dos fundos de pensões, o imperativo legal, que obriga à imobilização dos montantes entregues a favor dos fundos por um determinado período de tempo, transforma os planos de pensões em mecanismos promotores da poupança a longo prazo e permite criar uma significativa base de apoio ao investimento futuro.

De realçar que o regime fiscal particularmente favorável dos planos de pensões – em grande medida, justificativo da forte expansão que este sector tem registado ([158]) – é um argumento que vale por si só, para aqueles a quem a crise do Estado Providência não impressiona ou para aqueles cuja idade não suscita preocupações com uma velhice ainda longínqua.

Por seu turno, na óptica do subscritor de planos de pensões, são os detentores de elevados níveis de rendimentos quem mais se sugestiona pelas soluções de desagravamento fiscal. Da mesma forma, sendo que a adesão a um plano de pensões exige a imobilização dos capitais investidos, durante um período de tempo mais ou menos dilatado, o segmento alvo deste produto financeiro será, obrigatoriamente, constituído por indivíduos com alguma capacidade de aforro. Poderemos, assim, chegar ao paradoxo de figurarem entre os subscritores de planos de poupança reforma aqueles que irão auferir pensões mais elevadas, pelo que esta via não comporta, de forma alguma, uma solução generalizante.

([157]) São disso excepção a Bélgica e a Dinamarca, que tributam o rendimento gerado pelos fundos.
([158]) Relativamente ao estádio de desenvolvimento dos esquemas privados de pensões em alguns países europeus, cfr. *infra* ponto 4.2.

Neyt ilustra esta ideia ao apresentar um estudo efectuado para a economia belga ([159]), onde se verifica que são os indivíduos com rendimentos mais elevados que auferem pensões de carácter extra-legal ou complementar. Tomando como referência o total da população contribuinte, segmentada em decis de rendimento, concluiu-se que 92,4% dos beneficiários se situavam na metade superior das classes. Analisando, por sua vez, o montante das receitas dos sistemas complementares, obedecendo à mesma metodologia, observou-se que cerca de 60% dos prémios eram provenientes das três classes de rendimentos mais elevados. Estes valores indicam, claramente, que são as classes que auferem rendimentos mais avultados aquelas que manifestam uma maior apetência por aquele tipo de solução.

Um outro aspecto que nos ajudará a entender o sucesso registado, entre nós, pelos planos de pensões decorre da elevada segurança que tradicionalmente se associa a este tipo de investimento, em virtude das regras legalmente estabelecidas para a composição das carteiras. Muito embora, recentemente, se tenha legislado no sentido de alargar a possibilidade de inclusão de acções e de títulos de participação na composição dos fundos, fixando em 50% o seu limite máximo, é, ainda, preponderante o peso relativo das obrigações e do papel comercial, cuja quota poderá atingir os 60% do fundo ([160]). Esta alteração coincide também com a maior maturidade atingida pelo mercado bolsista português: 1997 foi um ano marcado pela ocorrência de algumas privatizações e pela forte capitalização bolsista atingida por alguns títulos.

Múltiplos são os países do mundo ocidental que adoptam os planos de pensões como complemento das prestações oficiais. Se para o caso português a legislação nesta matéria é recente, datando de 1986 ([161]) e coincidindo, de certa forma, com o fenómeno vulgarmente designado por *revolução financeira* ([162]), nos Estados Unidos, por exemplo, o pri-

---

([159]) Cfr. P. NEYT, «"Occupational Pensions": Aspects budgétaires et de redistribuition», pp. 71 e segs.

([160]) A composição dos fundos de pensões é, entre nós, definida pela Portaria n.º 1152-E/94, de 27 de Dezembro, por intermédio do seu artigo 3º, tendo em atenção a nova redacção que lhe é conferida pela Portaria n.º 195/97, de 21 de Março, e pela Portaria n.º 46/98, de 30 de Janeiro.

([161]) Cfr. *supra* nota 152.

([162]) Expressão vulgarizada na gíria financeira que designa o movimento de redução das medidas intervencionistas por parte das autoridades monetárias e financeiras e que se consubstanciou na adopção de medidas liberalizadoras e no surgimento de um número significativo de novos operadores. Este movimento ocorreu, em Portugal, no

meiro plano de pensões surgiu em 1875, por iniciativa da *American Express* ([163]).

Para lá da crise patente nos sistemas de Segurança Social, é de referir que a expansão dos fundos de pensões se encontra fortemente condicionada pelo crescimento das economias, pelo rendimento *per capita*, pelos hábitos de poupança dos indivíduos e pelo próprio estádio de desenvolvimento dos sistemas financeiros nacionais. Assim se justifica que, em alguns países europeus, o desenvolvimento deste sector tenha antecedido a eclosão da crise nos sistemas públicos de pensões.

Neste sentido, Langendonk confronta-nos com duas noções distintas de privatização das funções sociais ([164]). Segundo este autor, poderemos diferenciar entre uma «privatização negativa», onde se engloba todo o tipo de medidas que visam restringir o campo de aplicação da Segurança Social, e uma «privatização positiva», que se consubstancia num conjunto de normas encorajadoras da transferência das funções públicas de assistência para a esfera privada das economias. Entre as primeiras, poderemos incluir o aumento da idade legal de acesso às pensões de reforma ou a imposição de taxas moderadoras, no domínio dos cuidados de saúde, enquanto que nas segundas poderemos considerar o regime fiscal particularmente favorável de que goza, na maioria dos países ocidentais, a subscrição de planos de pensões ou de seguros de saúde.

A existência de fundos de pensões numa dada economia é, porém, tradutora de algum potencial de desenvolvimento, justificado pela apetência por este tipo de produto. O diploma legal que introduziu em Portugal a figura das sociedades gestoras de fundos de pensões ([165]) esclarece, no seu Preâmbulo, que «A criação de fundos de pensões constitui, actualmente, nos países de organização social mais avançada, uma das formas de segurança social privada que melhor corresponde às necessidades de protecção dos cidadãos. Em particular na Europa e em países da Comunidade Económica Europeia, a expansão da actividade dos fundos de pensões tem sido notável nos últimos anos (...)». O próprio legislador correlaciona a existência de um mercado organizado de

---

final da década de 80, quando em alguns países europeus, nomeadamente em Inglaterra, o virar da década de setenta marcou o início de tais transformações. A este título, cfr. J. M. G. S. QUELHAS, *Sobre a evolução recente do sistema financeiro – novos «produtos financeiros»*, pp. 7 e segs.

([163]) Cfr. ANTRÀS, *Planes y fondos de pensiones*, p. 137.
([164]) Cfr. J. VAN LANGENDONK, «Les tendences à la privatisation en Europe», p. 21.
([165]) Cfr. *supra* nota 152.

fundos de pensões com desenvolvimento económico, ao socorrer-se do exemplo dos nossos parceiros europeus.

É certo, contudo, que condenar os fundos de pensões revelar-se-á tão insensato quanto apregoar a sua superior eficiência, já que é inegável que eles desempenham uma importante actividade de captação das poupanças dos particulares e das empresas e da sua posterior canalização para o investimento produtivo.

Alguns estudos empíricos, realizados, sobretudo, nos Estados Unidos, parecem querer revelar a existência de uma correlação positiva entre o montante de fundos de pensões e o nível de poupança verificado numa dada economia ([166]). No entanto, certos autores ([167]), para além de denunciarem a ausência de suporte científico de tais conclusões, consideram que o eventual aumento da poupança privada se fará acompanhar de uma redução da poupança pública. É certo que, através concessão de benefícios fiscais aos subscritores de planos de pensões, o Estado deixa de arrecadar o montante sobre dividendos, correspondente ao que cobraria se os indivíduos escolhessem outro destino para as suas poupanças, além da diminuição da colecta, por força da compressão da base tributável, decorrente do próprio benefício.

Os custos de funcionamento dos actuais sistemas públicos engrossam a lista de argumentos dos autores de tendência liberal, ao defenderem a privatização das funções sociais. Tal como refere Bichot ([168]), «É verdade que uma melhoria da gestão da Segurança Social permitiria baixar em 4% os custos de funcionamento (...). E talvez o facto de confiar a gestão de certos organismos a sociedades privadas contribuísse para essa melhoria». No entanto, tal raciocínio exige cautela. Por um lado, como sustenta o mesmo autor, a substituição do produto único, actualmente proposto pelos sistemas públicos, obrigaria as entidades privadas ao desenvolvimento de actividades de prospecção de mercado e de desenho de estratégias promocionais geradoras de custos equivalentes aos montantes dispendidos com o funcionamento do actual sistema. Por outro lado, devemos atender a que os custos de funcionamento dos sistemas públicos de Segurança Social, concretamente no quadro dos países da União Europeia, oscilaram, em 1994, entre o mínimo de 2,3%, para

---

([166]) Cfr. P.-A. CHIAPPORI, «Les fonds de pension», p. 150.

([167]) Cfr. E. REYNAUD, «Le financement des retraites: répartition et capitalisation dans l'Union européenne», p. 62.

([168]) Cfr. J. BICHOT, «Protection sociale: clarifier les idées avant de réformer», p. 841.

a Espanha, e o máximo de 4,8%, para Portugal, do total de despesas correntes de protecção social ([169]).

É de realçar, ainda, que os actuais sistemas de Segurança Social encerram a vantagem de as quotizações assumirem um carácter obrigatório. A implantação da via liberalizadora, dando autonomia a cada indivíduo na busca de soluções para o problema da sua pensão de reforma, deixa também grande liberdade de utilização dos orçamentos familiares, não havendo garantia de que, no futuro, cada família tenha acumulado o montante necessário para sobreviver na velhice.

Afigura-se, sobretudo, altamente discutível a perspectiva com que os planos de pensões foram encarados, principalmente aquando do seu surgimento, atribuindo-lhes funções que não têm capacidade para desempenhar. Os planos de pensões obedecem, fundamentalmente, a uma lógica de mercado, em que o preço selecciona, à partida, os eventuais aderentes, pondo de fora um larguíssimo número de indivíduos, cujo rendimento disponível não permite o pagamento dos montantes requeridos pelas entidades colocadoras. Mais do que como soluções únicas, os planos de pensões devem ser encarados como complementos dos sistemas públicos de pensões, propiciadores, em muitos casos, da manutenção do nível de rendimento auferido durante a vida activa.

De notar, também, que compete aos Estados, através das entidades competentes, zelar pelo bom funcionamento das sociedades gestoras de fundos de pensões, quer por intermédio da produção de normas de carácter prudencial, quer por intermédio do exercício da sua actividade fiscalizadora ([170]).

4.2 – Os ecos da privatização – breve relato de algumas experiências

Os planos privados de pensões, na maioria dos países da União Europeia, são portadores de uma longa história. Contudo, o advento do Estado-Providência constituiu um sério entrave ao seu crescimento, tornando, em muitos casos, desnecessária a sua existência, atendendo ao nível de coberturas proporcionadas pelos sistemas públicos de pensões. Daí que, ao falarmos de privatização do social, nos reportemos, essen-

---

([169]) Cfr. Anexo I, quadro 3.

([170]) Entre nós, a supervisão das sociedades gestoras de fundos de pensões é assegurada pelo Instituto de Seguros de Portugal, nos termos do definido pelo Decreto-Lei n.º 94-B/98, de 17 de Abril.

cialmente, a um passado recente, a uma situação resultante de um conjunto de condições particulares, já relatadas anteriormente.

O Reino Unido é, por excelência, a pátria da privatização. Ao falarmos de transferência das funções sociais para a esfera privada das economias, recordamo-nos da Grã-Bretanha neo-liberal de Margaret Tatcher. No entanto, este processo teve início antes da sua chegada ao poder, embora a Dama de Ferro lhe tenha impregnado um cunho irreversível.

Já em 1975, o *Social Security Act*, um projecto conservador curiosamente tornado lei durante o governo trabalhista, impunha limites ao funcionamento do sistema público, ao mesmo tempo que encorajava as alternativas que as sociedades financeiras britânicas proporcionavam. Promovendo o princípio do *contracting out*, de acordo com este diploma, o trabalhador ficava isento do pagamento das quotizações legais correspondentes às pensões do regime geral, desde que estabelecesse com uma companhia de seguros um contrato que lhe assegurasse uma pensão, pelo menos tão vantajosa quanto a do sistema público. Esta lei continha um cariz fortemente incentivador do recurso ao sistema privado, consignado na atribuição de um subsídio aos beneficiários de contratos de assistência, visando compensá-los dos efeitos negativos da inflação.

Em 1985, por iniciativa governamental, é elaborado um projecto de reforma do sistema de Segurança Social, todo ele apologista de uma ideologia neo-liberal. Segundo as palavras de Langendonk, este plano promove «uma maior liberdade de escolha, uma acentuação dos mecanismos de mercado, uma estimulação dos rendimentos e da poupança, a promoção do papel dos indivíduos, a diminuição do papel do Estado» ([171]). Este projecto, tornado lei em 1986, introduziu algumas importantes alterações no sistema de Segurança Social britânico que importa sublinhar.

Desde logo, o subsídio outrora destinado aos beneficiários dos contratos privados de assistência, preconizado na lei de 1975, foi suprimido, já que, como refere Langendonk, «os poderes públicos têm fé suficiente na eficácia do sector privado para supor que este último, através de uma política de investimento, pode suportar a carga da inflação» ([172]).

No Reino Unido, no início do século, 5% da força de trabalho encontrava-se coberta por esquemas privados de pensões, enquanto que,

---

([171]) Cfr. J. VAN LANGENDONK, «Les tendences à la Privatisation en Europe», p. 12.
([172]) Cfr. *ibidem*, p. 13.

nos anos sessenta, tal valor já teria atingido os 50% ([173]). De acordo com Antràs ([174]), actualmente, cerca de 60% dos trabalhadores britânicos participam em fundos de pensões, constituídos, na sua maioria, por prestações oriundas das entidades patronais.

Quando o recurso a esquemas complementares é imposto por lei, torna-se particularmente difícil traçar uma fronteira clara entre a área coberta pelo sistema público de pensões e a área deixada a cargo das entidades privadas.

Tal é o caso da França, onde os poderes públicos consideram deliberadamente os fundos de pensões como esquemas complementares de reforma, ao estabelecerem às empresas a obrigatoriedade de neles participarem. O funcionamento do mercado de planos de pensões depende, em França, do próprio Ministério do Trabalho, por intermédio da Associação de Sistemas de Pensões Complementares, a quem compete a coordenação das diversas entidades gestoras.

Entre as características diferenciadoras do caso francês, importa ainda referir que os planos se estabelecem por sector de produção, ao invés do que acontece nos restantes países europeus, em que os contratos são fixados entre as entidades gestoras e as empresas ou os indivíduos.

Assim, o fenómeno da privatização e do desenvolvimento dos planos de pensões aparece, em França, profundamente ligado ao mundo empresarial, em virtude da obrigatoriedade imposta por lei ao recurso a esquemas complementares. No entanto, essa privatização decorre sob a égide do sistema legal e sob o olhar vigilante do próprio Estado, ao considerar os esquemas complementares sua parte integrante.

As contribuições efectuadas pelos empresários para os fundos são estipuladas com base no salário auferido, às quais podem acrescer entregas efectuadas pelos indivíduos, beneficiando ambas de isenção fiscal.

Tal como em França, também na Dinamarca a constituição de fundos de pensões assume um carácter obrigatório.

Apesar de os países escandinavos constituírem os exemplos mais perfeitos do funcionamento do modelo do Estado-Providência, tal não impede que as temáticas da privatização das funções públicas e do papel

---

([173]) Cfr. L. HANNAH, «Similarities and differences in the growth and structure of private pensions in the OECD countries», p. 21.

([174]) Cfr. A. ANTRÀS, «Planes y fondos de pensiones», p. 143.

do Estado na economia constituam um dos pontos nodais do debate político, económico e social na Dinamarca.

Em Agosto de 1985, os sindicatos dinamarqueses, juntamente com o partido social-democrata, publicaram um relatório contendo uma proposta de instauração de um sistema legal de pensões complementares, a integrar o sistema de Segurança Social. Contudo, tal intento acabaria por encontrar oposição por parte dos que postulam uma transferência para a esfera privada da economia da realização das funções sociais de assistência.

Os esquemas privados de pensões holandeses têm uma longevidade de cerca de um século e registaram um forte incremento após a II Grande Guerra. No que se reporta ao montante global de fundos captados, a Holanda ocupa o 4º lugar à escala mundial, depois dos Estados Unidos, do Japão e do Reino Unido. Já no tocante ao nível de poupança *per capita*, a Holanda lidera, a nível mundial, fortemente distanciada dos países já mencionados.

4.3 – As virtualidades do sistema público

É através do reconhecimento de quatro funções desempenhadas pelos organismos de protecção social que Jacques Bichot ([175]), economista e, à data, presidente da Federação das Famílias de França, procura demonstrar as vantagens dos sistemas públicos de assistência, perante os supostos benefícios da iniciativa privada.

De acordo com Bichot, os organismos de protecção social exercem uma importante função de segurança, equiparável à de um seguro. Segundo este autor, existem sérias dificuldades em prever com exactidão o montante necessário para, no futuro, assegurar a satisfação das necessidades de cada indivíduo. No entanto, recorrendo ao cálculo actuarial e às leis das probabilidades estatísticas, tal previsão é feita com razoável precisão para um dado conjunto de indivíduos, todos eles portadores de determinadas características, e a que a linguagem matemática convencionou denominar de «classe de risco».

Bichot confronta-nos também com o facto de as prestações efectuadas pelos organismos de protecção social assumirem o carácter de renda vitalícia. Para que um determinado indivíduo, considerado no pla-

---

([175]) Cfr. J. BICHOT, «Protection sociale: clarifier les idées avant de réformer», pp. 834 e segs.

no individual, possa rendibilizar a utilização de um certo montante de capital que visa assegurar a sua sobrevivência, seria necessário conhecer com exactidão a data da sua morte. A ausência dessa informação obrigá--lo-á a tomar precauções, dispendendo o seu rendimento a um ritmo muito mais lento, o que reduz consideravelmente o seu nível de vida. Este problema, aparentemente irresolúvel do ponto de vista individual, por desconhecermos a longevidade de cada um, encontra solução no plano colectivo, ao termos em conta o parâmetro da esperança de vida. Cada indivíduo pode, assim, dispor do seu rendimento como se possuísse ou viesse a possuir uma longevidade média. Os encargos decorrentes das prestações para com indivíduos cuja idade ultrapassa a indicada pela esperança de vida serão compensados pelos encargos que se deixam de ter com aqueles que não atingem esse parâmetro.

Seguindo o raciocínio proposto por Bichot, as instituições colectivas de assistência desempenham um papel idêntico ao das instituições bancárias, enquanto no exercício da sua função de intermediação financeira. Compete aos bancos recolher as poupanças dos que, num dado momento, não usufruem da totalidade dos seus rendimentos, canalizando-as para junto daqueles cujas necessidades implicam um dispêndio de montantes superiores aos dos seus rendimentos.

Para além disso, Bichot, sem enjeitar as múltiplas críticas a que tal função tem sido sujeita ([176]), refere ainda o papel redistributivo desempenhado pelos organismos colectivos, como sendo uma vantagem intrínseca deste modo de organização dos sistemas de assistência.

Em outro artigo, datado de 1995, com o sugestivo título «Réconcilier la sécurité sociale et le marché», Bichot realça o exercício da função redistributiva pelas entidades públicas de assistência, que as individualiza relativamente às instituições privadas que visam exercer funções análogas. Enquanto no desempenho das restantes funções já mencionadas o tipo de relação que se estabelece entre o Estado e o beneficiário em tudo se assemelha a uma relação surgida no âmbito de um sistema de mercado, caracterizada pela troca e pela bilateralidade das prestações, na função redistributiva essa relação identifica-se pela sua univocidade, já que o Estado não espera recuperar os recursos dispendidos num dado momento, em virtude da incapacidade de reembolso daqueles a quem os mesmos se destinam.

([176]) Cfr. *supra* ponto 2.4, onde se referem algumas das críticas a que os sistemas públicos de protecção têm sido sujeitos por parte da corrente neo-liberal.

Ora tal situação é irrealizável no âmbito do sector privado, onde as entidades gestoras não aferem o seu comportamento pelo nível de protecção efectivamente concedido, mas sim pelo montante dos lucros obtidos num dado momento, à semelhança de qualquer empresa industrial ou comercial.

Encontramos em Bichot uma clara denúncia da «falácia da composição», patente no discurso dos autores de inspiração liberal ao proclamarem a eficiência superior do mercado. Segundo o autor, se as instituições privadas conseguem, no plano individual, perspectivar soluções personalizadas e redutoras dos problemas de quem a elas recorre, carecem, contudo, no plano colectivo, de capacidade para arquitectar soluções generalizantes, implícitas na função redistributiva, cuja capacidade de concretização se traduz, segundo Bichot, em uma das virtudes assinaláveis dos sistemas públicos.

Essas virtudes reforçam-se ao termos em conta a ideia de ciclo de vida do indivíduo, que releva a importância da necessidade da existência de organismos centrais, aptos a realizar, através de mecanismos compensatórios, a totalidade das funções de assistência de que o indivíduo carece ao longo do seu ciclo de vida. Se enquanto jovem ou idoso, o indivíduo usufrui de rendimentos que não gerou, é enquanto adulto, idade contributiva por excelência, que lhe compete compensar os montantes utilizados durante a sua juventude e, consequentemente, antecipar as somas que irá auferir durante a velhice ([177]).

Porém, as instituições privadas não possuem esta lógica de globalidade, apresentando ao eventual aderente cada produto *per se*. Apesar de a maioria das instituições financeiras formularem as suas estratégias de *marketing* em torno da proposta de *packages* de produtos, estes destinam-se a preencher as necessidades específicas de um dado nicho de mercado, num determinado momento no tempo, sem, contudo, assumirem um carácter universal.

Esta advertência abre as portas à discussão de um outro problema, o da impossibilidade de considerarmos isoladamente a temática do financiamento dos sistemas públicos de pensões, devido à concertação existente entre as diversas funções pertencentes a um domínio mais lato, que é o próprio campo de acção da Segurança Social.

([177]) Já foi referido que os actuais sistemas públicos de pensões obedecem a um esquema de repartição, havendo transferência imediata de rendimentos das classes etárias contributivas para as classes etárias improdutivas. No entanto, a lógica acima apontada, irrealizável sob o ponto de vista individual, ganha sentido no colectivo, o que reforça a ideia da necessidade de sistemas públicos de protecção.

Ao introduzirmos o elemento temporal na nossa análise, verificamos que o desejo de privatização das funções exercidas pelos Estados é, muitas vezes, apressado, roçando, em certos casos, os contornos do impraticável.

É já sabido que o sistema de financiamento por repartição foi, essencialmente, posto em causa pelo abrandamento, quando não mesmo regressão, do ritmo de crescimento populacional, que fez perigar a estabilidade dos equilíbrios demográficos necessários ao seu funcionamento. As projecções elaboradas para as próximas décadas realçam a necessidade de uma resposta urgente e eficaz para o problema do financiamento dos sistemas públicos de assistência, particularmente dos sistemas públicos de pensões ([178]).

Por seu turno, é certo também que o sistema de financiamento por capitalização se baseia fortemente na abdicação da utilização do total do rendimento auferido num dado momento, mediante transferência de uma parcela desse rendimento para um dado momento futuro. A operacionalidade de um sistema de financiamento por capitalização está, pois, longe de ser imediata.

Poderemos ainda referir a impraticabilidade de um sistema de repartição no quadro do sector privado. Se é certo que os primeiros sistemas de assistência nasceram da iniciativa da sociedade civil, em alguns casos intimamente ligados à Igreja, fazendo apelo a valores como a solidariedade e a fraternidade, por sua vez, a vastidão do campo de acção dos modernos sistemas de Segurança Social inviabiliza a prática destes valores e torna problemática a transferência de rendimentos entre gerações; a repartição torna-se, assim, impraticável no âmbito de organismos que, embora dotados de reconhecida capacidade de gestão, não possuem poderes que lhes permitam impor e fazer aplicar normas jurídicas, à semelhança do que acontece com os Estados.

4.4 – Um regresso à socialização?

Numa alusão a Adam Smith ([179]), Pierre Rosanvallon, em entrevista publicada no Verão de 1995, afirma que «a "mão invisível" que organizava o sistema de segurança social torna-se cada vez mais visível» ([180]).

([178]) Cfr., a este respeito, os quadros 3 e 4 do Anexo II.
([179]) Cfr. A. SMITH, *A Riqueza das Nações*, p. 758.
([180]) Cfr. AAVV, «Remettre le politique au coeur du social», p. 17.

O autor de *La Crise de l'État-Prévidence* sustenta que a actual situação de crise em que emergiram os sistemas públicos de pensões não é um mal passageiro, é, antes, algo que resulta do declínio de um grande movimento histórico, carecendo de uma reforma profunda, preconizadora, nas palavras de Rosanvallon, de uma autêntica «revolução fiscal silenciosa» ([181]).

A resolução do problema do financiamento dos sistemas públicos de pensões, tal como desde o início vem sendo afirmado, encerra um problema de escolha de modelo de Estado, um problema de opção entre um Estado promotor da privatização do social e um Estado mentor de um regresso à socialização.

Nesse sentido, Bichot começa por considerar a existência de um desfasamento entre os padrões de eficiência e de eficácia empresariais e os modos de aferição do funcionamento gobal das economias, ao avançar que «A nossa capacidade de organização macroeconómica denota um considerável atraso relativamente às nossas "performances" organizacionais microeconómicas» ([182]).

Sem que, de forma alguma, se revele um paladino da privatização do social, solução que rejeita por ser «irresponsável e politicamente suicidária» ([183]), Bichot aposta no aproveitamento dos conhecimentos proporcionados pela iniciativa privada, no sentido de dotar os sistemas públicos de assistência de modelos de funcionamento libertos de pesadas cargas burocráticas.

Tais propostas configuram uma inversão de posições, que priva os autores de inspiração liberal de uma parcela significativa dos seus argumentos e que reforça o papel da Segurança Social enquanto sistema público de assistência.

Se a controvérsia actual em torno da questão do financiamento dos sistemas públicos de assistência, mais concretamente dos sistemas públicos de pensões, suscita a proclamação da eficiência do mercado, pelos autores de inspiração liberal, através da sugestão da transferência da gestão dos referidos sistemas para a esfera privada das economias, tais autores inibir-se-ão de pôr em causa uma solução engendrada com base nos princípios propostos pelo mercado. Em vez de ser a esfera privada

---

([181]) Cfr. AAVV, «Remettre le politique au coeur du social», p. 22.
([182]) Cfr. J. BICHOT, «Réconcilier la sécurité social et le marché», p. 18.
([183]) Cfr. *ibidem*, p. 19.

a engrandecer à custa da falência dos sistemas públicos, resultado lógico das propostas liberais, seria a esfera pública a enriquecer, indo buscar ensinamentos ao mercado, dotando-se de modelos de funcionamento capazes de enfrentar as exigências dos actuais sistemas de assistência, ao mesmo tempo que não se desvincula da tutela do Estado, verdadeira garantia da realização das funções de protecção social atrás mencionadas ([184]). Em vez de as propostas liberais invadirem o universo da Segurança Social, aglutinando o seu campo de acção, é a Segurança Social que ganha terreno à custa do próprio mercado, munindo-se de anticorpos face a ataques futuros.

Porém, esta perspectiva corre o risco de encontrar sérias limitações à sua exequibilidade, uma vez que os custos de funcionamento dos sistemas de Segurança Social se cifram em valores modestos, quando confrontados com o montante das prestações ([185]).

Também no que se refere às disfunções de natureza externa, o problema se revela bastante delicado. Repensar o regresso à socialização pode parecer tarefa inglória num universo em que o modelo de produção social se caracteriza, cada vez mais, por um somatório de iniciativas individualizadas. As transformações que se têm vindo a operar ao nível das relações de trabalho, em grande parte devido ao recurso a novas tecnologias, correm o risco de fragilizar fortemente as relações sociais.

A maioria dos poderes públicos tem posto em prática medidas conducentes à transferência de um conjunto mais ou menos lato das funções sociais, para o sector privado das economias, sem antes ponderar a reformulação técnica dos pressupostos sobre os quais assentam os sistemas públicos de protecção social, mais concretamente, os sistemas públicos de pensões. Este trabalho tem sobretudo interessado estudiosos e académicos, sendo raramente conduzido pelos poderes públicos. Estes limitam-se a fazer uso da sua capacidade legislativa, adoptando medidas tendentes à privatização, ou medidas pontuais, que, sem produzirem efeitos relevantes, adiam a necessidade de uma reforma profunda dos modos de funcionamento dos sistemas públicos de pensões. Estas medidas tornam-se autênticos paliativos, que, aliviando os sintomas da enfermidade, se revelam incapazes de atacar as causas subjacentes a esse mal.

([184]) Cfr. *supra* ponto 4.3.

([185]) Cfr. quadro 3 do Anexo I, onde se menciona qual a percentagem dos custos de funcionamento dos sistemas públicos de assistência relativamente ao valor total das prestações.

As seguradoras, tal como já foi referido anteriormente ([186]), manifestaram um súbito interesse na resolução de um problema que lhes é alheio, na busca de um novo segmento de mercado, promissor da realização de elevados lucros. No entanto, a busca de vias reformadoras não se esgota no campo das soluções preconizadoras de uma supremacia do mercado.

Mais do que questionar o papel do Estado nas economias, tendo como ponto de partida os enormes défices a que conduziram os sistemas públicos de assistência, importará questionar as modalidades dessa intervenção. Mais do que bani-la, importará re-equacionar os modos de funcionamento do Estado, muitas vezes baseados em modelos ancestrais, desajustados das exigências ditadas pela complexidade pós-moderna. Em vez de confiarmos ao mercado o desempenho das funções até então exercidas pelos poderes públicos, poderemos apostar na solução inversa, recolhendo na esfera privada da economia os ensinamentos necessários, conducentes a um funcionamento eficiente dos serviços públicos de assistência.

Pese o facto de ainda não ter sido alcançada a reformulação (ou adequação a um novo contexto) dos pressupostos inerentes ao modelo de funcionamento do Estado-Providência, algumas propostas, essencialmente de índole técnica e formal, têm sido avançadas, tendo em vista a melhoria da situação de financiamento dos sistemas públicos de pensões.

Entre essas vias, podemos enquadrar as hipóteses equacionadas por Hagemann e Nicoletti. Estes autores, cientes da fraca praticabilidade, no curto prazo, da adopção de um regime de capitalização no âmbito do sistema público, avançam a possibilidade de constituição de fundos, sob a responsabilidade dos governos de cada país, com base num aumento do nível actual das taxas de quotização. Segundo estes autores «Pelo menos por duas ordens de razões, uma baseada em considerações de equidade entre gerações e outra na eficiência, poderia ser desejável aos governos recorrerem à constituição de um fundo destinado a pagar em parte as reformas dos trabalhadores actuais» ([187]).

De acordo com as previsões demográficas, a manutenção de um sistema de financiamento por repartição só será possível, no futuro, à

([186]) Cfr. *supra* ponto 4.1.
([187]) Cfr. R. P. HAGEMANN e G. NICOLETTI, «Les effets économiques du vieillissement demographique et ses conséquences pour le financement des retraites publiques», p. 81.

custa de um acréscimo significativo das taxas de quotização, o que, além de constituir um encargo excessivo para os trabalhadores vindouros, poderá revelar-se inoportuno ao contrariar as exigências da política económica do momento.

Assim, a constituição de reservas e o recurso a uma capitalização parcial permitiriam não só o não abandono brusco de uma solução enraizada nas economias comunitárias – a do financiamento por repartição – como atenuariam os efeitos nocivos do envelhecimento demográfico, deixando maior espaço de manobra aos futuros governos.

Contudo, esta solução implica um esforço acrescido para as gerações actuais. Em primeiro lugar, se o aumento do nível de tributação é habitualmente encarado com relutância pela comunidade contribuinte, em segundo lugar, as quotizações dispendidas pelos trabalhadores actuais seriam, simultaneamente, utilizadas para prover as pensões dos reformados do momento, como é usual nos esquemas de repartição, e, iriam, ainda, engrossar os montantes do fundo, cujo objectivo consiste em fazer face aos encargos das suas próprias reformas, como é característico dos esquemas de capitalização.

No entanto, a questão fundamental é a de saber qual das vias será tradutora de uma maior equidade no plano social: se optar por uma solução basicamente assente num esquema de repartição, mas funcionando a capitalização como factor adicional, se manter o esquema de repartição como sistema exclusivo, fazendo aumentar a taxa de quotização, sempre que tal se afigure necessário. De acordo com os exemplos apontados por Hagemann e Nicoletti ([188]), a primeira via permite registar acréscimos quase constantes da taxa de quotização, antecipando os contribuintes o nível de tributação futuro. A manutenção do esquema de repartição deixa o nível de quotização à mercê das variações ditadas pela vertente demográfica, que a verificar-se o proposto pelas inúmeras projecções conhecidas, obrigarão as gerações activas futuras a abdicar de uma significativa parcela do seu rendimento, em favor das prestações para com as classes etárias mais avançadas, a título de pensão de reforma.

A solução mista, baseada no esquema de repartição e apoiada por um esquema de capitalização parcial, parece, através de um efeito de

---

([188]) Cfr. R. P. HAGEMANN e G. NICOLETTI, «Les effets économiques du vieillissement demographique et ses conséquences pour le financement des retraites publiques», p. 84.

ajustamento, gerar uma maior equidade no plano social, diluindo por um universo lato de gerações o pagamento do preço do envelhecimento demográfico. Se a transição imediata para um esquema misto exigiria das gerações actuais um esforço suplementar, resultante do aumento da taxa de quotização, haveria gerações cujas prestações se cifrariam num nível inferior ao que na realidade irão suportar, a manterem-se os esquemas de repartição e os fracos níveis de natalidade.

Uma ideia que faz particular sentido no caso da União Europeia ([189]) é a de que o aumento da taxa de quotização num determinado Estado-membro, tendo em vista a resolução dos problemas inerentes ao envelhecimento demográfico, pode produzir efeitos distorcedores, com consequências precisamente opostas às pretendidas ([190]). Num espaço económico caracterizado pela livre circulação de trabalhadores entre os seus constituintes, o agravamento das taxas de quotização num determinado país pode constituir um incentivo à deslocação para países propiciadores de taxas de quotização menos onerosas. Assiste-se, assim, a uma redução da base de quotização do país de origem e ao agravamento das condições que inicialmente se procuravam combater, ao invés do rejuvenescimento da força de trabalho registado no país de destino. Este efeito distorcedor decorre da heterogeneidade das condições de funcionamento dos sistemas de protecção social no âmbito dos diversos Estados-membros da União Europeia.

Outra das soluções que os poderes públicos começam a encarar com visível agrado e a que inclusivamente alguns já deitaram mão – veja-se concretamente o caso português e as propostas preconizadas pelo Decreto-Lei nº 329/93, de 25 de Setembro – consiste em estipular níveis mais elevados para as idades legais de acesso à reforma.

Tal propósito parece encontrar justificação em argumentos decorrentes da própria realidade; o aumento generalizado da esperança média de vida torna defensável a possibilidade de os indivíduos terem uma vida activa mais dilatada. A este fenómeno acresce o ingresso na vida activa cada vez mais tardio, resultado directo do alongamento do processo de formação e do aumento do nível de competências dos indivíduos.

([189]) Sobre a heterogeneidade dos sistemas públicos de pensões à escala da União Europeia, cfr. *supra* pontos 2.1.1 a 2.1.3.

([190]) É uma ideia que vale sobretudo como exercício; no entanto, sendo teoricamente possível, merece ser tratada e discutida. A mobilidade dos indivíduos não é apenas determinada por factores económicos, mas existe toda uma envolvente social e cultural determinante da fixação num local específico.

Esta via parece, só por si, dotada de alguma consistência, mesmo quando desenraizada de toda a problemática inerente ao financiamento dos sistemas públicos de pensões. Trata-se de uma solução fácil para os governos, que permite, sem exigir modificações estruturais, em cada momento, adiar sucessivamente os encargos para com gerações específicas, tornando-se lícito, sob o ponto de vista económico, pensar que um aumento da vida biológica seja proporcionalmente compensado por um prolongamento da vida activa e não por uma redução, como tem sido uso acontecer. De facto, vivemos, cada vez mais, no paradoxo financeiro de um indivíduo ver incrementada a sua esperança de vida, ao mesmo tempo que relativamente reduz o número de anos durante os quais se pautou como cidadão contributivo.

Colocando a questão à luz da temática do financiamento dos sistemas públicos de pensões, o prolongamento da vida activa revela-se benéfico num duplo sentido: além de permitir alargar a base de quotização, possibilita, ao mesmo tempo, retardar o efeito do envelhecimento populacional, adiando encargos e fazendo abrandar o ritmo de crescimento das taxas de quotização.

Só que, sob o ponto de vista social, os níveis legais de acesso à reforma são vistos pelos trabalhadores como direitos inalienáveis, autênticos prolongamentos das conquistas resultantes das lutas de classes e dos quais será difícil abdicar.

Esta proposta pode ainda ser geradora de alguma polémica no campo empresarial. O envelhecimento da população activa pode condicionar a dinâmica e a competitividade das empresas, por ausência da flexibilidade que é hoje exigida no desempenho da maioria das funções. Actualmente, somos confrontados com a imposição, por parte das entidades empregadoras, de limites máximos de idade, normalmente fixados em níveis muito baixos, para o desempenho de certas funções no âmbito das organizações. Tais requisitos, determinantes da exclusão de uma parcela significativa do mercado de trabalho, não são mais do que um sinal das exigências implícitas no processo de transformação que atinge as unidades empresariais e que aposta na flexibilidade como vector determinante da capacidade de satisfazer um meio envolvente em constante mutação.

Esta perda relativa de eficiência poder-se-á agravar pelo facto de a saída tardia da vida activa ser determinante da estacionariedade das carreiras, em virtude de serem, tradicionalmente, os indivíduos mais idosos a ocuparem os lugares hierarquicamente mais importantes. Sob o ponto de vista motivacional, este aspecto poderá ter graves consequências sobre os indivíduos mais novos, que sendo, na generalidade, geradores de uma maior produtividade global, verão, assim, vedadas, ou temporariamente adiadas, as suas ambições dentro das organizações.

No início da década de 80, o governo francês, no embalo do clima de mudança política de inspiração socialista, pôs em prática uma série de medidas que deixavam antever um alargamento do campo de aplicação do sistema público de protecção social, traduzidas, concretamente, na imposição de uma descida da idade legal de acesso à reforma e no aumento das prestações de velhice e de invalidez. No entanto, cedo arrepiou caminho, quando confrontado com os requisitos de natureza financeira a que tal política obrigava.

A redução relativa do nível de pensões a atribuir no futuro é outra das vias à disposição dos governos para colmatar os défices dos sistemas públicos gerados pelo envelhecimento demográfico. Neste sentido, a principal tarefa consistirá em desenvolver metodologias de cálculo conducentes ao cumprimento do objectivo pretendido. Entre essas metodologias, destaca-se a avançada por Musgrave, em 1981, não só pela notoriedade do proponente, mas também pela forma como a ela aderiram alguns países, a braços com problemas de envelhecimento populacional, como foi, por exemplo, o caso da Alemanha. Esta fórmula propunha a indexação das pensões em função do salário líquido e não em função do salário bruto, o qual engloba as próprias quotizações.

As soluções anteriormente apontadas têm reunido um largo consenso entre académicos e especialistas, tendo, inclusivamente, já sido levadas à prática por alguns dos Estados-membros da Comunidade Europeia [191].

O plano traçado por Juppé, em 1995, inseria-se, claramente, neste campo das medidas pontuais e não preconizava, de modo algum, uma reforma do actual esquema de funcionamento do sistema francês de Segurança Social. O seu grande objectivo consistia no alinhamento da duração das quotizações dos assalariados e dos funcionários dos sectores público e privado, mediante o acréscimo do período contributivo dos primeiros. Tal mais não é do que adiar a idade real de acesso à reforma dos funcionários das empresas e dos organismos públicos. Contudo, a pronta e violenta reacção dos trabalhadores franceses elucida acerca do carácter crítico que o problema assume em termos sociais, deixando antever a necessidade de redobrada prudência na levada a cabo de medidas reformadoras.

---

[191] Vejam-se, a título de exemplo, as situações de transição vividas na Itália e em Portugal, no que se refere à idade legal de acesso à pensão de reforma.

Porém, compreender o papel do Estado nas economias ocidentais, particularmente no que se refere à problemática de financiamento dos sistemas públicos de pensões, implica reportarmo-nos ao tempo dos seguros sociais obrigatórios de Bismark ([192]), que constituem o embrião de todo um conjunto de medidas adoptadas durante o advento do Estado Keynesiano de bem-estar.

Como já foi referido, o modelo de protecção social desenhado pelo chanceler alemão associava o direito a essa protecção ao exercício de determinada actividade profissional. Esta característica condicionou o facto de o sistema de seguros sociais obrigatórios ter feito assentar o seu financiamento, fundamentalmente, quer no trabalhador, quer na entidade patronal, atribuindo ao Estado um papel subsidiário e perfeitamente secundário.

O pragmatismo patente nas propostas de Bismark conduziu à ausência de uma problematização do modo de financiamento do sistema de seguros sociais obrigatórios. A metodologia de financiamento deste modelo apoiou-se numa lógica de adaptabilidade às condicionantes do mesmo e a que Fernando Maia apelidou de lógica institucional ([193]). Esta lógica assentava no facto de serem contribuintes do sistema aqueles que dele iriam beneficiar, já que as prestações são perspectivadas como uma compensação da eventual perda de salário.

Fernando Maia denuncia o «enfeudamento à lógica institucional» ([194]) dos modernos sistemas de Segurança Social, ao procurar pôr em evidência a desarticulação existente entre os princípios de financiamento inerentes à realização dos mesmos, herdeiros da filosofia subjacente ao sistema de seguros sociais obrigatórios, e o grau de maturação e de complexidade por eles atingido. Este autor, considera, assim, o desfasamento entre o momento de concepção dos sistemas de protecção social e o momento de levada à prática dos mesmos uma das principais causas da crise de legitimidade que o Estado-Providência actualmente atravessa. Os modernos sistemas de Segurança Social pecam, pois, pelo apego a práticas ancestrais, ditador de uma forte desarticulação entre o seu modo de produção e as necessidades dos seus destinatários.

([192]) Cfr. *supra* ponto 2.1.1.

([193]) Cfr. F. MAIA, «Sistemas de Segurança Social – da lógica institucional à lógica funcional», pp. 56-57.

([194]) Cfr. *ibidem*, p. 60.

Tomando como referência as propostas de Guy Perrin ([195]), Maia reclama o abandono da lógica institucional e a passagem para métodos de financiamento baseados na adequação entre as funções exercidas pelos modernos sistemas de Segurança Social e as responsabilidades dos intervenientes, nomeadamente, das pessoas protegidas, das empresas e do Estado.

Esta visão, sem pôr em causa a operacionalidade dos futuros sistemas públicos de pensões, parece fazer regressar a metodologia de captação de recursos à já apontada tradicional trilogia, arredando o sector privado (ou pelo menos, atribuindo-lhe um papel secundário) do futuro cenário de desenvolvimento dos sistemas públicos de pensões.

Uma vez aqui chegados, compete-nos responder à questão que anteriormente colocámos sobre as razões que legitimam um regresso à socialização, ou seja, quais são as características que individualizam o Estado-Providência relativamente a outros sistemas de protecção social ([196]). Historicamente, nenhum outro sistema assumiu o carácter de abrangência que diferencia o Estado-Providência. Nos últimos cinquenta anos, o Estado entrou na vida dos cidadãos, fazendo parte do próprio espírito do capitalismo ocidental. É certo, contudo, que foi a sua faceta generalista e abrangente que quase lhe valeu a decapitação.

Todavia, reabilitar o Estado-Providência é condená-lo a pena maior que a sua ruptura, dados os múltiplos constrangimentos que o novo Estado social terá que enfrentar. Para lá das já apontadas disfunções que caracterizam o modo de funcionamento do Estado-Providência, a existência de uma estrutura demográfica fortemente envelhecida e a grande incerteza relativamente à evolução do nível do emprego constituem apenas alguns desses desafios.

No que se refere ao caso concreto do financiamento dos sistemas públicos de pensões, independentemente da via reformadora pela qual se enverede, ela não deverá perder de vista a realidade organizacional e o perfil que se perspectiva para a empresa do século XXI. Se são os indivíduos os agentes contributivos, daí o questionar-se a ruptura do financiamento dos sistemas públicos de pensões essencialmente como um problema de índole demográfica, esse estatuto é adquirido no âmbito de

---

([195]) Cfr. G. PERRIN, «Rationalisation du financement de la Securité Sociale», p. 124 e segs.
([196]) Cfr. *supra* pontos 2.3 e 2.4.

uma determinada relação de produção que ocorre no interior das organizações.

A ordem instalada aponta, pois, para a prudência, tornando particularmente sensível a tarefa de projectar o perfil da empresa do futuro, tendo em vista a determinação das implicações que essa realidade terá nos esquemas de financiamento dos sistemas públicos de pensões. Poderemos, contudo, avançar com alguma segurança que a evolução tecnológica continuará a sustentar o processo de desenvolvimento organizacional, o que não faz prever uma inversão da tendência de redução do número de postos de trabalho no seio das organizações.

A impossibilidade de procedermos a uma avaliação rigorosa do impacto que a modificação de estruturas organizacionais terá no número de trabalhadores futuros e, consequentemente, nas receitas arrecadadas pelos Estados obriga-nos a uma redobrada cautela quando procuramos traçar os contornos dos futuros dos sistemas públicos de pensões. As condições de financiamento dos sistemas públicos de pensões parecem estar, em cada momento, fortemente dependentes do nível de emprego existente nas economias em causa. Estamos em presença de um fenómeno que se desenvolve em circuito fechado, em que, se níveis elevados de desemprego poderão ser responsáveis pela redução do montante das quotizações, por seu turno, a imposição de encargos elevados pode traduzir-se num desincentivo para as entidades empregadoras à contratação de mão-de-obra, o que as leva a procurarem métodos alternativos de organização da produção, fortemente baseados em tecnologia.

No entanto, o maior desafio com que se defrontam os actuais poderes públicos parece ser o de conseguir promover a articulação entre as funções desempenhadas pelo Estado e o acesso a sistemas privados de assistência, sem, de forma alguma, restringir as liberdades individuais, nem desvirtuar a necessidade da intervenção estatal neste domínio.

Afigura-se, ainda, indicado avaliar qual o espaço reservado aos cidadãos, através das organizações da sociedade civil, no sentido de proverem a sua própria protecção. Procuraremos conduzir tal avaliação no capítulo seguinte.

CAPÍTULO 5

O MUTUALISMO PORTUGUÊS PERANTE A REFUNDAÇÃO DAS POLÍTICAS SOCIAIS: POTENCIALIDADES E LIMITES

Antes de procurarmos aferir quais as potencialidades e quais os limites do mutualismo português, num contexto de refundação das políticas sociais, considerou-se indicado conhecer a situação prevalecente no âmbito do terceiro sector, à escala da União Europeia, quer no tocante ao tipo de organizações mais comuns, quer no que concerne à visibilidade e à importância que estas assumem, no quadro dos respectivos países.

Nesse sentido, apresentamos, de seguida, um conjunto de elementos que visam caracterizar a evolução e o estado actual de desenvolvimento das organizações da sociedade civil, ao nível de alguns países europeus, nomeadamente, da Dinamarca, da França, da Irlanda, da Itália, da Áustria, da Finlândia e da Suécia ([197]).

5.1 – Breve perspectiva do terceiro sector à escala europeia

Ao pretendermos concretizar a tarefa que atrás nos propusemos, somos, de imediato, confrontados com dificuldades ao nível dos termos com que identificamos um determinado tipo de instituições, atendendo a que se revela arriscada a mera transposição de conceitos a nível internacional. Assim sendo, como logo de início se sublinhou, assumiremos aqui um conceito de terceiro sector em sentido amplo, ao mesmo tempo que, devido a essa amplitude, usaremos, indiscriminadamente, os designativos *organizações do terceiro sector*, *organizações da sociedade*

([197]) Os elementos apresentados, relativos à caracterização do terceiro sector à escala europeia, foram obtidos junto da Civicus Associates, uma organização não governamental dedicada ao estudo do terceiro sector à escala global, bem como à cooperação entre os diversos tipos de instituições que caem no seu âmbito.

civil e *organizações sem fins lucrativos*. Fazêmo-lo por julgarmos que as organizações que podemos definir como sendo do terceiro sector se identificam, em simultâneo, pelo facto de emergirem no âmbito de iniciativas da sociedade civil, ao mesmo tempo que são norteadas por finalidades de índole social e não de natureza estritamente financeira ([198]).

As organizações do terceiro sector assumem uma posição de relevo no contexto da sociedade dinamarquesa; presume-se que exista, em média, uma organização sem fins lucrativos para cada 150 indivíduos.

Porém, o terceiro sector dinamarquês é, por excelência, palco de alguns contrastes, se atendermos às áreas de actuação das diversas organizações. Assim sendo, poderemos encontrar, na Dinamarca, dois grandes grupos de associações sem fins lucrativos: enquanto que as que se dedicam às áreas da cultura, do desporto e da educação têm uma visibilidade e um reconhecimento nacionais, por sua vez, as instituições promotoras de serviços sociais e de cuidados de saúde foram, até há bem pouco tempo, praticamente ignoradas, quer pelos poderes públicos, quer pela sociedade em geral. Tal facto deve-se, em grande medida, ao elevado nível de cobertura proporcionada pelos sistemas públicos de protecção social, que arredou a necessidade de existência de organizações fortes nascidas no seio da sociedade civil.

Tal dualismo observa-se, também, no campo jurídico e, consequentemente, no próprio modo de financiamento das organizações. Desta feita, se enquanto o primeiro grupo de organizações dispõe de um ordenamento legal que lhe permite a obtenção de apoio financeiro público e lhe defende o respectivo campo de actuação, já as organizações promotoras de cuidados de saúde e de serviços de protecção social não beneficiam de apoios similares neste domínio.

Não obstante, nos últimos dez anos, a crise generalizada dos sistemas públicos de protecção social reequacionou o papel deste tipo de organizações no âmbito das políticas sociais. Concretamente, em 1995, o Ministro dos Assuntos Sociais dinamarquês criou a Comissão do Trabalho Social Voluntário, cujo objectivo era o de estudar a missão das organizações sem fins lucrativos, no contexto da futura sociedade de bem-estar.

---

[198] Embora as questões económicas lhes imponham, por vezes, sérios constrangimentos. Veja-se o que adiante se referirá sobre os *riscos de banalização da economia solidária*.

De referir, ainda, que das cerca de 2000 organizações do terceiro sector existentes na Dinamarca, se estima que 350 actuem na área da saúde e da protecção social. Ao mesmo tempo, entre 1/4 e 1/3 dos dinamarqueses executam trabalhos em regime de voluntariado, em média 4 horas por mês. Aponta-se também que 10% do trabalho voluntário ocorre nas organizações de protecção social, sendo este exercido fundamentalmente por homens.

França é um dos países onde se observa um número significativo de experiências no domínio do terceiro sector [199]. Na verdade, desde há algum tempo que são criadas, em cada ano, 70.000 novas organizações sem fins lucrativos.

Porém, nem sempre a sociedade civil francesa demonstrou tal dinamismo. No período que se seguiu à Revolução Francesa, o Estado chamou a si a gestão dos interesses públicos, aboliu as corporações e nacionalizou as escolas e os hospitais a cargo de ordens religiosas. De facto, só no virar do século, na sequência de uma lei datada de 1901, o terceiro sector francês ganhou legitimidade, tendo-se verificado, desde os anos sessenta, um certo *"boom* associativo".

Desconhece-se quantas associações existirão, ao certo, na actualidade, em França. Estima-se que estas rondem as 700.000, das quais 225.600 constam na base de dados SIRENE [200], que apenas regista as associações que paguem salários, que liquidem IVA ou que recebam fundos do governo central, o mesmo é dizer, que cumpram determinados requisitos de natureza económica.

---

[199] Um importante organismo existente no âmbito do terceiro sector francês é o Comité National de Liaison des Activités Mutualistes, Coopératives et Associatives (CNLAMCA), surgido em 1976, tendo por base um outro existente desde 1970.

O seu principal objectivo é o de promover a cooperação entre as diversas instituições do terceiro sector, sendo, ao mesmo tempo, o seu porta-voz junto dos poderes públicos franceses. Integra, actualmente, os seguintes membros: Groupement National de la Coopération (GNC); Groupement des Entreprises Mutuelles d'Assurance (GEMA); Fédération Nationale de la Mutualité Française (FNMF); Confédération Nationale de la Mutualité de la Coopération et du Crédit Agricole (CNMCCA); Comité de Coordination des Oeuvres Mutualistes et Coopératives de l'Education Nationale (CCOMCEN) e Conférance Permanente des Coordinations Associatives (CPCA). Um dos actos mais marcantes da vida deste organismo, foi a elaboração, em 1980, de uma *Carta da Economia Social*, onde, num conjunto de sete artigos, se consagram os princípios que devem nortear o desenvolvimento das cooperativas, das mutualidades e das associações.

[200] Principal base de dados francesa de registo de empresas e de organizações.

De acordo com a citada base de dados, as organizações que prestavam cuidados de saúde eram, em 1995, apenas em número de 3.465; enquanto isso, as organizações promotoras de serviços sociais ascendiam às 28.115. Contudo, detinham ambas um peso significativo em termos de emprego, respectivamente, 8,7% e 35,8% dos 1.160.073 postos de trabalho existentes, nesta data, no âmbito das 225.600 organizações consideradas.

À semelhança do que acontece em outros países europeus, também em França se distinguem as fundações das restantes organizações do terceiro sector [201]. Estima-se, contudo, que estas existam em número francamente reduzido, apenas cerca de 1.000.

Em termos médios, 60% dos recursos financeiros do terceiro sector francês provêm de contribuições estatais, enquanto que 33% decorrem de rendimentos gerados pelas actividades desenvolvidas pelas próprias organizações, resultando os restantes 7% de contribuições de entidades privadas. Estes valores variam, porém, em função das áreas de actuação das organizações.

Em concreto, as associações que prestam cuidados sociais figuram entre as que são mais fortemente apoiadas pelos poderes públicos, à semelhança do que sucede com as associações promotoras de cuidados de saúde (aquelas em que se verifica o maior nível de participação estatal, em 84,1% dos respectivos orçamentos) e com as que actuam na área da educação. Nas primeiras, o peso relativo de cada uma das fontes de financiamento acompanha, de perto, os valores observados, em média, no âmbito do terceiro sector francês: 60,2% para as contribuições do Estado, 35% para os rendimentos próprios e 4,8% para os contributos de entidades privadas.

No caso irlandês, o desenvolvimento do terceiro sector encontra-se fortemente marcado pela presença da Igreja Católica.

Até 1922, data da independência irlandesa, a Igreja foi a única entidade que se dedicou à prestação de serviços na área da protecção social. Após esta data, o Estado iniciou a sua actuação em matéria de política social; mesmo assim, prevaleceu, na Irlanda, a ideia de que a família era o núcleo mais importante na provisão de cuidados sociais, seguindo-se a Igreja e as organizações da sociedade civil, surgindo, por último, o Estado.

---

[201] A definição legal de fundação foi dada, pela primeira vez, em França, por intermédio de uma lei datada de 23 de Julho de 1987.

Tal entendimento teve como consequência o reforço do papel das organizações da sociedade civil, particularmente das que se desenvolveram sob a tutela da Igreja, e o menosprezo da actuação do Estado neste domínio.

Porém, desde meados dos anos sessenta, com o crescimento da intervenção do Estado no âmbito das políticas de protecção social, as organizações do terceiro sector têm sido confrontadas com uma perda de importância relativa; em vez de agentes centrais na provisão de cuidados de natureza social, passaram a funcionar como entidades complementares aos sistemas públicos de protecção social.

Na actualidade, muito embora se desconheça, à semelhança do que sucede em outros países da União Europeia, a real dimensão do terceiro sector irlandês, existe, no âmbito da sociedade civil, o reconhecimento de que estas associações desempenham um importante papel enquanto promotoras de cuidados de saúde e de serviços de protecção social. Esse reconhecimento é bem evidente, atendendo a que cerca de 85% dos irlandeses efectua donativos, de modo regular, a favor deste tipo de instituições.

Para além disso, muito embora não exista nenhum organismo que, à escala nacional, garanta a articulação entre os diversos tipos de organizações do terceiro sector, estas funcionam, na Irlanda, ainda que de modo isolado, como pólos de ligação entre a sociedade civil e o Estado.

Estima-se que aproximadamente 1/5 dos cidadãos irlandeses trabalhem como voluntários nas organizações da sociedade civil, sendo este grupo fundamentalmente constituído por indivíduos de meia idade e oriundos da classe média.

O terceiro sector irlandês rodeia-se, porém, de alguma precariedade legislativa, a avaliar pela ausência de diplomas que definam quais são as instituições que caem no âmbito do terceiro sector e quais são os pressupostos que estas devem verificar para que possam aceder a financiamentos estatais.

De tais lacunas, resulta, antes de mais, que um lato e diversificado número de instituições beneficie, na Irlanda, de apoios públicos. O Estado é, aliás, a maior fonte de financiamento das instituições do terceiro sector irlandês, apontando-se-lhe, inclusivamente, uma forte permissividade na concessão desses apoios.

Outra característica que particulariza o terceiro sector na Irlanda, concretamente no que concerne ao seu modo de financiamento, diz respeito à inexistência de dispositivos que regulamentem e que encoragem os donativos privados, tanto mais que estes assumem um peso significativo, tal como já se apontou. Estes dependem exclusivamente da vontade dos cidadãos, não havendo, na Irlanda, quaisquer mecanismos que garantam a sua manutenção.

Assim sendo, um dos maiores desafios que se coloca, no presente, ao terceiro sector irlandês, é o de dotar-se de expedientes legais susceptíveis de:
- clarificar o seu conteúdo e classificar os diversos tipos de instituições que o integram;
- esclarecer situações dúbias, nomeadamente quanto ao tipo de relacionamento destas organizações com o Estado;
- promover a criação de entidades coordenadoras, no plano nacional, capazes de articular a actuação dos diversos tipos de instituições.

O crescimento recente observado em Itália, no âmbito das organizações do terceiro sector, resultou quer das transformações ocorridas ao nível dos sistemas públicos de protecção social quer da instabilidade política verificada nos últimos anos.

Apesar desta tendência, persistem, ainda, alguns obstáculos, susceptíveis de travar o pleno desenvolvimento do terceiro sector italiano. Entre eles, incluiremos um certo défice legislativo (à semelhança do que sucede na Irlanda) relativo aos modos de funcionamento das organizações do terceiro sector, ao mesmo tempo que relevam algumas dificuldades sentidas no domínio das competências de gestão das próprias organizações.

As organizações da sociedade civil italiana podem classificar-se em seis categorias distintas:
- *organizações de carácter voluntário*, de inspiração religiosa ou laica, destinadas a promover acções de solidariedade para com os mais desfavorecidos;
- *associações*, cujo objectivo é o de desenvolver actividades sociais e culturais a favor dos seus membros;
- *movimentos de representação cívica*, que têm como propósito representar os cidadãos na defesa de determinados interesses específicos;
- *empresas sociais*, integrando todo o tipo de empresas sem fins lucrativos, que produzam serviços destinados a grupos de risco ou que envolvam grupos socialmente excluídos na produção desses serviços;

– *movimentos profissionais*, através dos quais se pretende fortalecer o peso de determinadas profissões, nomeadamente, médicos, advogados e jornalistas;
– *organizações de coordenação*, que têm como missão principal articular a actuação das restantes organizações da sociedade civil, bem como promover a formação dos indivíduos que nelas participam.

Desconhece-se o número exacto de organizações que integram cada uma das categorias apontadas, julgando-se, inclusivamente, que, na actualidade, apenas 25% das organizações do terceiro sector italiano se encontrem registadas. Em 1994, as organizações do terceiro sector contavam, em Itália, com cerca de 9.373.000 membros (o que perfaz 23% da população total), dos quais 35,5% eram participantes activos.

Sabe-se, também, que, em 1991, 5.000.000 de indivíduos trabalhavam como voluntários em organizações do terceiro sector, enquanto que o número de efectivos ascendia aos 418.000; tal valor representava 2% do emprego total nacional, o mesmo que o criado pelo sector da banca e dos seguros. Por sua vez, a actividade desenvolvida pelas organizações do terceiro sector correspondia a 1,1% do PIB italiano.

Dada a visibilidade crescente que o terceiro sector tem assumido na economia italiana, assistiu-se, nos últimos dez anos, à produção de um conjunto de diplomas legais destinados a regulamentar as actividades por ele desenvolvidas [202].

No que concerne às fontes de financiamento, o Estado detém um peso preponderante nos orçamentos das organizações do terceiro sector italiano, muito embora, recentemente e na sequência do dispositivo legal aprovado em finais de 1997, os donativos privados venham assumindo uma importância crescente.

Pondera, na Áustria, no âmbito do terceiro sector, uma certa heterogeneidade, decorrente da dimensão das próprias organizações que o integram; assim, para além de organizações de âmbito nacional e regional, geralmente ligadas quer a partidos políticos quer à Igreja Católica, existem múltiplas organizações de carácter local, de reduzida dimensão e sem conotações de natureza política ou religiosa.

---

[202] Cite-se, a título de exemplo, a Lei nº 266 de 1991, relativa ao regime de voluntariado, e o Decreto-Lei nº 460, de 14 de Dezembro de 1997, que estabeleceu um novo regime fiscal para as organizações do terceiro sector.

Um estudo conduzido por Bachstein e Heitzmann, em 1997, relativo à dimensão do terceiro sector na Áustria, mostrava que, à data, existiam, neste país, 82.694 associações sem fins lucrativos, das quais 9.815 (cerca de 12%) actuavam na área da protecção social. De acordo com o mesmo trabalho, um número significativo de organizações, 58.279, o que representa cerca de 71% do total, dedicava-se às áreas da cultura, do desporto e do lazer; em contraponto, um reduzido número de associações prestava cuidados de saúde, apenas 238, o que corresponde a 0,3% do número total.

Não obstante, tanto as organizações que se dedicam a prover serviços de protecção social, como as organizações que prestam cuidados de saúde, detêm um peso significativo no âmbito do terceiro sector austríaco, uma vez que são conjuntamente responsáveis por mais de 2/3 do respectivo volume de actividade.

As organizações sem fins lucrativos empregam, na Áustria, 190.000 pessoas, estimando-se, ainda, que o número de voluntários atinja o milhão de indivíduos.

Já no que concerne às fontes de financiamento, em termos médios, mais de 2/3 dos recursos do terceiro sector austríaco provêm de entidades privadas, sendo, fundamentalmente, constituídos por quotizações e por taxas.

Recentemente, devido a constrangimentos de natureza orçamental, o Estado efectuou alguns cortes no montante das verbas destinadas às organizações sem fins lucrativos, o que obrigou as organizações mais dependentes do erário público a rever as suas estratégias e a equacionar modos alternativos de financiamento.

O terceiro sector finlandês constitui um caso paradigmático de estreita colaboração entre as organizações da sociedade civil e o Estado. Muito embora a Finlândia, à semelhança do que acontece com a generalidade dos países escandinavos, seja promotora de elevados níveis de protecção social, considera-se que a manutenção desses níveis tem sido possível graças à participação e ao envolvimento das organizações da sociedade civil, no domínio das políticas sociais.

Segundo os elementos fornecidos pelo Registo de Associações finlandês existirão, neste país, cerca de 105.000 associações sem fins lucrativos, não entrando em linha de conta com as fundações [203]. Para além

---

[203] A lei finlandesa estabelece a distinção entre *associações sem fins lucrativos* e *fundações*, regulamentadas por legislação também distinta, respectivamente, pela Lei das Associações e pela Lei das Fundações.

disso, um estudo recentemente realizado concluiu que as organizações da sociedade civil são responsáveis por 14% do produto nacional bruto, enquanto que o seu peso na força de trabalho, sem atender ao voluntariado, é de cerca de 3%.

Quanto às fontes de financiamento, estas variam, de modo significativo, no contexto do terceiro sector finlandês. Estima-se, contudo, que 32% dos seus recursos provenham de contribuições estatais e que 61% resultem das actividades desenvolvidas pelas próprias associações. Os restantes 7% correspondem a donativos efectuados por entidades privadas, públicas ou colectivas.

De referir, ainda, que as autarquias desempenham um importante papel no financiamento das associações sem fins lucrativos de feição local.

Por último, o terceiro sector sueco é um dos mais dinâmicos à escala europeia. O seu desenvolvimento tem ocorrido à luz de uma estreita colaboração com o Estado, para a qual têm contribuído vários factores, entre os quais salientamos:
 – a grande descentralização patente ao nível dos serviços públicos de protecção social e de educação;
 – a inexistência de uma igreja forte e independente;
 – a enorme tradição em termos de movimentos cívicos;
 – as próprias características do modelo sueco de Estado de bem--estar.

Prova desse dinamismo é o facto de que se, no início do século, um em cada dez suecos era membro de, pelo menos, uma organização da sociedade civil, em meados dos anos setenta, esse valor já se havia fixado numa proporção de nove para dez.

São de assinalar, contudo, as tendências mais recentes que se observam, na Suécia, ao nível das organizações do terceiro sector.

Antes de mais, assistiu-se, nos últimos anos, a um ligeiro decréscimo do número de membros destas organizações. Esta ocorrência tem lançado perspectivas algo sombrias sobre o cenário de desenvolvimento futuro do terceiro sector sueco.

Para além disso, tem-se verificado o encaminhamento privilegiado das verbas públicas para projectos em áreas específicas, em detrimento dos montantes destinados às organizações do terceiro sector em geral. Paralelamente, são cada vez mais frequentes os projectos em que as figuras do promotor e do beneficiário coincidem, isto é, projectos em que os bens ou os serviços produzidos se destinam a ser consumidos no âmbito do grupo que esteve na sua origem.

Ultimamente, os poderes públicos procederam à transferência de competências, outrora conferidas a organizações de dimensão nacional, para organizações de âmbito local, o que, para estas últimas, constituiu um sinal inequívoco da confiança do Estado nas potencialidades da sua actuação.

Estudos conduzidos neste domínio estimam que existam, actualmente, na Suécia, entre 160.000 e 180.000 organizações sem fins lucrativos. O número total de membros dessas organizações ascende aos 32 milhões de indivíduos, o que nos leva a concluir que cada cidadão sueco é, em média, membro de 4 organizações do terceiro sector. Estas organizações são responsáveis por, aproximadamente, 4% do produto do país [204].

O terceiro sector sueco é maioritariamente autofinanciado, já que, em média, 60% dos seus recursos resultam dos rendimentos gerados pelas actividades por si desenvolvidas; enquanto isso, 11% desses recursos provêm de entidades privadas, cobrindo o Estado o montante remanescente, ou seja, 29%. No âmbito das organizações promotoras de cuidados sociais, essa participação reforça-se consideravelmente, se atendermos a que mais de metade dos seus recursos provêm de fundos públicos.

Esta breve incursão pelo mapa do terceiro sector à escala europeia confronta-nos, de imediato, com a visibilidade crescente das organizações sem fins lucrativos, no contexto das sociedades em que se inserem; tal acorda, aliás, com a observação de Boaventura de Sousa Santos, que logo no início se apontou [205].

Porém, este crescimento deixa escondidas realidades diversas e diferentes ritmos de evolução.

Muito embora as organizações hoje englobadas no âmbito do denominado terceiro sector tenham surgido tendo por base valores globais, partilhados pela Humanidade [206], os actuais estádios de desenvolvimento, nos vários países da União Europeia, parecem resultar, sobretudo, de dinâmicas locais. Os próprios princípios de funcionamento das organizações do terceiro sector – entre os quais destacamos a flexibilidade – tenderam a transformá-las em *localismos* ou, precisando melhor, em *híbridos*, em *glocalismos*, resultantes da interacção de forças globais e locais.

---

[204] Valores referentes a 1992.

[205] Cfr. *supra* Nota Prévia, p. 16.

[206] Apontámos, no capítulo 1, as motivações inerentes ao surgimento das associações do terceiro sector.

Esta parece ser, aliás, uma das virtualidades do terceiro sector, principalmente quando visto em confronto com os dois modos de regulação alternativos; se o Estado e o mercado se caracterizam, respectivamente, pela sua elevada burocratização e pelo seu enorme poder de exclusão, às instituições pertencentes ao terceiro sector compete a criação de espaços autónomos, capazes de promover *soluções locais para problemas globais* ([207]).

É nesse sentido que Laville põe em confronto os conceitos de *solidariedade abstracta*, quando promovida pelo Estado, e de *solidariedade concreta*, quando levada a efeito por instituições conhecedoras quer das necessidades dos utilizadores quer dos condicionalismos dos produtores ([208]).

Importa, também, remarcar que a fortaleza do Estado não implica, necessariamente, a fraqueza do terceiro sector. Se é certo que em alguns países o terceiro sector se desenvolveu, essencialmente, devido à ausência de dispositivos públicos de protecção social ([209]), no contexto europeu, deparamo-nos com situações de coexistência de um Estado forte e de um terceiro sector também ele forte, desempenhando, inclusivamente, importantes papéis no âmbito das políticas sociais. Os países escandinavos constituem exemplos paradigmáticos do que se pretende ilustrar.

Por último, um outro aspecto que resulta da observação dos elementos acima apresentados é o da carência de informação precisa atinente ao terceiro sector. Na verdade, a maioria das referências baseia-se em previsões contidas em estudos conduzidos no âmbito de cada país, estando a preocupação em recolher informação relativa a estas instituições ausente dos respectivos sistemas oficiais de estatísticas.

A inexistência de padrões gerais de aferição dificulta, consequentemente, a comparabilidade das diversas realidades a nível internacional. Na verdade, para além da heterogeneidade patente no terceiro sector à

([207]) Tomamos como referência o entendimento de Lash e Urry relativamente ao capitalismo no nosso tempo; trata-se, segundo os autores, de um *capitalismo desorganizado*, constituído por «problemas globais e apenas soluções locais». Neste sentido, cfr. S. LASH e J. URRY, *Economies of Signs and Space*, p. 285.

([208]) Cfr. J.-L. LAVILLE, *L'économie solidaire – Une perspective internationale*, pp. 81-82.

([209]) Veja-se, a título de exemplo, o caso dos países da América Latina. Por sua vez, em Portugal, parecemos estar em presença de um terceiro sector frágil e, simultaneamente, de um Estado caracterizado pelo seu fraco poder de alcance em matéria de políticas sociais.

escala global, os próprios estudos conduzidos neste âmbito tendem a privilegiar aspectos diversos, consoante as especificidades de cada país.

Neste sentido, devemos atender às palavras certeiras de Rosanvallon, ao denunciar o paradoxo existente entre a crescente produção de estatísticas e o cada vez menor conhecimento da realidade social. Tal resulta, no entendimento do autor, da inadaptabilidade dos indicadores utilizados pelos organismos responsáveis pela produção dessas estatísticas aos novos fenómenos sociais ([210]). Ora, a reemergência do terceiro sector parece ser um *novo fenómeno social* ([211]), caracterizador da pós--modernidade e promotor de novas formas de solidariedade, que escapa, contudo, aos moldes de avaliação tradicionais.

No que se reporta ao domínio concreto do mutualismo, de acordo com a informação prestada pela Association Internationale de la Mutualité ([212]), os seus membros pertencentes aos países da União Europeia contam com cerca de 120 milhões de associados.

([210]) Cfr. P. ROSANVALLON, *La Nouvelle Question Sociale*, pp. 206 e segs., onde o autor sustenta que: «les appareils de connaissance statistique – les nomenclatures qu'ils produisent, les catégories qu'ils utilisent, les concepts qui les organisent – sont globalement décalés par rapport à la realité. Ces appareils ont été conçus et mis en place à partir du XIXème siècle pour saisir une société de classes, cloisonnée, organisée hiérarchiquement, aux mouvements relativement lents. Ils ne sont plus adaptés pour décrire la société actuelle, ou du moins n'en saisissent-ils qu'une part limitée».

Ainda a este propósito, podemos apontar o facto de a maioria das grelhas classificativas dos fenómenos da vida económica e social compreender apenas duas categorias de agentes, públicos e privados, ignorando em absoluto as entidades do terceiro sector.

([211]) Grifámos *novo fenómeno social* pelo facto de o terceiro sector integrar tipos de organizações há muito existentes, sendo, como de início se referiu, uma nova forma de designar uma velha realidade. O carácter de novidade decorre, sobretudo, do tipo de papel que o terceiro sector é hoje chamado a desempenhar, concretamente no domínio da protecção social, onde deverá articular a sua actuação com as dos restantes agentes de regulação.

([212]) A Association Internationale de la Mutualité foi fundada em 1950, tendo como propósitos essenciais:
 a) Propagar e desenvolver, em todos os países, os princípios básicos do mutualismo, em todos os sectores da vida social e, muito principalmente, no que se refere à assistência na doença;
 b) Coordenar e orientar, com um objectivo de interesse geral, os esforços e a actividade das associações;
 c) Permutar informações e confrontar as experiências efectuadas sobre a actividade mutualista nos diferentes países;
 d) Organizar reuniões internacionais;

Segundo esta associação, todos os seus membros desempenham importantes, embora diversificados, papéis no âmbito dos sistemas de Segurança Social dos respectivos países. Assim sendo, na Bélgica, na Alemanha e na Holanda, a gestão do serviço nacional de saúde compete às próprias mutualidades; por sua vez, na Dinamarca, na França, na Irlanda e no Luxemburgo, as associações mutualistas desenvolvem dispositivos complementares aos sistemas públicos de Segurança Social; enquanto isso, no Reino Unido, na Espanha e em Portugal, encontrando--se estes países dotados de um serviço nacional de saúde, as mutualidades funcionam como esquemas alternativos aos serviços públicos.

Em 14 de Julho passado, a Comissão Europeia apresentou uma comunicação intitulada *A concerted strategy for modernising Social Protection* [COM (99) 347 final], através da qual sublinhou a necessidade de intensificação da cooperação ao nível da União Europeia e apelou à participação dos parceiros comunitários, das instituições de Segurança Social e das organizações não governamentais, no processo de modernização dos actuais sistemas de protecção social.

Na sequência desta solicitação, a AIM ripostou, manifestando a sua total disponibilidade para colaborar em tal projecto, considerando-se mesmo um parceiro privilegiado neste domínio, atendendo à sua longa experiência e ao seu conhecimento de realidades diversas a nível internacional.

Não deixa, então, de ser de sublinhar que uma das principais ameaças que pairam, no presente, sobre as organizações do terceiro sector decorra de condicionalismos *externos*, concretamente da sua integração em espaços mais alargados, como é o caso da União Europeia.

Num artigo publicado em 8 de Março de 1995, sob o título «L'économie sociale et l'Europe», o jornal francês Le Monde alertava para os riscos inerentes à transposição para o direito doméstico dos preceitos consagrados nas Directivas de 18 de Junho e de 10 de Novembro de

---

e) Manter-se em estreita ligação com organismos internacionais afins, nomeadamente com a Association Internationale de la Securité Sociale;

f) Publicar toda a documentação e informação de interesse geral concernente ao mutualismo.

Actualmente, a AIM conta com 41 membros, pertencentes a 23 países, sendo, na sua maioria, uniões ou federações de associações mutualistas. Entre os 23 países representados na AIM, 12 são Estados-membros da União Europeia, não pertencendo à AIM nenhum órgão mutualista austríaco, finlandês ou sueco.

No Anexo III, indica-se o elenco dos membros que, no presente, integram a AIM.

1992. Alain Beuve-Méry, autor do artigo, sublinhava o facto de esses perigos serem particularmente evidentes no caso das mutualidades, atendendo a que estas devem garantir a total autonomia das diversas modalidades prosseguidas. Desta feita, tal dispositivo tem a particularidade de equiparar as associações mutualistas a entidades privadas, no contexto das quais cada um dos segmentos explorados deve ser rendível *per se*.

Recorde-se o que se referiu logo no capítulo 1 relativamente aos modos de financiamento das mutualidades [213]. Na verdade, o imperativo da autonomia financeira das diversas modalidades prosseguidas, consagrada, entre nós, pelo artigo 34º do Código das Associações Mutualistas, para além de assemelhar as mutualidades a entidades mercantis [214], que cobram um *preço* pela prestação de um determinado serviço, põe em causa o estabelecimento de laços de solidariedade entre os seus associados.

Tomando como referência o mutualismo francês, Bidet assinala, ainda, a existência de outros riscos que impendem sobre o terceiro sector, que ele denominou de *riscos de banalização* [215], e que podem ser transpostos, com razoável precisão, para o caso nacional.

Bidet refere-se aos efeitos perversos da democraticidade, observáveis, principalmente, após a ocorrência de alargamentos no âmbito da comunidade associativa. Na perspectiva de angariar novos membros que lhes garantam dimensão crítica, as mutualidades podem atrair a si elementos que não comungam dos princípios básicos sobre as quais as mesmas se ergueram. Porém, nas assembleias gerais tais elementos têm direito a voto, tal como os restantes associados, o que pode conduzir as associações a desigualdades de participação e a consequentes défices de democraticidade.

Por outro lado, o princípio da adesão individual e voluntária pode ser posto em risco com a emergência de mecanismos de previdência colectiva, o que limita, seriamente, as liberdades dos cidadãos. Em França, as mutualidades deixaram de ter um cunho territorial para passarem a ter um âmbito profissional, decorrente da obrigatoriedade de os trabalhadores de determinada empresa aderirem a uma associação em particular.

---

[213] Cfr. *supra* ponto 1.1.

[214] Trataremos desta questão de modo mais apurado no ponto 5.2. Porém, para ilustrar esta ideia, sublinhe-se o facto de a idade poder constituir motivo de impedimento do acesso às modalidades de saúde, postas em prática por algumas das associações mutualistas nacionais, conforme teremos ocasião de demonstrar, aquando da apresentação dos resultados obtidos no inquérito realizado.

[215] Cfr. E. BIDET, *L'économie sociale*, pp. 156-161.

Entre nós, a primeira e a segunda linhas de orientação, expressas no Preâmbulo do Decreto-Lei que aprovou o Código das Associações Mutualistas, são claras a este respeito. Contudo, é de atender à situação prevalecente no contexto das 25 associações mutualistas portuguesas, observadas por intermédio de inquérito; estas não só preservam o seu âmbito territorial, como rejeitam, em uníssono, a possibilidade que lhes é conferida por lei de gerirem regimes profissionais complementares de Segurança Social, ao abrigo do número 2 do artigo 7º do Código das Associações Mutualistas [216].

Afirmar a sua especificidade, ou melhor, afirmar as suas virtualidades, num contexto marcado pelos processos de globalização, parece, pois, ser um dos maiores desafios com que actualmente se confrontam as organizações da economia social.

5.2 – Contexto actual do mutualismo português

A actividade das associações mutualistas rege-se, entre nós, pelo Código das Associações Mutualistas, aprovado pelo Decreto-Lei n.º 72/90, de 3 de Março, diploma sobre o qual se afiguram adequadas algumas observações.

Desde logo, do Preâmbulo do referido diploma transparece a preocupação em promover algum distanciamento relativamente ao ordenamento jurídico que, anteriormente, regulamentava as associações mutualistas [217]. De modo claro, reconhece-se, ainda, o desajustamento, à data existente, entre os modos de funcionamento das associações mutualistas e as formas emergentes de complementaridade da protecção social, tendo como referência a evolução que então se fazia sentir no domínio dos esquemas privados de protecção [218].

Assim sendo, no Preâmbulo do citado diploma, anunciam-se sete linhas de orientação, consideradas capazes de dinamizar o movimento

---

[216] Cfr. *infra* pontos 5.2 e 5.3.

[217] É o próprio texto do Preâmbulo que classifica o anterior regime jurídico das associações mutualistas como sendo «um quadro normativo imperfeito e algo desconexo». Esse quadro era composto por dois diplomas de aplicação directa, o Decreto-Lei n.º 347/81, de 30 de Dezembro, e o Decreto Regulamentar n.º 58/81, de 30 de Dezembro, e por um de aplicação supletiva, o Decreto-Lei n.º 119/83, de 25 de Fevereiro, que aprovou o Estatuto das Instituições Particulares de Solidariedade Social.

[218] Atenda-se ao que anteriormente se referiu sobre o surgimento, entre nós, dos planos de pensões. Nesse sentido, cfr. *supra* ponto 4.1.

mutualista português e de o estruturar de forma a satisfazer as necessidades decorrentes de um novo contexto social, económico e profissional.

Em primeiro lugar, reconhecendo-se que a solidariedade de base sócio-profissional é a que melhor se ajusta à complementaridade, defende-se a criação de associações mutualistas que tenham por base a iniciativa de trabalhadores pertencentes a empresas, grupos de empresas ou que integrem o mesmo sector de actividade. No mesmo sentido, já no texto legal, o artigo 6º do Código das Associações Mutualistas prevê, expressamente, a criação de associações de carácter sócio-profissional.

Em segundo lugar, na inferência do princípio primeiramente apontado, pretende-se uma reformulação dos esquemas de benefícios atribuídos; estes devem abandonar a sua base exclusivamente individual, sendo estabelecidas modalidades de benefícios colectivos, destinadas, nomeadamente, aos grupos sócio-profissionais anteriormente apontados. Tal objectivo encontra-se regulamentado, através do artigo 5º do Código das Associações Mutualistas.

Torna-se, então, óbvio que a transformação pretendida, principalmente no que se refere ao alargamento do campo de acção do movimento mutualista português, implica, por seu turno, a reformulação dos seus moldes de financiamento. É com esse propósito que surge a terceira grande linha de orientação do novo ordenamento jurídico, preconizando-se que, apesar de as quotizações dos associados permanecerem como fonte essencial de receitas das associações, outras formas de financiamento deverão ser equacionadas, de modo a assegurar o crescimento adequado das receitas perante o alargamento dos benefícios concedidos. A problemática do financiamento das associações mutualistas é, aliás, uma questão nodal neste trabalho e a ela regressaremos com mais acuidade.

A quarta linha de orientação prevista no Código das Associações Mutualistas decorre da necessidade de clarificar os fins das instituições que visa regulamentar. Esta linha de orientação sublinha o carácter complementar que se vem reivindicando para as mutualidades, no exercício da protecção social, uma vez que, sem prejuízo da possibilidade de acção em outros domínios, aponta a Segurança Social e a saúde como áreas privilegiadas da sua actuação. É este, aliás, o teor do artigo 2º do Código das Associações Mutualistas, sendo que os artigos 3º e 4º definem as modalidades de concretização dessa actuação, respectivamente, nos domínios da Segurança Social e da saúde.

Em quinto lugar, surge a necessidade de, por via da flexibilização dos estatutos das diversas associações, promover a liberdade e a autonomia de organização. Julgamos que tal princípio decorre do efeito conjugado de duas categorias de factores: por um lado, da forte heterogeneidade que se observa no âmbito do mutualismo português, se atendermos a indicadores como a localização geográfica, o número de associados, o montante de benefícios atribuídos e os modos de organização ([219]); por outro lado, o frequente dilema entre aquilo que Boaventura de Sousa Santos denominou de *responsabilização ascendente* e de *responsabilização descendente* ([220]), pretendendo, assim, designar as pressões a que, respectivamente, as associações do terceiro sector ficam sujeitas, quer a montante, quer a jusante, isto é, quer no que se refere às suas fontes de financiamento, quer ao nível das comunidades junto das quais pretendem actuar.

Seguidamente, é apresentada a sexta linha de orientação, referente ao estabelecimento de regras relativas à gestão dos fundos e às aplicações financeiras a realizar pelas associações mutualistas. Nela se prevê a possibilidade de reajustamento entre as quotas a pagar e os benefícios a receber, em função da aplicação de excedentes técnicos.

Por fim, anuncia-se o enfraquecimento da tutela do Estado relativamente às associações mutualistas, ao mesmo tempo que se procura devolver aos associados a capacidade (ou a necessidade) de promoverem os mecanismos inerentes à sua própria protecção.

Um dos pontos centrais inerentes ao modo de funcionamento, no presente, das associações mutualistas portuguesas decorre do preceituado no artigo 34º do Código das Associações Mutualistas, relativo à autonomia financeira das modalidades por elas prosseguidas. Estabelece o citado artigo que «cada modalidade de benefícios deve bastar-se financeiramente a si própria pela integral cobertura das respectivas despesas através de receitas próprias», ao mesmo tempo que «no sistema de financiamento de cada modalidade será definido o encargo que deve ser suportado pelo associado que a subscrever». Ora, estamos em crer que tais disposições introduzem alguma rigidez no modo de financiamento (e de funcionamento) das mutualidades; se, por um lado, impossibilitam a transferência de fundos entre as diversas modalidades prosseguidas, constituem, por outro, um sério entrave ao alargamento da actividade das associações a novas valências, uma vez que só a partir de um determinado patamar de associados inscritos nessas modalidades se conseguirá assegurar a sua autonomia financeira.

([219]) Retomaremos este assunto no ponto seguinte, quando sistematizarmos os resultados obtidos por intermédio do inquérito que se realizou.

([220]) Cfr. B. S. SANTOS, *A Reinvenção Solidária e Participativa do Estado*, p. 27.

Assim sendo, ousaríamos dizer estarmos em presença de um regime de capitalização pura, uma vez que são os próprios associados (ou as suas famílias, nos termos ditados pelo regulamento de benefícios) os únicos beneficiários das quotizações por eles desembolsadas, não havendo, por isso, lugar à ocorrência de transferências entre os associados e logo ao estabelecimento de laços de solidariedade entre os membros inscritos nas diversas modalidades prosseguidas pela associação ([221]).

Tal juízo reforça-se pela leitura do artigo 19º do Código das Associações Mutualistas, relativo à existência de um regulamento dos benefícios previstos no contexto de cada associação. Entre outros elementos, este regulamento deve mencionar, segundo a alínea b) do número 2 do artigo mencionado, «o montante e as condições de atribuição dos benefícios» e, de acordo com a alínea c) do mesmo número, «o montante e o destino das quotizações pagas pelos associados».

Ainda no âmbito dos benefícios a atribuir pelas mutualidades, é de fulcral importância o estabelecido no artigo 20º do Código das Associações Mutualistas, uma vez que nele se prevê a possibilidade de alteração dos benefícios dos associados, de modo a garantir o equilíbrio financeiro de cada modalidade. Desta forma, cada modificação de benefícios dever-se-á fazer acompanhar da alteração do respectivo regulamento, de acordo com o estipulado no artigo 20º do referido Código.

Interessa, então, apurar os processos através dos quais se operam as modificações de benefícios e, sobretudo, o modo como elas são percepcionadas pela comunidade associativa.

É, desde logo, de reter o estipulado, a este respeito, nos artigos 51º, 52º e 53º do Código das Associações Mutualistas.

Assim sendo, enquanto o número 1 do artigo 51º impõe a obrigatoriedade de as associações mutualistas organizarem «balanços técnicos tendo em vista apurar as suas responsabilidades para com associados e, eventualmente, rever a estrutura e os quantitativos das quotas ou benefícios», os artigos 52º e 53º estabelecem que esse reajustamento, em caso de excedente técnico ([222]), deve assumir a forma de melhoria dos benefícios ou de redução do montante das quotas.

([221]) Veja-se, em contraponto, a situação vigente no domínio dos sistemas públicos de protecção social, concretamente no âmbito dos sistemas públicos de pensões, que assentam em esquemas de financiamento por repartição.

([222]) Estamos perante um excedente técnico quando, no âmbito de cada modalidade, o valor do fundo permanente for superior ao valor das respectivas reservas matemáticas, de acordo com o definido pelo artigo 53º do Código das Associações Mutualistas.

Curiosamente, não se prevê a eventualidade de uma redução dos benefícios dos associados, muito embora o modelo de financiamento concebido para as associações mutualistas, baseado em esquemas de capitalização, pareça afastar tal possibilidade.

Ainda no que se reporta às fontes de financiamento, é a própria lei que estabelece um tratamento mais favorável para determinado tipo de mutualidades, concretamente para aquelas que têm associadas caixas económicas. Assim sendo, o artigo 60º do Código das Associações Mutualistas impõe que só poderão contrair empréstimos no mercado de capitais «as associações mutualistas com activo imobilizado superior a 5 milhões de contos e que tenham anexas caixas económicas cujo capital seja superior a 1 milhão de contos».

É, pois, bastante restrito o número de mutualidades a cumprir tais requisitos, não sendo, então, de estranhar que algumas das associações mutualistas que mais se destacam, no panorama nacional, se encontrem ligadas a caixas económicas ([223]).

O conteúdo do artigo 60º anuncia, contudo, um curioso trilho de pesquisa, que é o da interligação existente entre mutualismo e sistema financeiro, ou, precisando melhor, entre associações mutualistas e caixas económicas. Neste domínio, são múltiplas as questões que se colocam e múltiplas são as hipóteses de trabalho que poderiam ser avançadas.

Uma outra questão pertinente, em sede das associações mutualistas, é a de apurarmos a forma como nelas decorre o processo de tomada de decisões.

Para tanto, devemos atender ao capítulo V do Código das Associações Mutualistas, relativo aos modos de organização e de funcionamento, onde se prevê a existência de cinco órgãos no âmbito das mutualidades, a saber:
– a assembleia geral (artigos 61º a 74º);
– a assembleia de delegados (artigos 75º e 76º);
– a direcção ou o conselho de administração (artigos 79º a 82º);
– o conselho fiscal (artigos 83º e 84º);
– o conselho geral (artigos 85º e 86º).

([223]) Referimo-nos, em concreto, ao Montepio Geral – Associação Mutualista, que tem anexa a Caixa Económica Montepio Geral e ao Montepio Comercial e Industrial – Associação de Socorros Mútuos, que se encontra ligado à Caixa Económica Comercial e Industrial.

Enquanto que a existência deste último é de carácter facultativo, a assembleia de delegados encontra-se apenas prevista para o caso das associações de âmbito nacional, de acordo com o disposto no número 1 do artigo 75º do mencionado Código. Ora, tanto quanto nos é dado observar, do leque das associações mutualistas actualmente em funcionamento no nosso país, apenas o Montepio Geral possui tal dimensão, sendo reservada às restantes uma feição marcadamente local.

De regresso ao estudo do processo decisório, diremos que, muito embora, em assembleia geral, as deliberações mais comuns sejam tomadas por maioria simples de votos expressos, nas assembleias gerais extraordinárias, as deliberações que envolvam o aumento dos encargos ou a redução das receitas da associação, a alteração dos estatutos ou do regulamento de benefícios, a cisão, fusão, integração ou dissolução da associação, bem como a demanda dos titulares dos órgãos associativos por actos praticados no exercício das suas funções, devem ser tomadas fazendo respeitar uma maioria qualificada de dois terços dos associados presentes ou representados na sessão, de acordo com o estabelecido pelos números 1 e 2 do artigo 71º do Código das Associações Mutualistas.

Além dos aspectos de natureza processual, ocorre referir o teor das competências dos órgãos apontados e, sobretudo, ponderar o poder de alcance do exercício dessas competências sobre o rumo a tomar pelas associações.

Os poderes da assembleia geral, em matéria de gestão, encontram-se definidos no artigo 63º do Código das Associações Mutualistas, concretizando-se na aprovação dos planos de acção, dos orçamentos e dos relatórios de contas, na deliberação em caso de aquisição ou alienação de imobilizado e em caso de contracção de empréstimos e na fixação da remuneração dos titulares dos órgãos associativos, sempre que esta tenha lugar.

Já as competências do órgão executivo, a direcção ou o conselho de administração, conforme os casos, decorrem do disposto pelo artigo 80º do Código das Associações Mutualistas. Entre elas, relevam, sobretudo, os poderes relativos à admissão de associados e à efectivação dos direitos dos beneficiários, previstos, respectivamente, nas alíneas a) e b) do citado artigo. Isto porque muito embora na alínea d) do número 1 do artigo 8º se considere não poder haver restrições no tocante à admissão de sócios, nem discriminações resultantes de um certo número de factores, desde a raça à nacionalidade, já a alínea d) do artigo 18º, relativo ao conteúdo dos estatutos, estabelece que estes devem mencionar «o modo e as condições de admissão dos associados»; ao mesmo tempo, a alínea c) do mesmo artigo impõe que nos referidos estatutos deva constar o âmbito da associação, podendo este ser «territorial, profissional, de actividade, de empresa ou de grupo de empresas».

O processo de tomada de decisões, assente no princípio da democraticidade, possibilita, sobretudo, aos associados das mutualidades o direito de participação nas decisões tomadas e, consequentemente, a influência directa sobre o encaminhamento da própria associação, sendo esse, aliás, um dos seus elementos basilares ([224]). Em contraponto, os sistemas públicos de protecção social cresceram e desenvolveram-se dotados de um cunho generalista e, por vezes, afastados das realidades sobre as quais visam actuar.

Esse desfasamento acentua-se perante a emergência de *novos riscos sociais*, para os quais, porém, os sistemas públicos de assistência estão longe de possuir formas de cobertura adequadas. Esta observação redimensiona, ampliando, a questão que inicialmente se colocou, atinente ao potencial das associações mutualistas no exercício de um papel activo num contexto de renovação das políticas sociais.

Por seu turno, o carácter voluntário que distingue as associações mutualistas confere-lhes um certo *atributo de adequabilidade*, o qual ganha acuidade se confrontarmos o movimento mutualista com o modo público de produção dos serviços de protecção social. Enquanto que os sistemas estatais são universalistas por excelência, colocando à disposição dos utentes um produto tipificado e uniforme, no âmbito das mutualidades são os detentores de determinado leque de necessidades que se organizam, sob a forma de associação, no intuito de encontrarem meios para as satisfazer. Deste modo, as associações mutualistas aparecem-nos como sendo promotoras de maior flexibilidade, especialmente quando comparadas com o gigantismo que se associa aos modos de produção estatal.

Por último, cumpre-nos apontar os desenvolvimentos mais recentes ocorridos no âmbito do movimento mutualista nacional. Paradigmático da renovação que se lhe tem apontado é o surgimento de uma nova associação mutualista, a AMUSA – Associação Mutualista dos Trabalha-

---

([224]) A democraticidade constitui, como se referiu, um dos princípios fundamentais do mutualismo. O princípio da democraticidade encontra-se, entre nós, consagrado no número 1, alínea f), do artigo 8º do Código das Associações Mutualistas, que estabelece que o direito de voto se exerce através da «atribuição de um voto a cada associado».

dores da Saúde, cuja escritura de constituição ocorreu a 16 de Novembro de 1998 ([225]).

Destinada aos trabalhadores das instituições e serviços que integrem o Sistema Nacional de Saúde, bem como aos de outros organismos que dependam do Ministério da Saúde ([226]), a AMUSA conta com um universo de 120.000 potenciais aderentes, muito embora não possua, de momento, qualquer associado efectivo, em virtude de os respectivos estatutos e o regulamento de benefícios não se encontrarem ainda registados, ao abrigo do disposto no número 2 do artigo 15º do Código das Associações Mutualistas.

De assinalar a notoriedade que os sócios fundadores da AMUSA assumem na vida pública portuguesa, tal como se dá conta na edição de Dezembro de 1998 da publicação *Mut-Actual* ([227]). Na mesma publicação, apontam-se as causas que estiveram na base do surgimento desta

---

([225]) Temos notícia que, de acordo com a indicação da União das Mutualidades Portuguesas, em 24 de Maio de 1999, se procedeu à assinatura da escritura de constituição da Associação dos Trabalhadores da Solidariedade e da Segurança Social, que, como o próprio nome indica, se destina a congregar os trabalhadores da solidariedade e da segurança social.

Não deixa de ser curioso o facto de as duas associações mutualistas, recentemente criadas entre nós, resultarem do agrupamento dos próprios trabalhadores da protecção social.

([226]) O artigo 9º dos Estatutos da AMUSA estabelece, no número 1, alínea a), que podem ser associados efectivos «os trabalhadores das Instituições e Serviços que integram o Sistema Nacional de Saúde e de outros Organismos dependentes do Ministério da Saúde, ou que exerçam a sua actividade no âmbito deste Ministério», bem como os respectivos «cônjuges, descendentes, ascendentes e equiparados» [alínea b) do número 1 do mesmo artigo, dos referidos Estatutos]. Assim sendo, a AMUSA identifica-se por ser uma associação de âmbito profissional, de acordo com o previsto na alínea c) do artigo 18º do Código das Associações Mutualistas.

([227]) Entre os sócios fundadores da AMUSA, destacam-se os seguintes nomes: Maria de Belém Roseira (ex-Ministra da Saúde e actual Ministra da Igualdade); Francisco Ventura Ramos (ex-Secretário de Estado da Saúde); Vítor Melícias (Presidente da União das Misericórdias Portuguesas e da Assembleia Geral da União das Mutualidades Portuguesas); António Maldonado Gonelha (Presidente da União das Mutualidades Portuguesas); Leonor Beleza (ex-Ministra da Saúde); Paulo Mendo (ex-Ministro da Saúde); António Correia de Campos (Presidente do Conselho de Administração do Instituto Nacional de Administração e Presidente da Comissão do Livro Branco da Segurança Social); Albino Aroso (ex-Secretário de Estado da Saúde) e José Carlos Lopes Martins (ex-Secretário de Estado da Saúde).

Cfr. UMP, «Associação Mutualista dos Trabalhadores da Saúde dá os primeiros passos», p. 4.

nova mutualidade: «a constituição da AMUSA resulta da consciencialização dos trabalhadores da Saúde para o facto de a cobertura das necessidades sentidas no âmbito da protecção e segurança social nos domínios da velhice, invalidez e sobrevivência não ter uma resposta satisfatória, quer do regime geral, quer dos esquemas integrantes de acção social complementar» ([228]).

As modalidades de benefícios prosseguidas pela AMUSA concretizam-se através de três tipos de planos mutualistas, o Plano Individual de Reforma, o Plano de Solidariedade Familiar e o Plano de Sobrevivência Familiar ([229]). A eles teceremos comentários mais circunstanciados no ponto seguinte, concretamente quando pusermos em confronto o regime fiscal que recai sobre os planos mutualistas e o regime fiscal que tributa os planos de poupança disponibilizados pelas entidades do sector privado.

5.3 – As potencialidades e os limites do mutualismo em Portugal

5.3.1 – Algumas questões fundamentais

Ao procurarmos equacionar as potencialidades e os limites do movimento mutualista português, no exercício de um papel activo, num contexto de refundação das políticas sociais, múltiplas são as questões que se nos colocam.

Desde logo, estamos em crer que tal avaliação deverá ocorrer tendo como pano de fundo a actuação do Estado português em matéria de protecção social.

Uma vasta, embora recente, literatura, dedicada ao modelo europeu de Estado-Providência, reconhece a existência de traços comuns entre as

---

([228]) Cfr. UMP, «Associação Mutualista dos Trabalhadores da Saúde dá os primeiros passos», pp. 2-3.

([229]) Estes planos dão corpo aos fins anunciados no artigo 4º dos Estatutos da AMUSA, o qual estabelece o seguinte: «Na concretização dos seus fins de segurança social, a Associação pode, entre outras, prosseguir as seguintes modalidades de benefícios:
  a) Prestações de invalidez, de velhice e de sobrevivência;
  b) Prestações pecuniárias por doença, maternidade, desemprego, acidentes de trabalho ou doenças profissionais;
  c) Capitais pagáveis por morte ou no termo de prazos determinados».
  É, sobretudo, de sublinhar o facto de esta nova associação ter privilegiado como área de actuação o domínio das pensões, atendendo a que este tem sido apontado como um dos pontos nevrálgicos no âmbito da refundação dos sistemas de Segurança Social.

políticas sociais levadas à prática pelos países do Sul da Europa, a saber, Portugal, Espanha, Grécia e Itália, que as individualizam no contexto europeu ([230]). Para além dos fracos níveis de protecção social proporcionados ([231]), ponderam, entre esses traços, a manutenção de elevados clientelismos e a existência de uma forte promiscuidade entre agentes públicos e privados, principalmente no domínio da prestação dos cuidados de saúde ([232]).

Se atendermos à composição das despesas de protecção social nestes países, também ela é reveladora de algumas das disparidades que anteriormente se apontaram ([233]). Assim sendo, as pensões detêm um peso relativo maior que nos restantes países europeus, muito embora os benefícios concedidos, em termos comparativos, sejam menores. Facto que não deixa de ser curioso, sobretudo se considerarmos que a população dos países meridionais, à semelhança do que acontece com a Irlanda, é a relativamente menos envelhecida do espaço da União Europeia. Da preponderância das pensões resulta que outros tipos de prestações tenham um peso pouco significativo no valor total das despesas de protecção social; tal é o caso das prestações de apoio à família e à maternidade e dos montantes destinados a subsídios de desemprego.

([230]) Cfr., por todos, o trabalho de FERRERA, intitulado «The 'Southern' Model of Welfare in Social Europe".

([231]) Relativamente aos níveis de protecção social proporcionados nos diversos países da União Europeia, cfr. *supra* quadro 2, capítulo 2.

([232]) Na comunicação apresentada nos *Rencontres de Florence*, Ferrera identifica sete traços comuns capazes de caracterizar (e de individualizar) os sistemas de protecção social da Europa do Sul, a saber:
– o carácter dual e bipolarizado das prestações, favorecendo, de modo claro, o acesso aos benefícios através de uma base profissional;
– o grande peso das prestações de velhice, em detrimento de outro tipo de prestações;
– o carácter universal dos sistemas de saúde, em contraponto com os sistemas de manutenção de rendimentos, estes últimos altamente fragmentados e sectorizados;
– a fraca penetração do Estado na esfera da protecção social;
– a permanência de fortes clientelismos;
– a fraca eficácia dos serviços;
– o forte peso da economia informal e a repartição desigual da carga fiscal entre os diversos grupos sociais e profissionais.

Neste sentido, cfr. M. FERRERA, «Introduction générale», pp. 16 e segs.

([233]) Sobre a composição das prestações sociais nos países da União Europeia, cfr. Anexo I.

Não pretendemos, desta forma, elaborar um estudo exaustivo sobre as políticas sociais na Europa do Sul. Procuramos, apenas, estar na posse de algumas das especificidades que caracterizam o modelo nacional de protecção social, de modo a podermos discernir, com mais clareza, os modos de articulação entre as políticas sociais promovidas pelo Estado e a actuação das associações mutualistas.

Valerá, aqui, referir que o actual modelo de protecção social português resulta da sua própria dinâmica histórica, sendo que esse percurso se encontra marcado mais por aspectos negativos do que por ocorrências positivas. Entre os aspectos negativos, destaca-se o carácter tardio com que o Estado português legislou em matéria de protecção social, sendo de sublinhar que, entre os países que actualmente integram a União Europeia, foi em Portugal que a adopção de políticas sociais se verificou ulteriormente ([234]).

Recorrendo à sistematização proposta por Guibentif, nela encontramos assinalados alguns dos acontecimentos que condicionaram a evolução do sistema de protecção social em Portugal ([235]). Assim, o autor assinala a Implantação da República, em 5 de Outubro de 1910, o golpe de Estado de 28 de Maio de 1926 e a Revolução de 25 de Abril de 1974, como sendo os marcos determinantes desse percurso.

Interrogando-se sobre as razões pelas quais o Estado Novo não tirou partido do movimento mutualista que, à data, se fazia sentir em Portugal, Guibentif responde afirmando a necessidade sentida pelo poder político em eliminar «todas as formas de organização autónoma de acção e de debate no seio da sociedade civil» ([236]).

Tal necessidade subentende-se, aliás, do próprio texto da Lei n.º 1884, de 16 de Março de 1935. O novo ordenamento previa a criação de *caixas sindicais de previdência*, com base em acordos a estabelecer, por sectores de actividade, entre os sindicatos e as associações patronais.

([234]) Através da Lei n.º 1884, de 16 de Março de 1935, muito embora a primeira tentativa de instauração de um sistema de seguros sociais obrigatórios, em matéria de doença, acidente de trabalho, velhice, invalidez e sobrevivência, remonte, entre nós, a 1919. Porém, ocorrências várias, entre as quais figura o distanciamento entre os organismos produtores deste ordenamento e os restantes actores sociais, ditaram que o sistema, cuja gestão ficou a cargo do ISSOPG (Instituto de Seguros Sociais Obrigatórios e de Previdência Geral), tivesse conhecido desenvolvimentos muito modestos.

([235]) Cfr. P. GUIBENTIF, «Les transformations de l'appareil portugais de Sécurité sociale».

([236]) Cfr. *ibidem*, p. 54.

Enquanto isso, o mutualismo português entrava numa fase de forte declínio.

Porém, na sequência da Lei n.º 1884, assistiu-se ao surgimento de diversos tipos de caixas, caracterizadas por uma forte heterogeneidade, resultado da latitude permitida pela própria lei, e obedecendo a uma distribuição geográfica irregular, isto é, maioritariamente localizadas no litoral do país.

Uma vez confrontado com tal situação, o Estado português levou à prática, a partir de 1946, um conjunto de medidas que visavam, fundamentalmente:

– o reforço do papel dos organismos centrais na gestão dos diversos tipos de caixas, concretamente, por intermédio da criação de *federações das caixas de previdência*;
– a uniformização dos modos de funcionamento dos diversos tipos de caixas, através da adopção de um modelo comum de estatutos;
– o alargamento do âmbito da protecção social a todo o território nacional, por meio da criação de caixas distritais de previdência;
– a articulação entre os sectores da previdência, da assistência social e da saúde.

Com a Lei n.º 2115, de 1962, reconhece-se o início da intervenção directa do Estado português no domínio da protecção social. Porém, tal diploma vem apenas consagrar algo que há muito se vinha verificando, uma vez que, confrontado com a ausência de iniciativas no âmbito da sociedade civil, o Estado, desde 1940, chamara a si a faculdade de, ele próprio, criar caixas de previdência e, desde 1943, defendera a possibilidade de alargamento do campo de acção das caixas existentes a novas categorias de beneficiários, para além das medidas de carácter reformador já anteriormente apontadas.

De 1969 a 1973, a história da protecção social portuguesa entra num novo período, que ficaria conhecido pelo designativo de «Estado social» marcelista.

Das medidas tomadas ao longo do espaço de tempo mencionado, saliente-se a ausência de alcance reformador relativamente às estruturas sobre as quais se foi erguendo o aparelho de protecção social português. Já no que se refere às prestações, o período em apreço saldou-se por uma efectiva melhoria dos níveis de protecção social proporcionados.

É, ainda, de sublinhar o facto de ter sido durante este período que, pela primeira vez, a expressão «segurança social» foi utilizada no discurso político português, através da criação, por Marcello Caetano, a escassos meses da Revolução de 1974, do Ministério das Corporações e da Segurança Social.

Tal organismo acabaria, contudo, por ser extinto, na sequência das transformações postas em curso após o 25 de Abril de 1974. Entre essas transformações, distinguiremos entre as reformas de carácter organizacional e as alterações ocorridas ao nível das prestações concedidas, embora umas e outras se encontrem profundamente correlacionadas.

No âmbito das primeiras, emerge, desde logo, a pretensão de desmantelar todas as estruturas ligadas ao regime anterior, em particular as estruturas de feição corporativista.

Nesse sentido, procedeu-se à dissolução do Instituto Nacional de Trabalho e da Previdência, ao mesmo tempo que o anterior Ministério das Corporações e da Segurança Social foi substituído por dois novos organismos, o Ministério do Trabalho e o Ministério dos Assuntos Sociais.

No domínio da saúde, foi criado um serviço nacional de saúde, através da colocação dos antigos serviços médico-sociais das caixas de previdência sob a responsabilidade de um novo organismo, as administrações regionais de saúde, ao mesmo tempo que se nacionalizaram os hospitais pertencentes às Misericórdias.

As transformações que se vêm apontando acordam com os princípios definidos pela Lei Constitucional de 1976, em matéria de direitos sociais, onde, em particular, por intermédio dos seus artigos 63° e 64°, se consagram, respectivamente, os direitos à segurança social e aos cuidados de saúde.

No plano das prestações, verificou-se, após a Revolução de Abril de 1974, um acréscimo significativo dos montantes a elas destinados. Em termos qualitativos, assistiu-se, por seu turno, à emergência de novas modalidades, concretamente, das prestações de desemprego e de uma pensão social, resultando esta última, anos mais tarde, no actual regime não contributivo.

Porém, desta breve incursão na história do sistema de protecção social português, resulta claro o fraco peso da sociedade civil na definição dos modelos que foram sendo adoptados. A respeito do tal *movimento pendular* que de início equacionámos, ocorre sublinhar o forte declínio observado no contexto do mutualismo português após 1935; enquanto isso, as políticas então postas em prática tiveram, também elas, um poder de alcance muito reduzido.

Prova da pertinência de uma eventual complementaridade foi, entre nós, a realização do VIII Congresso do Mutualismo, nos dias 11 e 12 de

Novembro de 1998, sob a égide do lema «O Mutualismo e as Reformas da Segurança Social e da Saúde». Este evento acabou «por constituir um forte compromisso para com os dirigentes mutualistas que, implicitamente, ficaram com a responsabilidade moral de apetrechar tecnicamente as mutualidades para enfrentarem as novas exigências» ([237]). Ao mesmo tempo, nas *Conclusões* do citado Congresso sublinha-se, ainda, que «a reforma da segurança social deve ser feita dentro dela própria» e que «o desenvolvimento da protecção complementar não deve ser feito à custa dos regimes legais» ([238]).

Assim sendo, se reconhecermos o papel de complementaridade às associações mutualistas, importa, pois, que equacionemos a sua posição relativamente a outras entidades susceptíveis de exercerem funções análogas, concretamente as instituições do sector privado. O mesmo é questionar se disporão as associações mutualistas de um enquadramento que lhes permita desenvolver a sua actividade em condições idênticas às das suas congéneres mercantis.

Reportando-nos, em concreto, à área das pensões, tomemos como referência os planos mutualistas promovidos pela AMUSA. Tal como apontámos anteriormente, esta associação coloca à disposição dos seus associados três tipos de planos: o Plano Individual de Reforma, o Plano de Solidariedade Familiar e o Plano de Sobrevivência Familiar. Enquanto que os dois primeiros têm em vista a atribuição de uma pensão vitalícia e mensal, a partir de uma idade pré-estabelecida, o último visa outorgar um subsídio a um determinado beneficiário, pagável por um período de dez anos, sob a forma de renda mensal constante, em caso de morte do subscritor.

Os planos mencionados são, desde logo, portadores de algumas similitudes relativamente aos *produtos* de poupança colocados no mercado pelas entidades privadas, concretamente pelas seguradoras e pelas sociedades gestoras de fundos de pensões. À semelhança do que acontece em determinados planos de poupança reforma, também aqui se procede à capitalização dos montantes entregues durante a vigência do plano, sendo estes retribuídos ao(s) seu(s) subscritor(es)/beneficiário(s) sob a forma de pensão mensal vitalícia, exigindo-se um período mínimo de quotização de cinco anos.

([237]) Cfr. UMP, *Relatório e Contas de 1998*, p. 5.
([238]) Cfr. UMP, *VIII Congresso de Mutualismo 1998 – Conclusões*, p. 7.

As diferenças a apontar resultam do facto de estes planos obrigarem a uma quotização mensal, ao contrário dos planos promovidos pelas seguradoras e pelas sociedades gestoras de fundos de pensões, nos quais pode ocorrer apenas uma entrega anual [239]. Outra distinção a fazer é a que decorre do estabelecimento, nos planos mutualistas propostos pela AMUSA, de limites mínimos (20.000$00) e limites máximos de subscrição (100.000$00), o que não acontece no caso dos seus congéneres privados [240].

Porém, para além das divergências de carácter formal, tanto os planos mutualistas como os planos privados são portadores de similaridades funcionais, isto é, destinam-se a cumprir idêntica função, cobrindo o mesmo tipo de riscos.

As dissemelhanças fundamentais a assinalar ocorrem, contudo, ao nível do contexto em que ambas as alternativas se desenvolvem.

Uma limitação que, de imediato, se coloca, é a da ocorrência de diferentes graus de penetração da informação na sociedade; enquanto que as associações mutualistas, embora existam em número francamente superior, têm, regra geral, uma implantação que não excede o âmbito regional, as seguradoras e as sociedades gestoras de fundos de pensões, por intermédio da rede de balcões dos grupos financeiros em que se integram, fazem chegar os seus produtos a um leque muito diversificado e alargado de cidadãos, disseminados por todo o território nacional [241].

---

[239] Na realidade, os *produtos* propostos pelos sistemas privados de previdência, concretamente os planos de pensões, parecem ser promotores de maior flexibilidade do que os planos mutualistas. Essa flexibilidade observa-se, por exemplo, no momento do resgate: sendo que, nos planos mutualistas, o resgate se concretiza através da atribuição de uma renda mensal vitalícia, nos planos privados, para além dessa modalidade, prevê-se a possibilidade da ocorrência de um único pagamento ou, ainda, uma combinação das duas formas anteriores.
Sobre o sector privado dos planos de pensões, cfr. *supra* ponto 4.1.

[240] Ilustrativo da heterogeneidade existente no contexto do mutualismo português é o facto de uma outra associação, também ela de âmbito profissional – concretamente a Caixa Auxiliar dos Estivadores do Porto de Lisboa e Centro de Portugal – prever, no seu Regulamento Interno de Benefícios, a atribuição de pensões de velhice, no montante de 2.400$00 mensais, para os associados com um tempo de inscrição compreendido entre os 10 e os 25 anos, e de 2.600$00, para os associados com mais de 25 anos de quotização.

[241] Atenda-se ao que anteriormente se referiu sobre o papel desempenhado pelas seguradoras e pelas sociedades gestoras de fundos de pensões na divulgação, ao cidadão comum, da existência de uma eventual crise dos sistemas públicos de protecção social, principalmente logo no início dos anos noventa. Neste sentido, cfr. capítulo 4.

Outra questão a reter diz respeito ao tratamento fiscal preconizado para cada um dos tipos de planos em apreço. Um dos aspectos, que tem dado o mote a um número significativo dos protestos efectuados pelo movimento mutualista, resulta do diferente tratamento fiscal dado às modalidades de protecção, postas em prática pelas mutualidades, comparativamente com os produtos financeiros de carácter previdencial, colocados no mercado por instituições com fins lucrativos. Na verdade, o regime fiscal que incide sobre os produtos privados é francamente mais favorável do que o que recai sobre os planos mutualistas, ao permitir maior montante de redução à colecta dos subscritores ([242]).

([242]) De acordo com o estipulado no artigo 80º-I, número 1, alínea b), do Código do IRS, aditado pelo artigo 9º, número 4, da Lei nº 87-B/98, de 31 de Dezembro, são dedutíveis à colecta 25% das despesas efectuadas com contribuições para fundos de pensões ou outros regimes complementares de segurança social, desde que tenham sido comprovadamente tributados como rendimento do sujeito passivo, com os limites de 10.000$00, no caso de sujeitos passivos não casados ou separados judicialmente de pessoas e bens, ou de 20.000$00, tratando-se de sujeitos passivos casados e não separados judicialmente de pessoas e bens.
Por sua vez, atendendo ao estabelecido pelo número 2 do artigo 21º do Estatuto dos Benefícios Fiscais, pela redacção que lhe é conferida pelo artigo 42º, número 1, da Lei nº 87-B/98, de 31 de Dezembro, são dedutíveis à colecta 25% do montante das entregas efectuadas a título de planos individuais de poupança reforma (os vulgarmente designados PPR), com o limite máximo do menor dos seguintes valores: 5% do rendimento total bruto englobado e 107.000$00 por sujeito passivo não casado ou por cada um dos cônjuges não separados judicialmente de pessoas e bens.
Ora, se os planos mutualistas caem no âmbito da primeira situação, já os planos de poupança reforma beneficiam de montantes de dedução francamente superiores. É, aliás, a própria lei que diferencia planos mutualistas de planos de poupança reforma, ao confiar, em exclusivo, a gestão deste últimos às sociedades gestoras de fundos de pensões e às seguradoras do ramo «vida», conforme já se referiu no capítulo anterior.
Esta diferenciação acentua-se se atendermos ao facto de o limite de dedução à colecta de 20.000$00, permitido por lei, no caso de sujeitos passivos casados e não separados judicialmente de pessoas e bens, englobar também os montantes dispendidos a título de prémios de seguros de vida e de acidentes pessoais, conforme decorre do estipulado na alínea a) do número 1 do artigo 80º-I, do CIRS; enquanto isso, as deduções relativas a planos de poupança reforma são autónomas, ao abrigo do artigo 21º do EBF.
De notar que mesmo antes das recentes alterações, introduzidas pela Lei nº 87--B/98, já os planos de poupança reforma permitiam um abatimento à matéria colectável com o limite máximo do menor dos seguintes valores: 20% do rendimento total bruto englobado ou 418.000$00 por sujeito passivo não casado ou por cada um dos cônjuges não separados judicialmente de pessoas e bens; enquanto isso, os montantes de abatimento permitidos aos planos mutualistas, pelo artigo 55º, número 1, alínea f) do CIRS, eram de 36.000$00, tratando-se de sujeitos passivos não casados ou separados judicialmente

O próprio ordenamento legal parece, assim, impôr entraves ao desenvolvimento futuro das associações mutualistas. Para além do exercício de uma função complementar no âmbito das políticas de protecção social, o mutualismo vem reivindicando, ao mesmo tempo, um tratamento adequado por parte do Estado, concretamente no reconhecimento da sua importância estratégica no estabelecimento de eventuais parcerias no domínio das referidas políticas.

Assim sendo, a questão que inicialmente colocámos surge-nos, agora, redimensionada, uma vez que a actuação dos poderes públicos é duplamente condicionante do papel que as mutualidades poderão exercer num contexto de refundação das políticas sociais. Se, por um lado, a sua *actuação directa*, enquanto agente produtor de serviços sociais, deixa maior ou menor eventual espaço de acção às associações mutualistas, é certo, também, que a *actuação indirecta* do Estado, por via dos mecanismos legais que lhes põe ao dispôr, afectará decisivamente o desempenho futuro das associações mutualistas em matéria de políticas sociais.

5.3.2 – Metodologia utilizada

O inquérito que de seguida se descreve, e cujo formulário se inclui em anexo ([243]), foi estruturado com o propósito de avaliar a capacidade de as associações mutualistas exercerem um papel activo num contexto de refundação das políticas sociais.

Nesse sentido, para além do apuramento de todo um conjunto de elementos de natureza objectiva relativos às associações, tais como a

---

de pessoas e bens, ou 72.000$00, no caso de sujeitos passivos casados e não separados judicialmente de pessoas e bens.

Por último, cumpre referir que a Lei nº 87-B/98 só preconiza um tratamento mais favorável para os sujeitos passivos, tanto no caso dos planos mutualistas como no caso dos planos de poupança reforma, se estes forem tributados, em sede de IRS, a uma taxa igual ou inferior a 25%. Se tomarmos como exemplo os 36.000$00 de abatimento à matéria colectável, permitidos pelo ordenamento anterior, no âmbito dos planos mutualistas, a eles correspondia uma *poupança fiscal* de 9.000$00 ou de 14.400$00, no caso de o sujeito passivo ser tributado, respectivamente a 25% ou a 40%. Da mesma forma, tendo por base os 418.000$00 de abatimento à matéria colectável, outrora possíveis no caso dos planos de poupança reforma, verificar-se-ia uma *poupança fiscal* de 104.500$00 ou de 167.200$00, consoante o sujeito fosse tributado a 25% ou a 40%. A imposição da dedução à colecta nos moldes anteriormente descritos, em vez do abatimento à matéria colectável, só é, assim, vantajosa para os sujeitos passivos tributados, em sede de IRS, a uma taxa igual ou inferior a 25%.

([243]) Cfr. Anexo IV.

data de constituição, o número de associados e as áreas de actuação, julgou-se adequado conhecer o entendimento das mutualidades relativamente a questões que podem, de alguma forma, condicionar o exercício desse papel. Entre essas questões, salientamos o modelo de financiamento actualmente em vigor, a adequabilidade dos apoios do Estado, o relacionamento com a União das Mutualidades Portuguesas e com instituições congéneres e, ainda, as perspectivas futuras de evolução. Estruturámos, pois, este inquérito de modo a que os resultados obtidos possam espelhar os pontos fortes e os pontos fracos das associações mutualistas e, sobretudo, evidenciar os receios e os constrangimentos com que as associações mutualistas se confrontarão num futuro próximo.

Desde logo se colocou a questão de saber qual o universo a considerar para efeitos de lançamento do inquérito. Nesse sentido, contactou-se a União das Mutualidades Portuguesas, que informou, ela própria, desconhecer o número exacto de associações mutualistas existentes, no presente, entre nós, muito embora se estime que estas sejam cerca de noventa [244].

Assim sendo, e fundamentalmente por razões de operacionalidade, optou-se por considerar como universo das associações mutualistas portuguesas as cento e oito associações apontadas por Jorge Silveira no seu estudo *O Mutualismo em Portugal* [245] e cujo elenco se apresenta em anexo [246]. Porém, das cento e oito associações mutualistas, o inquérito foi distribuído apenas por cem, em virtude de relativamente a oito delas não se dispor de elementos suficientes para contacto [247].

---

[244] São em número de noventa as associações mutualistas que mantêm um contacto regular com a União. De acordo com a informação prestada por esta entidade, já foi solicitada a colaboração do Registo Nacional de Pessoas Colectivas, no sentido de apurar o número de organizações que se encontram registadas como *associação mutualista* ou *associação de socorros mútuos*, não tendo, contudo, havido uma resposta adequada por parte deste organismo.

De momento, a União das Mutualidades Portuguesas encontra-se em fase de elaboração de um *Anuário* das mesmas, estando, para o efeito, a contactar as autarquias locais, de modo a conhecer a situação em que se encontram as diversas associações que há muito não recorrem aos serviços da União.

[245] Cfr. J. SILVEIRA, *O Mutualismo em Portugal*, pp. 5-9.
[246] Cfr. Anexo IV.
[247] Não só a União das Mutualidades Portuguesas não dispõe de elementos de contacto, como também não existe qualquer registo junto da Portugal Telecom relativo a estas entidades. Presume-se, por isso, terem sido associações que existiram em determinada época, daí o serem mencionadas no estudo conduzido por Silveira, mas que se terão entretanto extinguido.

Também no que diz respeito ao modo de distribuição do inquérito foi solicitado o parecer da União das Mutualidades Portuguesas; esta anuiu em que a distribuição fosse efectuada aquando da realização das suas assembleias gerais, uma de carácter ordinário, destinada à aprovação do relatório e contas, referentes ao ano de 1998, e outra de carácter extraordinário, tendo por fim a alteração dos Estatutos da União, ocorridas ambas em Coimbra, a 17 de Abril de 1999.

Assim sendo, foi o formulário do inquérito distribuído pelos membros das dezoito associações presentes ([248]), tendo, na ocasião, sido clarificados os seus objectivos e especificado o âmbito do estudo a que se destinava.

Atendendo a que, ao longo do inquérito, nos depararemos com diversas questões de teor opinativo, julgou-se adequado recomendar que o mesmo fosse respondido por indivíduos pertencentes à direcção das associações mutualistas. Pretendeu-se, deste modo, não só evitar o confronto com entendimentos heterogéneos, resultantes da ocupação de cargos diversos, mas também obter maior riqueza de resultados, por se presumir serem os directores os indivíduos mais aptos, dentro de cada mutualidade, para prestar esclarecimento sobre as mesmas.

Às restantes associações mutualistas, o inquérito foi remetido por via postal, nas semanas que decorreram de 19 a 23 e de 26 a 30 de Abril de 1999.

Na sequência do lançamento do inquérito, obtivemos a indicação de que se extinguiram três das cem associações consideradas ([249]), ao mesmo tempo que outra das organizações contactadas afirmou tratar-se de uma cooperativa e não de uma associação mutualista, apesar de a mesma se encontrar filiada junto da União das Mutualidades Portuguesas ([250]).

([248]) Assinalam-se, no Anexo IV, as associações em causa.

([249]) Referimo-nos, em concreto, à Associação de Socorros Mútuos Montepio Terceirense, à Caixa Auxiliar dos Operários da Cordoaria Nacional «2 de Maio» e à Associação de Socorros Mútuos da Guarda de Segurança Pública de Lisboa. Foi, no entanto, impossível apurarmos quais as causas associadas a estas extinções (salvo para o caso da Caixa Auxiliar dos Operários da Coordoaria Nacional, cuja extinção coincidiu com o encerramento da empresa), bem como o modo como ocorreram as liquidações respectivas.

([250]) Este foi, aliás, um dos pontos trazidos à discussão pelo Padre Vítor Melícias, na Assembleia Geral Extraordinária da União das Mutualidades Portuguesas, ocorrida em Coimbra, em 17 de Abril de 1999. De acordo com o Presidente da Mesa da Assembleia Geral, prevalece «alguma confusão» no âmbito do terceiro sector português, uma vez que existem instituições que não têm o seu estatuto jurídico perfeitamente clarificado. Trata-se de uma opinião fundamentada, atendendo a que o seu autor é também Presidente da União das Misericórdias Portuguesas, organismo onde se encontram filiadas algumas

Acresce ainda que foram devolvidos cinco envelopes pelos serviços postais, pelo que o nosso universo se reduziu para noventa e uma associações, distribuídas pelo território nacional de acordo com a tabela que se segue.

QUADRO 17 – Localização por distrito das Associações Mutualistas portuguesas (91 associações)

Distritos	Nº de associações
Angra do Heroísmo	1
Aveiro	2
Beja	1
Braga	4
Bragança	2
Castelo Branco	1
Coimbra	1
Évora	2
Faro	4
Funchal	1
Guarda	2
Horta	1
Leiria	1
Lisboa	19
Ponta Delgada	2
Porto	32
Santarém	3
Setúbal	8
Viana do Castelo	1
Viseu	3
TOTAL	**91**

Fonte: Anexo IV.

Misericórdias que são, simultaneamente, membros da União das Instituições Particulares de Solidariedade Social.

Segundo Melícias, o esclarecimento de tais situações constitui um passo fundamental para a dignificação do terceiro sector nacional, em geral, e do mutualismo português, em particular.

Diremos então que, para além da ambiguidade que caracteriza o terceiro sector sob o ponto de vista conceptual, que assinalámos logo no início, essa imprecisão se projecta, também, na vida concreta das instituições que caem no seu âmbito.

O inquérito principia com um conjunto de onze questões, através das quais se procura caracterizar a associação, assim como o universo dos seus associados.

Desta feita, a questão número um interroga sobre a data de fundação da mutualidade, enquanto a questão número dois busca conhecer qual foi a alteração de fundo mais recente na vida da associação mutualista.

Se a questão número três visa apurar o número actual de membros da associação, já a questão número quatro tem o propósito de identificar o perfil desses membros, quer em género, quer em idade. Pretende-se, desta forma, avaliar o grau de penetração do movimento mutualista português em termos etários, isto é, indagar se entre os seus associados se contam, maioritariamente, indivíduos idosos ou se, pelo contrário, o recrudescimento do número de associados, que se vem apontando para o passado recente, corresponde, de modo idêntico, a um rejuvenescimento, concretizado na mobilização de indivíduos de idades mais jovens. Os escalões etários que se apresentam (menos de 20 anos, mais de 60 anos e intervalos de 10 anos para os níveis intermédios) foram os adoptados pelas associações mutualistas portuguesas em estudo anterior [251], daí o termos julgado disporem as mutualidades deste tipo de informação e o termos optado pela manutenção de tais critérios.

A questão número cinco visa ilustrar o modo como evoluiu o mutualismo em Portugal, desde o início do século até aos nossos dias; neste sentido, foram apontados diversos anos às associações mutualistas, concretamente, 1900, 1920, 1950, 1970, 1980 e 1990, devendo aquelas dar indicação do número de associados com que contavam nestas datas. Pretende-se, desta forma, não só avaliar a tendência global de evolução, mas também detectar a existência de eventuais fases marcantes do mutualismo em Portugal [252].

Também a questão número seis procura caracterizar o passado recente do mutualismo em Portugal, através do conhecimento do modo como evoluiu o número global de associados de cada associação, nos dez

---

[251] Cfr. J. SILVEIRA, *O Mutualismo em Portugal*, pp. 41 e segs., onde se apresentam uma série de elementos caracterizadores das mutualidades portuguesas.

[252] Tomando como referência apenas as cerca de 90 associações que, de acordo com a informação da União das Mutualidades Portuguesas, desenvolvem actividades, no momento actual. Tal como já se apontou, no início do século as associações mutualistas seriam em número francamente superior, tendo-se, desde então, verificado uma série de extinções e de fusões.

anos transactos. Para o efeito, propõem-se sete níveis de resposta, desde a ocorrência de um aumento do número de associados superior a 25%, até ao registo de uma diminuição que tenha, também ela, ultrapassado os 25%.

A questão número sete tem o propósito de aferir a antiguidade dos membros, enquanto tal, das associações mutualistas, considerando-se, a esse respeito, seis níveis de resposta relativo ao número de anos de quotização dos associados, a saber, até 5 anos, de 6 a 10 anos, de 11 a 20 anos, de 21 a 30 anos, de 31 a 50 anos e, por fim, mais de 50 anos. Cumpre-se, assim, o intuito de averiguar se, em Portugal, o mutualismo, é uma realidade ultrapassada e circunscrita a determinados grupos etários ou se, em alternativa, vem, num passado recente, sendo alvo do interesse de novos elementos e suscitando novas adesões. Deste modo, esta questão visa complementar os objectivos que anunciámos para a questão número quatro.

Atendendo a que logo no artigo 1º do Código das Associações Mutualistas se estabelece que estas devem promover «fins de auxílio recíproco», a favor dos seus associados e das suas famílias, a questão número oito tem por objectivo apurar qual o grau de disseminação atingido pela associação mutualista, o mesmo é dizer, determinar o número de beneficiários inscritos nas diversas modalidades a que corresponde o actual número de associados.

No intuito de caracterizar os membros das associações mutualistas, no que diz respeito à sua ocupação profissional, incluiu-se, no inquérito, a questão número nove, cujo quadro de resposta foi construído tendo por base o modelo utilizado pelo Instituto Nacional de Estatística nos censos à população, considerando também algumas categorias de inactivos, nomeadamente os estudantes, os desempregados, as domésticas e os reformados. A inclusão da actividade profissional dos associados num inquérito desta natureza resulta da necessidade de saber se as práticas mutualistas se concentram em determinados grupos sócio-profissionais ou se se distribuem antes por um leque alargado de ocupações.

Incluem-se, ainda, neste bloco, outras duas questões. A questão número dez, atendendo ao disposto nos números 1 e 2 do artigo 21º do Código das Associações Mutualistas, visa apurar acerca da existência de outras categorias de associados, consagradas na lei ou previstas estatutariamente, que não os membros efectivos. Da mesma forma, a questão número onze, de acordo com o estipulado nas alíneas c) e d) do artigo 18º do citado diploma, tem como objectivo averiguar que tipo de restrições se colocam à adesão de novos associados, dado o âmbito de cada associação em particular.

O inquérito avança com um bloco de seis questões atinentes à actividade desenvolvida pelas associações mutualistas. Antevendo a enorme diversidade de fins prosseguidos e receando não cobrir todas as situações existentes, optou-se pela inclusão de uma pergunta aberta, a questão número doze, relativa às áreas de actuação de cada mutualidade. Nessa sequência, na questão número treze deverão as associações dar indicação dos domínios privilegiados da sua actuação, apontando, por ordem decrescente, para os três últimos exercícios, as três áreas que provocaram maior dispêndio de recursos, atendendo ao montante de benefícios distribuídos no âmbito das referidas modalidades.

Por intermédio das questões números catorze e quinze, procuramos, respectivamente, avaliar qual o entendimento das mutualidades relativamente à situação actual dos sistemas públicos de protecção social, em particular no domínio das pensões, e se julgam estas poder vir a exercer um papel activo nessa área concreta da protecção social. A questão número dezasseis, por seu turno, destina-se a registar os condicionalismos que, na perspectiva das associações, são susceptíveis de afectar o exercício desse papel. Objectivo idêntico repassa a questão número dezassete, embora esta com um carácter mais alargado, isto é, inquirindo quanto às potencialidades de actuação do movimento mutualista nos restantes domínios da protecção social, que não o das pensões de reforma.

Sendo a temática do financiamento um dos elementos nodais deste trabalho, é sobre ela que recai o grupo de questões que se segue. Para além de pretender determinar qual a proveniência dos recursos utilizados, bem como a sua importância relativa (concretamente através da questão número dezoito), o presente leque de questões visa, ainda, recolher o entendimento das associações mutualistas no que concerne à adequabilidade dos actuais meios de financiamento aos fins por elas prosseguidos.

Através da já mencionada questão número dezoito, procuram-se, ainda, cumprir dois objectivos: por um lado, averiguar acerca do desenvolvimento de actividades susceptíveis de gerar receitas e, fundamentalmente, por outro lado, detectar o peso das contribuições do Estado nas fontes de financiamento das associações mutualistas.

Tendo em atenção o estipulado no artigo 34º do Código das Associações Mutualistas, no que se refere à autonomia financeira das modalidades prosseguidas, a questão número dezanove pretende esclarecer se as fontes de financiamento anteriormente assinaladas são as mesmas para todas as valências promovidas pela associação ou se, pelo contrário, existe diversificação das fontes de financiamento consoante a modalidade em causa.

As questões números vinte, vinte e um e vinte e dois são, essencialmente, questões de carácter opinativo. Enquanto a questão número vinte busca conhecer qual o entendimento dos inquiridos quanto à adequabilidade dos apoios, concretamente dos estatais, aos fins prosseguidos pelas mutualidades, a questão número vinte e um pretende apurar quais são as entidades que as associações julgam dever financiar as suas actividades. Entre as opções de resposta, oito no total, figuram desde os próprios associados às empresas locais, passando, obviamente, pelas contribuições do Estado. Já a questão número vinte e dois visa determinar se os métodos de financiamento das associações mutualistas, consagrados no respectivo Código, são, na sua globalidade, satisfatórios, tendo em vista os fins por elas prosseguidos.

O seguinte elenco de questões, que engloba desde a questão número vinte e três à questão número vinte e seis, tem como objectivo conhecer o tipo de pessoal ao serviço das associações mutualistas. Assim, para além de averiguar o número de trabalhadores ao serviço da associação à data de resposta, o que se concretiza por intermédio da questão número vinte e três, a questão número vinte e quatro procura determinar como se reparte esse contingente entre assalariados e voluntários, atendendo à crescente acção do voluntariado, no âmbito das organizações do terceiro sector. No mesmo sentido, a questão número vinte e cinco tem o propósito de inquirir quanto às áreas onde, fundamentalmente, essa acção se faz sentir, no caso de cada associação mutualista. Por seu turno, a questão vinte e seis diz respeito ao modo como os trabalhadores das associações mutualistas se repartem por funções desempenhadas, sendo, desde logo, certo que essas funções se correlacionam profundamente com o tipo de modalidades prosseguidas por cada associação.

O conjunto imediato de questões debruça-se sobre a situação prevalecente no domínio das relações que as associações mutualistas estabelecem com o exterior, nomeadamente com as suas instituições congéneres.

Assim sendo, dado o previsto nos artigos 40º a 42º do Código das Associações Mutualistas, as questões número vinte e sete e número vinte e oito visam indagar o modo como as mutualidades tiram partido das faculdades que lhes são conferidas por lei, ou seja, averiguar acerca da celebração de acordos, respectivamente, com outras associações mutualistas e com instituições e serviços oficiais.

Ainda no âmbito das relações institucionais, procura-se, por intermédio da questão número vinte e nove, saber se existem acordos celebrados, ao abrigo do número 2 do artigo 7º do Código das Associações Mutualistas, que confiram às mutualidades o papel de gestoras de regimes profissionais complementares aos regimes de segurança social.

Matéria de interesse é, também, o tipo de relacionamento que se estabelece entre cada associação mutualista e a União das Mutualidades Portuguesas e, mais ainda, quais as vantagens que, no entender das associações, decorrem de tal relacionamento. Conhecer estes aspectos é o objectivo da questão número trinta.

Este inquérito finaliza com um conjunto de duas questões abertas.

A questão número trinta e um interroga sobre a intenção de a associação alargar, no futuro próximo, o seu campo de acção e, a ser assim, quais as eventuais limitações com que terá de se confrontar. Esta é, por assim dizer, uma questão recorrente, tendo em conta o modo como estruturámos as questões números quinze a dezassete.

Por último, a questão número trinta e dois pretende registar o entendimento das associações mutualistas no tocante às vantagens e aos inconvenientes que estas julgam possuir, tendo em vista o exercício de um papel activo num contexto de refundação das políticas de protecção social.

5.3.3 – Resultados obtidos

Apesar dos esforços feitos para colher a adesão dos inquiridos, foram recebidas apenas 25 respostas, correspondentes a uma taxa de resposta de 27,5%, provenientes das associações localizadas nos seguintes distritos:

QUADRO 18 – Localização por distrito das Associações Mutualistas portuguesas observadas

Distritos	Nº de associações	Taxa de resposta (a)
Angra do Heroísmo	1	100,0%
Aveiro	2	100,0%
Beja	0	0,0%
Braga	2	50,0%
Bragança	0	0,0%
Castelo Branco	0	0,0%
Coimbra	1	100,0%
Évora	2	100,0%
Faro	1	25,0%
Funchal	0	0,0%
Guarda	0	0,0%
Horta	0	0,0%
Leiria	1	100,0%
Lisboa	6	31,6%
Ponta Delgada	0	0,0%
Porto	5	15,6%
Santarém	1	33,3%
Setúbal	2	25,0%
Viana do Castelo	0	0,0%
Viseu	1	33,3%
TOTAL	**25**	**27,5%**

(a) – Obtida através da *ratio* entre o número de respostas por distrito e o número de associações localizadas nesse distrito (a cuja indicação se procede por intermédio do quadro 17).

Antes de enunciarmos os resultados a que o inquérito conduziu, devemos referir as dificuldades sentidas pelas associações mutualistas em dar resposta a um leque significativo de questões, particularmente naquelas em que se pressupunha a existência de ficheiros de associados devidamente organizados. Estas dificuldades foram percepcionadas, não só pela ausência de resposta às questões em causa, como foram sublinhadas pelas próprias associações na correspondência que acompanhou o inquérito, aquando da sua devolução por via postal.

Reconhecendo a importância de estar na posse de alguns dos elementos solicitados, principalmente do nível etário dos seus associados, bem como das respectivas ocupações profissionais, a maioria das associações afirmou ter respondido «ao que lhes foi possível», tendo ainda, algumas delas, referido que se encontram em fase de informatização dos seus ficheiros.

É de notar o baixo nível de respostas verificado para o distrito do Porto, tanto mais que, quanto é sabido, nele se localizam cerca de 1/3 das associações mutualistas nacionais.

Não obstante o número baixo de respostas e a limitada representatividade estatística da amostra para um dado número de questões, consideramos que a informação recolhida é, em geral, muito rica, permitindo-nos responder ou, pelo menos, lançar hipóteses para resposta à generalidade das interrogações inicialmente colocadas. Passaremos, de seguida, a analisar os resultados obtidos.

• *Surgimento das associações mutualistas*

No que se refere à questão número um, e na sequência do entendimento de Guibentif, relativamente aos acontecimentos que marcaram a história da protecção social em Portugal – a Implantação da República em 1910, o golpe militar de 1926 e a Revolução de Abril de 1974 –, iremos considerar tais eventos como limites de um conjunto de intervalos temporais, no âmbito dos quais procuraremos enquadrar o surgimento das associações mutualistas estudadas. Desta feita, no que diz respeito à data de constituição, as associações mutualistas observadas responderam de acordo com o quadro que segue.

QUADRO 19 – Associações Mutualistas observadas por data de constituição

Períodos de tempo	Nº de associações
Até Outubro de 1910	16
De Outubro de 1910 a Maio de 1926	2
De Maio de 1926 a Abril de 1974	6
De Abril de 1974 em diante	1

Estes resultados parecem querer caracterizar o mutualismo nacional como um fenómeno desusado, localizado no tempo, sendo de sublinhar que, entre as associações mutualistas participantes neste estudo, se encontra apenas uma surgida após a revolução de Abril de 1974, tratando-se esta, aliás, de uma associação de âmbito profissional. É, ainda, de mencionar que, pese o facto de se ter referido que o mutualismo português conheceu um forte declínio durante o Estado Novo, a fundação de 6 das associações que aqui se observam ocorreu entre Maio de 1926 e Abril de 1974. Porém, 5 dessas associações surgiram ainda antes da Lei n.º 1884 de 1935, sendo que a última delas, criada em 1936, se trata de uma associação marcadamente profissional e destinada a ter um poder de alcance muito restrito ([253]).

• *Acontecimentos marcantes na vida das associações*

No que se refere à questão número dois, impera, entre as mutualidades, um entendimento muito diversificado quanto ao que terá sido «a alteração de fundo mais recente» na vida da instituição. Na realidade, as 18 associações que responderam à questão em causa assinalaram eventos susceptíveis de terem tido diferentes graus de incidência na vida destas organizações, desde a simples alteração do regulamento de benefícios, que poderá ser entendida como um acto de gestão corrente ([254]), à celebração de protocolos que redimensionaram a própria actividade de cada instituição.

Também as alterações ocorridas ao nível da própria estrutura física das associações, como a realização de obras de remodelação e de benfeitorias, figuram entre os aspectos apontados por algumas das associações. Considerámos significativo o facto de duas das mutualidades observadas terem referido episódios relacionados com o recebimento de legados (cuja existência se prevê no artigo 43º do Código das Associações Mutualistas) como tendo sido os eventos mais marcantes da sua história. Enquanto que uma delas elegeu a alteração estatutária do montante máximo permitido por legado de 200.000$00 para 5.000.000$00, a outra assinalou o próprio recebimento dos legados, uma vez que, em grande medida, têm sido os rendimentos do património correspondente que lhe têm permitido assegurar a distribuição de benefícios no âmbito das modalidades prosseguidas.

([253]) Associação que conta hoje com cerca de 180 associados efectivos e reconhece encontrar-se praticamente sem actividade.

([254]) A deliberação neste domínio compete à assembleia geral de associados, de acordo com o previsto na alínea b) do artigo 62º do Código das Associações Mutualistas, cabendo à direcção ou conselho de administração decidir acerca da efectivação dos direitos dos beneficiários, atendendo ao disposto pela alínea b) do artigo 80º do mesmo diploma. Porém, a redacção dos artigos 31º a 35º do citado Código deixa pressupor alguma regularidade na frequência com que a alteração dos benefícios ocorre.

A mesma diversidade impera em termos temporais, uma vez que as alterações consideradas pelas mutualidades ocorreram num intervalo de tempo que vai desde 1945 até aos nossos dias.

• *Número de associados efectivos*

No tocante à questão número três, relativa ao número actual de associados efectivos, distribuíram-se as associações observadas por seis níveis de dimensão, a saber, associações com menos de 100 associados, associações com mais de 100 mas menos de 1000 associados, associações com mais de 1000 mas menos de 5000 associados, associações com mais de 5000 mas menos de 10000 associados, associações com mais de 10000 mas menos de 20000 associados e, por último, associações com mais de 20000 associados.

QUADRO 20 – Associações Mutualistas observadas por dimensão (*)

Nº de associados	Nº de associações
< 100 associados	1
De 100 a 999 associados	4
De 1000 a 4999 associados	9
De 5000 a 9999 associados	5
De 10000 a 19999 associados	3
Mais de 20000 associados	3

(*) – Considerando o número de associados efectivos à data de resposta.

É de mencionar que às 25 associações em estudo corresponde um número de 185.616 associados efectivos ([255]).

• *Repartição por sexo e por grupo etário dos associados efectivos*

Porém, apenas 18 associações (o que corresponde a 72% das respostas consideradas) dizem conhecer o perfil etário dos seus associa-

---

([255]) Segundo as estimativas da União das Mutualidades Portuguesas, existem, no presente, entre nós, cerca de 700.000 mutualistas, pelo que os 185.616 considerados na amostra correspondem a 26,5 % desse total.

dos, respondendo à questão número quatro de acordo com o critério proposto ([256]).

QUADRO 21 – Perfil etário dos associados efectivos

Situação observada	Nº de associações
Conhecem o perfil etário dos seus associados, respondendo de acordo com os escalões etários propostos	18
Conhecem o perfil etário dos seus associados, respondendo de acordo com escalões etários distintos	3
Não responderam	4

([256]) Houve três associações que forneceram indicação do perfil etário dos seus associados, utilizando um formulário diverso do proposto, respondendo do seguinte modo:
– uma delas referiu que os seus 112 associados são todos homens, 5 têm mais de 50 anos, tendo os 107 restantes entre 30 e 50 anos;
– outra informou que os seus associados se repartem por nível etário de acordo com o quadro que segue:

QUADRO II.1 – Repartição dos associados efectivos por sexo e por nível etário
(1 associação)

| HOMENS || MULHERES ||
Idade	Nº associados	Idade	Nº associados
< 20 anos	12	< 20 anos	27
20 - 39 anos	125	20 - 39 anos	286
40 - 69 anos	547	40 - 69 anos	411
+ de 70 anos	104	+ de 70 anos	46

– por último, a terceira das associações apontou os seguintes números:

QUADRO II.2 – Repartição dos associados efectivos por sexo e por nível etário
(1 associação)

| HOMENS || MULHERES ||
Idade	Nº associados	Idade	Nº associados
20 - 39 anos	125	20 - 39 anos	390
40 - 59 anos	214	40 - 59 anos	637
+ de 60 anos	153	+ de 60 anos	305

Nestas associações, que compreendem 156.943 associados efectivos (logo 84,6% dos 185.616 observados), a população associativa reparte-se do seguinte modo:

QUADRO 21/A – Distribuição da população associativa por sexo e por escalões etários

Escalões etários	Número de associados					
	Valores absolutos			Em percentagem		
	HOMENS	MULHERES	TOTAL	HOMENS	MULHERES	TOTAL
Menos de 20 anos	5051	3902	8953	3,2	2,5	5,7
De 20 a 29 anos	10982	9790	20772	7,0	6,2	13,2
De 30 a 39 anos	13995	13825	27820	8,9	8,8	17,7
De 40 a 49 anos	14706	15298	30004	9,4	9,8	19,2
De 50 a 59 anos	11674	14993	26667	7,4	9,6	17
Mais de 60 anos	16642	26085	42727	10,6	16,6	27,2
TOTAL	73050	83893	156943	46,5	53,5	100

Da observação dos valores inscritos no quadro anterior, cumpre assinalar a forte presença das mulheres no mutualismo português, particularmente das de idade mais avançada. Se é certo que a percentagem de homens é relativamente maior do que a de mulheres até aos 30-39 anos, a partir deste escalão a situação inverte-se e reforça-se à medida que o nível etário aumenta.

• *Evolução do número global de associados*

Já no que se refere à questão número cinco, atinente à evolução do número global de associados, apenas 11 das associações em estudo apresentaram valores para a totalidade dos anos pretendidos.

QUADRO 22 – Evolução do número global de associados

Situação observada	Nº de associações
Apresentam a evolução do número global de associados, respondendo de acordo com o formulário proposto	11
Apresentam a evolução do número global de associados apenas para alguns dos anos considerados	8
Não responderam	6

Assim sendo, no primeiro grupo de instituições, a que correspondem 131.669 associados efectivos (logo 70,9% dos 185.616 iniciais), o número de associados evoluiu, de 1900 a 1999, de acordo com a informação contida no quadro seguinte.

QUADRO 22/A – Evolução do número global de associados de 1900 a 1999 (de 11 das 25 associações observadas)

Anos	Nº de associados	Acréscimo (%)
1900	7617	-
1920	31965	319,65%
1950	67081	109,86%
1970	131052	95,36%
1980	151370	15,50%
1990	170836	12,86%
1999	131669	-22,93%

Tal informação confronta-nos com o acentuado e contínuo crescimento, desde o início do século, do número de associados correspondentes às onze associações que aqui se observam, tendo sido esse acréscimo particularmente significativo entre os anos de 1900 e 1920, período em que o número de associados das onze mutualidades consideradas mais do que quadruplicou. Porém, tal tendência acabou por se inverter a partir de 1990, sendo que, desde esta data até aos nossos dias, o número global de associados, relativo às mesmas unidades de análise, registou um declínio que ultrapassa os 20%.

Já a evolução verificada, em termos do número de associados, ao nível das associações que responderam de acordo com outro tipo de critério é a que se dá conta no quadro 22/B.

QUADRO 22/B – Evolução do número global de associados de 1920 a 1999 ([257])

Anos	Nº de associados	Nº de associações correspondentes
1920	290	1
1950	18358	2
1970	37424	5
1980	35446	6
1990	36679	6
1999	41248	7

- *Evolução do número global de associados nos dez anos transactos*

Em resposta à questão número seis, retomando as 25 mutualidades observadas no âmbito deste trabalho, cinco delas afirmam ter ocorrido, nos dez últimos anos, um decréscimo da sua população associativa superior a 25%.

([257]) No quadro 22/B apresentam-se os valores relativos ao número de associados efectivos a partir do momento em que as associações disponibilizaram essa informação, muito embora estas possam ter surgido anteriormente; daí que se indique, para cada ano, o número de associações correspondentes.

QUADRO 23 – Níveis de variação do número de associados nos dez anos transactos

Níveis de variação do número de associados	Nº de associações
Aumento superior a 25%	9
Aumento superior a 10% mas inferior a 25%	2
Aumento inferior a 10%	2
Não houve aumento nem diminuição	2
Diminuição inferior a 10%	1
Diminuição superior a 10% mas inferior a 25%	3
Diminuição superior a 25%	5
Não responderam	1

No extremo oposto, devemos mencionar as nove associações mutualistas que dizem ter conhecido, no mesmo intervalo de tempo, aumentos do respectivo número de associados superiores a 25%, como resulta dos valores inscritos no quadro anterior.

Coloca-se, de imediato, a questão de saber quais as razões de tal diversidade de ocorrências, principalmente se atendermos ao facto de um número significativo de associações (14 no total) se situar nos dois extremos propostos (9 com acréscimos e 5 com decréscimos do número de associados superiores a 25%).

Estamos em crer que esta discrepância de ritmos de crescimento se correlaciona, entre outros factores, com o tipo de modalidades prosseguidas por cada associação. Retomaremos este assunto mais tarde, aquando do tratamento da questão número doze, referente às áreas de actuação das mutualidades.

• *Distribuição da população associativa por anos de quotização*

Já a questão número sete tinha o propósito de determinar qual a antiguidade dos membros das mutualidades, enquanto associados, sendo que também aqui se revelaram as dificuldades das associações em apresentar tais elementos. De facto, apenas 9 das associações observadas responderam à questão que se colocava, sendo de 16 o número de associações que não facultaram qualquer tipo de indicação neste domínio.

QUADRO 24 – Distribuição da população associativa por anos de quotização (em 9 das 25 associações)

Número de anos de quotização	Nº de associados	%
Menos de 5 anos	12684	17,1
Entre 6 e 10 anos	9504	12,8
Entre 11 e 20 anos	18168	24,5
Entre 21 e 30 anos	13803	18,6
Entre 31 e 50 anos	8928	12,0
Mais de 50 anos	11092	15,0
TOTAL	74179	100,0

Os números que acima se apresentam parecem evidenciar um certo equilíbrio entre os diversos escalões referentes à antiguidade dos associados, sendo de sublinhar o peso relativo detido pelos associados com menos de 5 anos de quotização, cerca de 17% dos 74.179 sócios aqui classificados. Tais valores podem apontar para a existência de uma certa renovação no âmbito do movimento mutualista português; no entanto, o reduzido número de associações observadas sugere-nos prudência na formulação de tais juízos.

• *Número de beneficiários*

Quanto à questão número oito, tinha esta como objectivo apurar o número de beneficiários correspondentes ao número actual de associados efectivos, atendendo a que o número 1 do artigo 2º do Código das Associações Mutualistas prevê a possibilidade de alargamento dos benefícios aos familiares dos associados.

QUADRO 25 – Número de beneficiários

Situação observada	Nº de associações
O número de beneficiários coincide com o de associados efectivos	7
O número de beneficiários é superior ao de associados efectivos	8
Não responderam	10

Assim sendo, nas 15 associações que responderam à questão contam-se 238.897 beneficiários e que representam cerca de 1,78 beneficiários por cada um dos 134.067 associados efectivos correspondentes.

• *Distribuição da população associativa por grupos profissionais*

Como já esclarecemos, o intuito da questão número nove era o de caracterizar os membros das associações mutualistas no que concerne à sua ocupação profissional. Porém, resultou claro o quase total desconhecimento das associações mutualistas relativamente a esta variável, atendendo a que apenas oito disponibilizaram tal informação, das quais quatro são associações de âmbito profissional, aliás, tantas quantas as desta categoria que se incluem no presente trabalho. Ainda assim, tornou-se possível construir o quadro seguinte, onde se dá conta da resposta das oito associações mencionadas.

QUADRO 26 – Distribuição da população associativa por grupos profissionais (em 8 das 25 associações observadas)

Grupos profissionais	Nº de associados
Membros dos corpos legislativos, quadros dirigentes da função pública, directores e quadros dirigentes de empresas	0
Profissões intelectuais e científicas	3090
Profissões técnicas intermédias	1
Empregados administrativos	299
Pessoal dos serviços de protecção e segurança, dos serviços pessoais e domésticos e trabalhadores similares	56
Trabalhadores da agricultura e da pesca	410
Trabalhadores da produção industrial e artesãos	5808
Operadores de instalações industriais e máquinas fixas, condutores e montadores	17
Trabalhadores não qualificados da agricultura, indústria, comércio e serviços	571
Forças armadas	1
Estudantes	390
Desempregados	0
Domésticas	2759
Reformados	434
TOTAL	**13836**

Dos valores nele inscritos, devemos sublinhar a extraordinária importância relativa detida, neste contexto, pelos operários fabris, pelas profissões intelectuais e científicas e pelas domésticas. Julgamos, porém, que tal expressão está longe de corresponder aos perfis profissionais comummente encontrados no seio das associações mutualistas portuguesas, antes decorre dos enviesamentos introduzidos por um conjunto diverso de circunstâncias, a saber:
- o facto de estarmos perante um número francamente reduzido de associados, 13.836, constituindo somente 7,5% dos 185.616 em observação;
- dos 13.836 associados aqui classificados por categorias profissionais, 9.837 provêm apenas de uma associação, elemento suficiente para distorcer a análise que se pretende conduzir, ou seja, os elementos que se apresentam são susceptíveis de ilustrar o perfil profissional dos associados da mutualidade em causa, não podendo, contudo, ser generalizados;
- a forte presença das profissões intelectuais e científicas resulta do facto de entre as 8 mutualidades analisadas se encontrarem duas associações de carácter profissional, integralmente compostas por indivíduos que desempenham funções dessa natureza.

• *Associados contribuintes, beneméritos, honorários ou outros*

No que diz respeito à presença de associados contribuintes, beneméritos, honorários ou outros previstos nos estatutos ([258]), esta regista uma fraca expressão no âmbito das 25 associações mutualistas estudadas, tendo em atenção as respostas dadas pelas mesmas à questão número dez do inquérito e que se apresentam no quadro seguinte.

([258]) A existência de associados beneméritos, honorários e contribuintes encontra-se prevista no artigo 24º do Código das Associações Mutualistas, enquanto que o número 2 do artigo 21º do mesmo diploma permite a existência de outras categorias de associados, desde que os estatutos das associações disponham nesse sentido. Os associados beneméritos, honorários e contribuintes distinguem-se dos associados efectivos, uma vez que não têm direito aos benefícios preconizados no *regulamento de benefícios*, sendo estes exclusivamente destinados aos associados efectivos e aderentes.

Estes últimos, os associados aderentes, são os «trabalhadores abrangidos pelos regimes profissionais complementares geridos por associações mutualistas», tal como decorre do estabelecido pelo número 1 do artigo 23º do Código das Associações Mutualistas. Muito embora a sua existência não tenha sido contemplada no âmbito do inquérito realizado, sublinhe-se que as associações mutualistas observadas afirmaram, de modo inequívoco, não ter celebrado acordos que lhes permitam a gestão dos referidos regimes (cfr. *infra* quadro 40), o que, desde logo, arreda tal possibilidade.

QUADRO 27 – Associados contribuintes, beneméritos, honorários ou outros

Estatuto dos associados	
Associados contribuintes	**Nº de associações**
Existem associados com este estatuto	1
Não existem associados com este estatuto	23
Não responderam	1
Associados beneméritos	**Nº de associações**
Existem associados com este estatuto	2
Não existem associados com este estatuto	22
Não responderam	1
Associados honorários	**Nº de associações**
Existem associados com este estatuto	4
Não existem associados com este estatuto	20
Não responderam	1
Outro tipo de associados	**Nº de associações**
Existem associados com este estatuto	2
Não existem associados com este estatuto	22
Não responderam	1

Para além do reduzido número de associações que afirmam possuir associados pertencentes a estas categorias, é ainda de apontar o peso pouco significativo que estes detêm no seio da população associativa das mutualidades em que se inserem. Desta feita, a única associação que diz possuir associados contribuintes engloba 10 elementos nesta categoria, sendo que às duas associações que afirmam ter associados beneméritos correspondem 21 membros; enquanto isso, o número de associados honorários atinentes às quatro mutualidades que os assinalaram não ultrapassa os 21 elementos, ao passo que nas duas mutualidades cujos estatutos prevêem a existência de outro tipo de associados que não os citados anteriormente, esse número se eleva a 569 associados. Os valores que se vêm apontando são perfeitamente irrisórios, principalmente se confrontados com a massa associativa que aqui se considera, ou sejam os 185616 associados efectivos correspondentes às 25 mutualidades em observação.

• *Limites estatutários à admissão de novos associados*

Já a questão número onze tinha o propósito de averiguar acerca da existência, no seio das associações mutualistas, de limites à admissão de novos associados. Da observação dos valores que se inscrevem no quadro que segue, resulta ser significativo o número de associações que condicionam a adesão à mutualidade em função do cumprimento de um certo número de requisitos.

QUADRO 28 – Admissão de novos associados

Situação observada	Nº de associações
Os estatutos prevêem limitações à admissão de novos associados	18
Os estatutos não prevêem qalquer tipo de limitação à admissão de novos associados	7
Não responderam	0

Entre esses requisitos ponderam as limitações de índole etária, presentes nas respostas de 14 das 18 associações cujos estatutos apresentam restrições à admissão de novos associados [259]. Também a situação clínica do eventual associado, susceptível de avaliação através de exame médico adequado, constitui constrangimento à sua adesão em algumas das mutualidades observadas, principalmente naquelas em que a assistência médica e/ou medicamentosa se insere entre as modalidades prosseguidas. Já o desempenho de determinadas funções e a ocupação em determinadas áreas constituem requisitos para adesão às associações de âmbito profissional, 4 entre as 18 consideradas, sendo que apenas uma associação apresenta exigências de natureza geográfica, no caso, a residência do futuro associado no mesmo concelho onde se encontra sediada a mutualidade.

---

[259] Os 15 anos, como idade mínima, e os 60 anos, como idade máxima, são os limites referidos pela maioria das associações em causa.

• *Fins prosseguidos pelas associações*

No que diz respeito à questão número doze, todas as associações observadas indicaram as modalidades nas quais decorre a sua actuação. A área da saúde foi a apontada com mais frequência pelas associações em apreço, concretamente por 16 associações, enquanto que a atribuição de subsídios de funeral ocorre no âmbito de 15 das mutualidades estudadas. Já no que se refere à área das pensões, apenas 4 associações afirmaram actuar neste domínio. É, no entanto, de salientar que a associação mutualista de constituição mais recente que aqui se observa, uma associação de carácter profissional surgida em 1985, prossegue diversas modalidades, embora todas inscritas no domínio das pensões de reforma.

Presumimos poder aqui estabelecer duas ligações interessantes: a primeira, entre as áreas de actuação das mutualidades e o ritmo de crescimento do seu número de associados; a segunda, entre o âmbito das associações e a sua actuação na área das pensões de reforma.

Dissemos atrás, a propósito dos resultados obtidos na questão número seis, que 14 das associações em apreço se situavam nos dois extremos propostos, tendo 9 registado acréscimos do número de associados superiores a 25% e 5 decréscimos também eles a ultrapassar os 25%. Ora, o que parece diferenciar estas associações é o facto de as primeiras elegerem a saúde como uma das modalidades prioritárias de actuação, enquanto que as restantes 5 actuam no âmbito de outras valências. A prossecução de fins de saúde parece ser, pois, um trunfo para as associações mutualistas, susceptível de promover a angariação de associados, ao invés do que acontece em associações que prosseguem outras modalidades.

A ser verdade, tal juízo conduzir-nos-ia a uma discussão mais abrangente, centrada na avaliação das políticas sociais promovidas pelo Estado e do nível de coberturas praticado no âmbito de cada valência.

Já quanto à segunda relação apontada, é de assinalar o facto de, entre as associações observadas, serem as associações de âmbito profissional aquelas que actuam no domínio das pensões. O mesmo acontece com a Associação Mutualista dos Trabalhadores da Saúde, recentemente fundada e a que já se fez referência neste trabalho.

• *Áreas privilegiadas de actuação*

Muito embora a informação solicitada na questão número treze, relativa às áreas privilegiadas de actuação, deva constar do relatório e das contas anuais, a cuja elaboração as associações mutualistas se encontram obrigadas por via do disposto pela alínea d) do artigo 80° do Código das Associações Mutualistas, foram apenas cinco as associações que a ela deram resposta de acordo com o critério proposto.

Atendendo à multiplicidade de critérios utilizados pelas 10 associações que não seguiram o guião sugerido, resulta difícil a sistematização dos elementos relativos aos benefícios distribuídos no âmbito de cada modalidade ([260]).

• *Financiamento dos sistemas públicos de pensões de reforma*

Sendo a temática do financiamento dos sistemas públicos de assistência, em particular dos sistemas públicos de pensões, um dos pontos centrais deste trabalho, a questão número catorze visava recolher o entendimento das associações mutualistas sobre a existência ou não de uma crise neste domínio.

QUADRO 29 – Financiamento dos sistemas públicos de pensões

Situação prevalecente	Nº de associações
Existe uma grave crise de financiamento dos sistemas públicos de pensões	8
Existe uma crise de financiamento, embora de gravidade reduzida	5
Não existe crise de financiamento	2
Não responderam	10

Tal como decorre dos valores inscritos no quadro 29, é significativo o número de associações que opinam no sentido da existência de uma grave crise de financiamento no domínio dos sistemas públicos de pen-

---

([260]) À questão número treze, relativa às áreas privilegiadas de actuação, as associações inquiridas responderam de acordo com o quadro que se segue:

QUADRO III – Áreas privilegiadas de actuação

Situação observada	Nº de associações
Responderam de acordo com o formulário proposto	5
Responderam de acordo com outro formulário	10
Não responderam	10

sões, ao mesmo tempo que é também relevante o número de associações que não responderam à questão que se colocou.

Estamos em crer que os elevados níveis de não resposta, verificados nas questões números catorze e quinze, resultam do facto de ser reduzido o número de mutualidades a actuar no domínio das pensões e daí o não haver, em algumas das associações, entendimento sobre esta matéria.

• *Papel do mutualismo no domínio das pensões de reforma*

Por sua vez, a questão número quinze tinha o propósito de registar o parecer das associações quanto à possibilidade de estas virem, no futuro, a exercer um papel relevante no âmbito das pensões de reforma.

QUADRO 30 – Papel do mutualismo no domínio das pensões de reforma

Entendimento das associações	Nº de associações
As associações mutualistas consideram poder ter um papel preponderante neste domínio	12
As associações mutualistas julgam não poder ter um papel preponderante neste domínio	5
Não responderam	8

Cerca de metade das associações observadas responderam afirmativamente à questão que se colocava, não se escusando, porém, e tal como era sugerido através da questão número dezasseis, de apresentar alguns dos condicionalismos que julgam poder vir a afectar o exercício desse papel.

• *Condicionalismos que se colocam às associações mutualistas no exercício de um papel activo no domínio das pensões*

Entre esses condicionalismos, os mais frequentemente apontados são a concorrência do sector privado, mais concretamente das seguradoras e das sociedades gestoras de fundos de pensões, e, sobretudo, a desigualdade na concessão de benefícios fiscais entre os planos de poupança geridos por entidades privadas e os subscritos junto de associações mutualistas.

Também a fraca capacidade organizacional de algumas associações, principalmente quando comparada com a dimensão atingida pelas instituições que integram o sector privado, e, bem assim, a reduzida capacidade financeira das mutualidades foram apresentadas entre os condicionalismos susceptíveis de influenciar a actuação futura das associações mutualistas, no domínio das pensões de reforma. A reduzida capacidade financeira, apontada por um leque significativo de associações, prende-se com as limitações decorrentes da autonomia financeira a que o Código das Associações Mutualistas obriga, por intermédio do número 1 do artigo 34º ([261]). Tal preceito faz com que algumas associações, principalmente as de menor dimensão, se confrontem com sérias dificuldades em encontrar, entre os seus associados, um número de adesões suficientemente grande, capaz de garantir o equilíbrio financeiro de novas modalidades. Ou então, usando as palavras do representante de uma das associações observadas, ao apontar os seguintes condicionalismos ao exercício de um papel activo no domínio das pensões: «A capacidade financeira do sócio para pagamento de quotas capazes de assegurar um suplemento de reforma suficiente à sua vivência» e ainda «A capacidade financeira da Associação para pagamento ao sócio de valor bom ou razoável para a sua vivência, de acordo com o que o sócio foi pagando de quotização».

Apenas uma associação referiu o envelhecimento a que se vem assistindo ao nível da população associativa das mutualidades, bem como o fraco interesse que o mutualismo tem despertado nas camadas mais jovens, como sendo sérios constrangimentos ao exercício de um papel activo no âmbito das políticas sociais. Entendimento que não deixa de ser curioso, se atendermos ao facto de não ser esta, de modo algum, uma das associações mais envelhecidas, entre as que se consideram no âmbito deste estudo.

- *Condicionalismos que se colocam às associações mutualistas no exercício de um papel activo nos restantes domínios da protecção social*

Já a questão número dezassete tinha como objectivo avaliar quais as perspectivas das mutualidades relativas à sua actuação em outras áreas da protecção social que não a das pensões de reforma. Entre as 16 associações que deram resposta, sobressaem a área da saúde e o apoio à terceira idade, nomeadamente através da criação de lares e de centros de dia.

([261]) Transcrevemos, na íntegra, o texto do citado preceito legal: «Cada modalidade de benefícios deve bastar-se financeiramente a si própria pela integral cobertura das respectivas despesas através de receitas próprias».

• *Fontes de financiamento das associações mutualistas*

Na questão número dezoito, deviam as associações mutualistas assinalar as fontes de financiamento utilizadas na prossecução dos seus fins, bem como indicar a percentagem correspondente a cada uma delas.

Tendo um número significativo de associações omitido a percentagem de recursos obtida por intermédio de cada uma das fontes de financiamento, optou-se por indicar apenas quantas foram as mutualidades que apontaram os diversos meios de financiamento que lhes eram sugeridos.

QUADRO 31 – Fontes de financiamento utilizadas

Fontes de financiamento	Nº de associações
Quotizações dos associados	25
Doações feitas por empresas	1
Receitas geradas por actividades desenvolvidas	7
Contribuições do Estado	3
Fundos comunitários	0
Empréstimos	5
Rendimentos de aplicações financeiras	13
Rendimentos da exploração de instalações e equipamentos	10
Outras	8

Desta forma, releva o facto de todas as associações terem assinalado as quotizações dos seus associados, sendo também significativo o número de respostas enquadradas no âmbito dos rendimentos de aplicações financeiras e da exploração de instalações e equipamentos. Em oposição, refira-se o reduzido número de associações que elegeu as contribuições do Estado como fonte de financiamento (apenas 3 associações), ao mesmo tempo que é também significativo o facto de nenhuma das associações observadas ter recorrido a fundos da União Europeia, muito embora o acesso a tais fundos lhes seja permitido por lei. Por sua vez, 8 das associações assinalaram a opção «Outras», esclarecendo que se integram aqui as rendas de imóveis que não se destinem aos fins prosseguidos pelas associações (pois, no caso de o serem, os rendimentos daí recorrentes inscrever-se-iam na rubrica «Rendimentos de instalações»).

- *Importância relativa das fontes de financiamento das associações mutualistas*

Atendendo a que cada modalidade prosseguida pelas associações deve ser autónoma no que diz respeito às suas fontes de financiamento, através da questão número dezanove indagámos quanto à manutenção ou não das fontes de financiamento assinaladas na questão número dezoito, no âmbito das diversas valências postas em prática pela mutualidade. As respostas obtidas foram as que se apresentam no quadro que se segue.

QUADRO 32 – Estrutura do financiamento por modalidades

Situação vigente	Nº de associações
As fontes de financiamento têm a mesma importância relativa para todas as modalidades prosseguidas	14
A importância relativa das fontes de financiamento difere em função das modalidades prosseguidas	1
Não responderam	10

- *Adequabilidade dos apoios do Estado*

O desencanto das associações mutualistas, no que concerne aos apoios facultados pelo Estado, evidencia-se ao avaliarmos as respostas obtidas na questão número vinte, que são as que se mostram no quadro 33, através das quais verificámos que um número significativo de associações mutualistas classificou como inadequado o apoio do Estado aos fins por elas prosseguidos.

QUADRO 33 – Adequabilidade dos apoios do Estado

Entendimento das associações	Nº de associações
Os apoios estatais são adequados à prossecução dos fins das mutualidades	2
Os apoios estatais são inadequados à prossecução dos fins das mutualidades	20
Não responderam	3

As associações em apreço justificam tal entendimento fazendo uso de argumentos baseados nas suas próprias experiências no âmbito do relacionamento com o Estado ou de informações obtidas junto de instituições congéneres portadoras de tais experiências.

Assim sendo, as associações que actuam no domínio da saúde apontam a subvalorização dos serviços que prestam ao abrigo dos protocolos com o Ministério da Saúde, ao mesmo tempo que denunciam a existência de fortes atrasos na efectivação desses pagamentos.

As associações com acordos para a área social referem haver desajustamentos entre o número de utentes previstos e o número de utentes efectivos.

De modo genérico, as associações sublinham, ainda, a discriminação fiscal de que se sentem alvo, concretamente através da comparação entre os níveis de dedução atribuídos aos planos mutualistas e os permitidos aos planos subscritos junto de entidades privadas. Algumas associações chegam a sugerir que só a equiparação, em termos fiscais, entre as contribuições obrigatórias para a segurança social e os montantes pagos pelos associados, a título de quota, às associações mutualistas, poderá ser preconizadora de uma verdadeira igualdade tributária.

- *Entendimento das associações quanto à importância relativa das fontes de financiamento*

Já a questão número vinte e um propunha que as associações hierarquizassem, fazendo uso de uma escala de um a oito, da mais para a menos importante, as fontes de financiamento consideradas adequadas à prossecução dos seus fins. Enquanto 13 associações classificaram as diversas fontes de financiamento de acordo com a escala sugerida, 6 limitaram-se a assinalar quais os recursos que entendem ser adequados ao financiamento da sua actividade ([262]). Os resultados obtidos são os que se apresentam, respectivamente, nos quadros 34 e 34/A.

([262]) As respostas obtidas na questão número vinte são as apresentadas no seguinte quadro:

QUADRO IV – Fontes de financiamento pretendidas

Situação observada	Nº de associações
Responderam de acordo com o critério proposto	13
Responderam de acordo com outro critério	6
Não responderam	6

Relativamente aos valores inscritos no quadro 34, há a comentar o facto de um número significativo de associações apontar os respectivos associados como devendo ser a sua principal fonte de financiamento. Também as contribuições estatais, concretamente as canalizadas por intermédio dos organismos de Segurança Social, e os rendimentos provenientes de actividades desenvolvidas pelas próprias associações são aqui entendidos como sendo recursos fundamentais.

QUADRO 34 – Níveis de importância atribuída a cada uma das fontes de financiamento (13 associações)

Fontes de financiamento	\multicolumn{8}{c}{Níveis de importância}
	1	2	3	4	5	6	7	8
	\multicolumn{8}{c}{Nº de associações por nível de importância}
Associados efectivos	9	2	1	0	1	0	0	0
Cidadãos em geral	0	1	0	0	0	3	3	2
Empresas locais	0	0	0	2	1	3	3	0
Autarquias	0	0	3	4	2	0	0	0
Organismos de Segurança Social	1	5	3	1	0	0	0	0
União Europeia, através de fundos adequados	1	0	1	1	4	0	2	0
Próprias associações, desenvolvendo actividades rentáveis	2	3	2	1	1	1	1	0
Outros	0	0	0	0	0	2	0	7

É de salientar, ainda, a reduzida pretensão de abertura das associações à comunidade, a avaliar pelas fracas notações atribuídas quer aos cidadãos em geral, quer às empresas locais.

QUADRO 34/A – Fontes de financiamento pretendidas (6 associações)

Fontes de financiamento	Nº de associações
Associados efectivos	4
Cidadãos em geral	1
Empresas locais	1
Autarquias	3
Organismos de Segurança Social	5
União Europeia, através de fundos adequados	2
Próprias associações, desenvolvendo actividades rentáveis	5
Outros	0

No quadro anterior, registou-se o entendimento das seis mutualidades que, embora não tendo respondido de acordo com a classificação proposta, deram indicação das fontes de financiamento por si consideradas adequadas à prossecução dos fins das associações mutualistas.

Os resultados que acima se apresentam concordam, no geral, com aqueles de que se deu conta através do quadro 34, ou seja, a forte importância atribuída aos associados das associações mutualistas, ao Estado e ao desenvolvimento de actividades lucrativas, em detrimento de outros possíveis recursos, a saber, dos cidadãos em geral e das empresas locais.

- *Adequabilidade do modelo de financiamento preconizado pelo Código das Associações Mutualistas*

Já a apreciação do modelo de financiamento em vigor, consagrado no Código das Associações Mutualistas, é a que está patente nos valores apresentados no quadro seguinte.

QUADRO 35 – Apreciação do modelo de financiamento em vigor

Entendimento das associações	Nº de associações
O modelo de financiamento em vigor é adequado aos fins por elas prosseguidos	5
O modelo de financiamento em vigor é adequado em determinadas modalidades e desadequado noutras	10
O modelo de financiamento em vigor é desadequado aos fins por elas prosseguidos	0
Não responderam	10

- *Número de trabalhadores ao serviço nas associações mutualistas*

O número de trabalhadores ao serviço das 22 associações mencionadas no quadro seguinte é de 588 efectivos, sendo 560 trabalhadores assalariados e encontrando-se 28 em regime de voluntariado.

QUADRO 36 – Trabalhadores ao serviço

Situação vigente	Nº de associações
A associação tem, actualmente, trabalhadores ao seu serviço	22
A associação não tem, de momento, qualquer trabalhador ao seu serviço	1
Não responderam	2

Apenas uma associação refere que não possui, de momento, qualquer assalariado, afirmando também esta associação encontrar-se praticamente inactiva, contando apenas com a atribuição de subsídios de funeral entre as modalidades prosseguidas.

- *Peso do voluntariado e áreas de actuação dos voluntários*

Relativamente à presença de trabalhadores em regime de voluntariado, é de referir o seu peso pouco significativo no âmbito das associações mutualistas nacionais (observada em apenas 6 casos), principalmente se confrontado com a força que o voluntariado assume em determinadas sociedades europeias, no contexto das organizações do terceiro sector, como tivemos ocasião de referir atrás. Atenda-se, ainda, ao facto de as associações que afirmam possuir trabalhadores em tais circunstâncias, esclarecerem que tal ocorre, sobretudo, ao nível das funções de direcção.

QUADRO 37 – Participação do voluntariado

Situação vigente	Nº de associações
Associações que incluem no seu contingente trabalhadores em regime de voluntariado	6
Associações que não contam com a colaboração de voluntários	18
Não responderam	1

- *Repartição do contingente de trabalhadores por funções desempenhadas*

O modo como os efectivos se repartem por funções desempenhadas depende, essencialmente, do tipo de valências postas em prática nas associações que deram resposta à questão que se colocava [263].

---

[263] A não coincidência entre o número de efectivos que se apontou e o total dos valores inscritos no quadro anterior decorre do facto de nem todas as associações terem procedido à distribuição do seu contingente por funções desempenhadas.

QUADRO 38 – Distribuição do pessoal por funções desempenhadas

Funções desempenhadas	Nº de indivíduos
Dirigentes	46
Médicos(as)	73
Pessoal de enfermagem	84
Auxiliares de acção médica	5
Professores(as)/educadores(as) de infância	11
Cozinheiros(as)	16
Motoristas	2
Animadores(as) de acção social e cultural	2
Pessoal auxiliar	99
Outras	164

- *Relacionamento das associações mutualistas com instituições congéneres*

Dissemos atrás que o objectivo do grupo composto pelas questões números vinte e sete a trinta era o de avaliar a situação prevalecente quanto ao tipo de relacionamento que as associações estabelecem com outras entidades, sejam elas outras associações mutualistas, o Estado ou a União das Mutualidades Portuguesas.

No que se refere ao relacionamento com instituições congéneres, existe um certo equilíbrio entre o número de associações que dizem ter celebrado acordos de cooperação com outras associações mutualistas e o número de associações que afirma não ter compromissos de tal natureza, ou sejam, respectivamente, 11 e 12 associações. Porém, mais do que apreciar estes números, importará observar qual a natureza dos acordos celebrados pelas 11 das 25 associações mutualistas em estudo.

QUADRO 39 – Relacionamento com outras associações mutualistas

Situação observada	Nº de associações
Existem acordos de cooperação celebrados com outras associações mutualistas	11
Não existem acordos de cooperação com instituições congéneres	12
Não responderam	2

Assim sendo, e atendendo à informação prestada pelas 11 associações em causa, um número significativo dos acordos celebra-se na área da saúde, prevendo estes, fundamentalmente, a reciprocidade de benefícios ao nível da assistência médica e medicamentosa e a utilização comum de equipamento médico. Duas das associações observadas apontam, ainda, a existência de acordos promotores do intercâmbio na aceitação de estudantes que frequentam residências universitárias geridas por essas associações.

Não obstante, mesmo as associações que afirmam não ter qualquer tipo de acordo com outras mutualidades não se escusam de sublinhar a sua conveniência e a sua utilidade, essencialmente enquanto meios de dinamização e de expansão do movimento mutualista. No contexto do presente estudo, entre as 12 associações que não possuem acordos com outras instituições similares, 7 referem que a sua existência possibilitaria o alargamento do campo de actuação das associações, bem como a melhoria da qualidade dos serviços prestados. Duas delas chegam a defender a especialização das associações num número específico de valências, permitindo a celebração de acordos de cooperação com organizações congéneres, a extensão dos benefícios concedidos por cada uma delas, através de um regime de reciprocidade, a todo o universo dos associados das mutualidades subscritoras de tais convénios.

- *Relacionamento das associações mutualistas com instituições e serviços oficiais*

Também no que se refere à existência de acordos de cooperação com instituições e serviços oficiais, os números se repartem de modo equilibrado, entre as associações que afirmam ter celebrado tal tipo de acordos (11 associações) e as associações que dizem não ter assumido compromissos desta natureza (12 associações).

Mais uma vez, interessa, sobretudo, explorar com que entidades foram celebrados tais acordos e qual o conteúdo dos mesmos.

Também aqui esses acordos ocorrem maioritariamente na área da saúde (em 7 das 11 associações que responderam de modo afirmativo à questão colocada), tendo sido celebrados ou com o Estado, concretamente com as Administrações Regionais de Saúde das áreas respectivas, ou com entidades privadas, isto é, com médicos pertencentes a diversas especialidades clínicas [264]. Por sua vez, entre os acordos estabelecidos com o Estado podemos encontrar dois tipos: o primeiro, o mais corrente, diz respeito à prestação de serviços de saúde pelas associações mutualistas, aos quais acedem, para além dos beneficiários inscritos nessas modalidades, os utentes do Serviço Nacional de Saúde, sendo, por isso mesmo, remuneradas; o segundo contempla a possibilidade de utilização, pelas associações mutualistas, dos impressos de receituário médico e de requisição de exames complementares de diagnóstico usados no âmbito do Serviço Nacional de Saúde.

Para além dos convénios estabelecidos na área da saúde, duas das associações observadas apontam a existência de acordos de cooperação no domínio do pré-escolar, celebrados, respectivamente, com a Direcção Regional da Educação e com o Centro Regional de Segurança Social das áreas correspondentes.

Por último, uma outra associação referiu a existência de um protocolo com a autarquia, não tendo, contudo, sido especificado o teor do mesmo.

De reter é, porém, o entendimento que têm, a este respeito, as associações sem acordos celebrados com instituições e serviços oficiais. Três das doze mutualidades em estudo defendem a celebração de tais acordos, principalmente se a contraparte for o Estado e se permitirem o alargamento da actividade da associação a novas valências.

• *Gestão de regimes profissionais de Segurança Social*

No quadro 40 encontram-se sistematizadas as respostas dadas pelas associações inquiridas à questão número vinte e nove, atinente à existên-

---

[264] Estes acordos permitem aos associados das mutualidades signatárias a obtenção de descontos sobre o valor das consultas prestadas nos consultórios privados dos referidos médicos.

cia (ou não) de acordos que, ao abrigo do disposto pelo número 2 do artigo 7º do Código das Associações Mutualistas, permitam a gestão de regimes profissionais de Segurança Social.

QUADRO 40 – Gestão de regimes profissionais de Segurança Social

Situação observada	Nº de associações
A associação celebrou convénios que lhes permitem a gestão de regimes profissionais de Segurança Social	0
Não existem acordos que permitam à associação a gestão de regimes profissionais de Segurança Social	21
Não responderam	4

O número de associações que responderam negativamente à questão colocada é de tal forma claro que julgamos ser, por si só, revelador do fraco interesse que a eventual gestão de regimes complementares de Segurança Social tem merecido por parte das associações mutualistas. Estes resultados parecem, aliás, querer corroborar a hipótese anteriormente equacionada, segundo a qual se o Código das Associações Mutualistas prevê que estas promovam fins de Segurança Social e fins de saúde, respectivamente, por intermédio dos seus artigos 3º e 4º, o interesse das associações parece recair preferencialmente sobre os fins de saúde, atendendo às modalidades postas em prática no âmbito das associações aqui consideradas, bem como ao tipo de acordos de cooperação por elas estabelecidos.

- *Relacionamento das associações mutualistas com a União das Mutualidades Portuguesas*

A questão número trinta tinha o propósito de aferir a regularidade com que as associações em apreço mantêm contactos com a União das Mutualidades Portuguesas. Uma maioria significativa das associações observadas (21) afirma ter um relacionamento regular com a União.

É de remarcar o relativo consenso prevalecente no âmbito das associações que mantêm contactos regulares com a União da Mutualidades Portuguesas, no que diz respeito às vantagens decorrentes de tal relacionamento. Assim sendo, segundo um largo número de associações, o contacto regular com a União permite o acesso, em tempo oportuno, à informação por ela divulgada, quer seja do foro contabilístico, jurídico ou actuarial, quer incida sobre a temática do mutualismo em geral. As associações sustentam, ainda, que a existência de uma União das Mutualidades permite que o mutualismo tenha maior peso institucional, além de promover a discussão *inter pares* dos seus problemas comuns.

Devemos, contudo, procurar conhecer também as razões que levam a que algumas mutualidades não se relacionem, de um modo efectivo, com a União. Embora em número francamente reduzido – apenas duas –, estas associações criticam a União pelo facto de esta se encontrar «muito centralizada em Lisboa» e «porque a União não se interessa por associações como a nossa».

Permitimo-nos, porém, replicar tais afirmações, uma vez que para além de ser significativo o número de associações que diz manter contactos regulares com a União, essas associações se repartem, de modo equilibrado, por todo o território nacional, conforme decorre da observação dos valores inscritos no quadro 18. É, aliás, de sublinhar o facto de, em determinados distritos, localizados no interior do país, se terem registado níveis de resposta superiores ao do distrito de Lisboa (veja-se, por exemplo, o caso de Évora, com 100%, em contraponto com Lisboa, onde a percentagem de resposta foi apenas de cerca de 32%). Presumimos, ainda, que, quando uma associação afirma que «a União não se interessa por associações como a nossa», se estará a referir às associações de reduzida dimensão e que registaram, no passado recente, decréscimos significativos do número dos seus associados, dado serem estas as características da associação que emitiu tal juízo. Ora acontece que não é a única com tal perfil, no âmbito das 25 associações observadas, pelo que julgamos não ser possível generalizar tal entendimento.

• *Perspectivas de evolução das associações mutualistas*

No que se refere ao bloco final de questões, concernente às perspectivas de evolução das associações mutualistas, resulta óbvia a vontade de estas alargarem, no futuro, a sua acção a novas valências, em acordo com os elementos apresentados no quadro que segue.

QUADRO 41 – Perspectivas futuras

Entendimento das associações	Nº de associações
As associações pretendem alargar, no futuro, a sua acção a novas valências	19
As associações não pretendem alargar o seu campo de acção	2
Não responderam	4

A prestação de cuidados de saúde e o apoio domiciliário a idosos são as áreas apontadas, com mais frequência, pelas associações que afirmam, no futuro, pretender pôr em prática novas modalidades. A criação de centros de dia, bem como o apoio à infância, através da criação de creches e de jardins de infância, surgem, também, entre os objectivos de algumas das associações observadas.

No que concerne ao domínio das pensões de reforma, apenas duas das associações em apreço o elegem como uma das áreas futuras de actuação: uma, através da actualização dos valores das pensões já existentes, outra, propondo uma modalidade a prazo, designada por *capital reforma*.

Entre os factores susceptíveis de condicionar a desejada expansão, lideram os constrangimentos de natureza financeira, superáveis, no entender das associações, através da existência de apoios adequados por parte do Estado. A inexistência de meios humanos capazes de ir ao encontro das necessidades decorrentes dos seus projectos de expansão, bem como a exiguidade do espaço físico de que dispõem, figuram, também, entre os condicionalismos apontados pelas associações mutualistas.

Por seu turno, entre as associações que não pretendem diversificar o elenco das valências actualmente praticadas, é de reter o depoimento de uma delas ao referir que «os fins para que a Associação foi criada estão ultrapassados». Saliente-se que esta associação foi fundada em 1892, contém na sua denominação social a designação de «fúnebre familiar», a única modalidade de benefícios actualmente vigente é a da concessão de subsídios de funeral aos seus associados e registou, nos últimos dez anos, um decréscimo da expressão da sua massa associativa que ultrapassou os 25%. Julgamos, pois, estar perante um caso paradigmático de não renovação, ao invés de muitas das outras associações observadas neste estudo, parecendo esta associação ter-se esgotado nos objectivos que pretendia prosseguir ([265]).

- *Vantagens e inconvenientes das associações mutualistas num contexto de refundação das políticas sociais*

Já na última questão do inquérito era sugerido às associações que apontassem duas vantagens e dois inconvenientes que estas julguem possuir no exercício de um papel activo no âmbito das políticas de protecção social. Julgando nós estarmos em presença de uma questão susceptível de merecer o interesse das associações, através da qual pudéssemos registar a sua percepção sobre o mutualismo em geral, 12 das mutualidades observadas não deram resposta ao que se solicitava. Mais ainda, entre as restantes 13 associações pondera um entendimento muito diversificado relativamente às vantagens e aos inconvenientes do mutualismo no exercício de um papel activo em sede das políticas de protecção social. Cremos, porém, que este entendimento diversificado encerra uma síntese do que são as vantagens e as limitações do mutualismo em geral e as quais passamos a mencionar.

Entre as vantagens apontadas pelas associações em apreço figuram:
– a actuação em áreas sensíveis, absolutamente necessárias às populações, como é o caso da assistência médica;
– a ausência de objectivos lucrativos, o que permite uma distribuição dos benefícios no exacto montante da contribuição dos associados;
– o conhecimento das necessidades locais, concretamente das necessidades da massa associativa, o que permite o estabelecimento de uma relação personalizada com os associados, susceptível de prover de modo mais adequado as necessidades dos mesmos, principalmente se atendermos ao modo público de produção de serviços sociais;
– a possibilidade de a actuação mutualista funcionar como um complemento às prestações de natureza estatal;
– os princípios em que o mutualismo assenta, concretamente o facto de as associações mutualistas serem organizações democrá-

---

([265]) Assinale-se o facto de a concessão de subsídios de funeral aos seus associados ter estado na base do surgimento de muitas das associações mutualistas nacionais, tendo estas, na sua maioria, alargado, posteriormente, o seu campo de actuação a novas valências.

ticas e de adesão voluntária, o que permite aos cidadãos cuidarem dos seus próprios dispositivos de protecção.

Já entre as limitações referidas pelas mutualidades encontramos:
– o fraco conhecimento que a sociedade em geral tem do mutualismo e das suas vantagens, o que se articula com o envelhecimento da população mutualista em geral e com a dificuldade em proceder ao seu rejuvenescimento, através da mobilização das camadas etárias mais jovens;
– a reduzida capacidade financeira de um número significativo de associações mutualistas;
– algumas dificuldades ao nível dos recursos humanos, nomeadamente, a fraca profissionalização dos trabalhadores das associações mutualistas e a fraca sensibilização de uma larga maioria para as questões específicas do mutualismo;
– a concorrência de organizações privadas, em particular das seguradoras e das sociedades gestoras de fundos de pensões;
– a fragilidade dos apoios estatais, observável, por exemplo, nas tabelas discriminatórias praticadas na remuneração de cuidados de saúde quando estes são prestados por associações mutualistas, bem como nas demoras verificadas no pagamento dessas prestações de serviços.

Porém, não obstante as fragilidades apontadas, recordamos a vontade expressa de um número significativo de associações em alargar, no futuro, o seu campo de acção a novas valências, pelo que se ousa aqui sugerir a criação de um *Observatório das Mutualidades*, que desvinculado de obrigações institucionais [266], possua o necessário distanciamento para proceder ao estudo e ao acompanhamento das actividades a desenvolver pelas associações mutualistas, através da recolha sistemática e contínua de elementos a elas concernentes.

5.4 – Em jeito de síntese

Entre os resultados do inquérito, há, sobretudo, que assinalar a enorme diversidade, encontrada no âmbito do mutualismo português, no que diz respeito à dimensão, às modalidades prosseguidas e, até mesmo,

---

[266] Ao falarmos aqui de obrigações institucionais, referimo-nos, em concreto, à União das Mutualidades Portuguesas, que embora desempenhe, de algum modo, as funções que se apontam para o sugerido *Observatório*, tem com as associações mutualistas um relacionamento que implica direitos e deveres de ambas as partes, logo de envolvimento directo e de compromisso.

ao entendimento das diversas questões que se colocam ao movimento mutualista em geral. No entanto, julgamos ser possível o estabelecimento de uma importante correlação, já anteriormente assinalada, entre a evolução do número de associados, ocorrida no passado recente, e as valências prosseguidas pelas mutualidades respectivas. De facto, são as associações que actuam na área da saúde as que registaram os acréscimos mais significativos da sua massa associativa, em contraponto com o observado em outras associações dedicadas a outras valências, onde o número de associados decresceu, nos últimos anos, de modo evidente, o que nos leva a indagar quais as razões de tais acontecimentos. Será que a crise dos sistemas de saúde é mais perceptível, para a sociedade portuguesa, do que a crise dos sistemas públicos de Segurança Social?

Uma resposta circunstanciada à questão que se colocou obrigaria à realização de um estudo paralelo a este, através do qual se pudesse avaliar, antes de mais, quais os motivos que levam os associados a aderir às associações mutualistas. Caindo tais propósitos fora do âmbito do presente trabalho, arriscaremos que julgamos ser positiva a resposta à dita questão; se a Segurança Social, e dentro dela as pensões, se afigura, para a maioria dos cidadãos, como uma realidade a prazo, já a saúde trata-se de uma necessidade próxima, por todos sentida.

Afigura-se também pertinente a menção ao facto de julgarmos haver um desajustamento entre o discurso institucional, protagonizado, entre nós, pela União das Mutualidades Portuguesas, e o sentimento que prevalece no âmbito das associações mutualistas, no tocante ao futuro do mutualismo. Enquanto que a União assume, claramente, o papel de parceiro complementar da acção do Estado, no domínio das políticas sociais, como decorre, aliás do tema do último Congresso de Mutualismo realizado em Portugal, as associações mutualistas mostram-se, a este respeito, francamente mais reservadas, apontando um leque de constrangimentos que julgam possuir no exercício desse papel. Curioso é que as associações, particamente em uníssono, afirmem que a falta de apoios estatais se trata de um dos principais desses constrangimentos. Parece-nos, por isso, estarmos em presença de uma certa ambivalência de entendimentos, isto é, se por um lado as associações mutualistas se constituem tendo por base a livre vontade dos cidadãos e se, inclusivamente, o movimento mutualista português tem como objectivo o enfraquecimento da tutela do Estado, tal como se anuncia na sétima linha de orientação do Código das Associações Mutualistas, é certo, por outro, que as associações revelam algumas dificuldades em prescindir dos apoios estatais.

A presença do Estado é, porém, difícil de dissipar, não só no que concerne às questões de natureza financeira, mas sobretudo porque o Estado tem o poder de vetar o alargamento do campo de actuação das associações mutualistas a novas modalidades ([267]).

Impõe-se, ainda, uma última nota, alusiva à quantidade e à qualidade da informação disponibilizada pelas associações mutualistas observadas. Verificou-se aqui a ocorrência de um certo paradoxo, devido ao facto de serem, por um lado, as associações de maior dimensão e, por outro lado, as associações de dimensão mais reduzida, as que apresentam os maiores níveis de prestação de informação. Estamos em crer que este hiato de informação, que parece caracterizar as associações de nível médio, se fica a dever a razões diversas; se nas associações com maior número de associados, a complexidade organizacional daí decorrente implica a existência de ficheiros informatizados e, consequentemente, o conhecimento mais apurado das características da sua massa associativa, nas mutualidades de reduzida dimensão, essa menoridade é, por sua vez, impulsora de maior proximidade relativamente aos associados e, por conseguinte, da capacidade de dispor de um conhecimento mais directo dos associados.

Com o inquérito cujos resultados temos vindo a descrever, procurámos, principalmente, apurar quais as potencialidades e os limites das associações mutualistas, num contexto de refundação das políticas sociais. No âmbito dessas políticas, demos, ao longo do trabalho, particular atenção à área das pensões, por ser, como sublinhámos anteriormente, uma das áreas nevrálgicas nesse processo.

Porém, fomos confrontados com o reduzido interesse que a actuação neste domínio suscita nas associações mutualistas que inquirímos.

([267]) Quisémos saber como se processa, nas associações mutualistas, o lançamento de uma nova modalidade. Para o efeito, contactámos uma mutualidade que nos indicou, *grosso modo*, as seguintes etapas:
— a iniciativa parte da Direcção da associação, no âmbito da qual é elaborado um *estudo de viabilidade*;
— sendo viável, a proposta de criação de uma nova modalidade é sujeita à apreciação da Assembleia Geral de associados;
— uma vez aprovada, a proposta é enviada, para autorização, para a Direcção Geral dos Regimes de Segurança Social;
— contactado este organismo, apurámos que são geralmente as associações mutualistas de maior dimensão as que solicitam a actuação em novos domínios;
— não se trata, contudo, de uma situação vulgar;
— porém, quando ocorrem, tais processos encontram-se devidamente organizados e fundamentados, merecendo, por isso, a aprovação estatal.

A sua atenção recai, primordialmente, sobre outras áreas das políticas sociais, nomeadamente sobre a área da saúde.

Entre as limitações que, no futuro, se poderão colocar às mutualidades, no exercício de um papel activo no âmbito das políticas de protecção social, algumas das associações contactadas sugeriram o desconhecimento generalizado de que o mutualismo é alvo entre nós. No mesmo sentido, Bidet cita um estudo realizado há algum tempo na sociedade francesa, no qual nove em dez franceses afirmaram desconhecer o significado do termo «economia social» [268] [269].

Na verdade, estamos em crer que uma das principais falhas do mutualismo reside na sua pouca divulgação junto dos cidadãos em geral; no entanto, tanto quanto sabemos, tem a União das Mutualidades Portuguesas incentivado as associações, que com ela mantêm contactos regulares, no sentido de promoverem as suas actividades e de darem a conhecer as modalidades de protecção social que põem em prática.

Apesar da importância assumida pela qualidade dos apoios estatais postos ao serviço das associações mutualistas, julgamos que o seu desenvolvimento futuro enquanto intervenientes nos processos de regulação social dependerá, sobretudo, de factores locais, concretamente do papel dos seus dirigentes, problemática que, aliás, não foi contemplada neste trabalho.

---

[268] Cfr. E. BIDET, *L'économie sociale*, p. 11.
[269] França é, porém, um dos países onde se observa um largo número de experiências no domínio da economia social.

NOTA FINAL

Procurámos, ao longo deste trabalho, avaliar as potencialidades e os limites das associações mutualistas, tendo em vista o exercício de um papel activo num contexto de refundação das políticas sociais.

Uma vez aqui chegados, cumpre-nos tecer alguns comentários que, em vez de finais, se afiguram antes como pontos de partida para outras reflexões.

Em primeiro lugar, a problemática do financiamento dos sistemas públicos de protecção social está longe de encontrar consensos, parecendo certa, contudo, a impossibilidade de o Estado recuar como agente interventor nos processos de regulação social. Na actualidade, a discussão envereda, sobretudo, pelas novas formas de Estado e, mais ainda, pelas implicações decorrentes de modos alternativos de financiamento.

Em segundo lugar, o recurso a esquemas privados de protecção deve ser questionado, atendendo ao enorme poder de exclusão de que estes dispositivos são portadores. Por outro lado, a estreita ligação entre estes mecanismos e o mundo financeiro confere-lhes riscos específicos, alguns deles resultantes da própria globalização financeira.

Cumpre-nos, por último, identificar os pontos fortes que o mutualismo poderá possuir num contexto de refundação das políticas sociais, relativamente aos restantes agentes de regulação social.

Estamos em crer que tais virtualidades se manifestam, fundamentalmente, a dois níveis.

No primeiro nível, a que chamaremos *plano concreto* ([270]), releva a capacidade de resolver problemas concretos que se colocam cada vez

---

 ([270]) A sistematização entre as virtualidades que se manifestam no *plano concreto* e no *plano teórico* foi suscitada pela leitura de J. LAVILLE, *L'économie solidaire – Une perspective internationale*.

com maior acuidade, no âmbito da refundação das políticas sociais exigida pelas sociedades pós-modernas ([271]).

Doutro modo, a economia solidária, e entre ela o movimento mutualista, permite a conjugação entre diversas formas de trabalho, nomeadamente entre trabalho assalariado e trabalho voluntário. A complementaridade entre estas duas formas de trabalho ocorre, também ela, de acordo com padrões particulares, sendo inútil (ou mesmo impossível) encontrar as condições gerais em que se opera tal equilíbrio.

Um outro factor impulsionador do desenvolvimento de um projecto de economia social resulta da proximidade relativamente aos agentes destinatários dos serviços produzidos.

No segundo nível, que designaremos por *plano teórico*, a economia social pode ser encarada como uma alternativa credível, quer ao comunismo, quer ao próprio capitalismo.

Permitimo-nos aqui recordar a perspectiva *walrasiana* quanto ao enquadramento da economia social. Para Walras, a economia social era entendida como «uma nova forma de fazer economia política»; o mesmo autor identificou três níveis de análise económica: a *economia política pura*, dedicada à identificação das leis naturais, a *economia aplicada*, destinada ao estudo dos meios económicos necessários à verificação dessas leis, e a *economia social*, que consiste na apreciação moral das duas acepções anteriores.

Se, tal como afirmou Boaventura de Sousa Santos, recorrendo a uma velha expressão usada no Manifesto Comunista, o marxismo parece ter-se desfeito «definitivamente no ar» ([272]), não é menos verdade que o capitalismo está longe de proporcionar soluções generalizadas de bem-estar, contribuindo as crises económicas recentes, particularmente as que emergem do mundo financeiro, para a sua crescente contestação. Os modelos de economia social podem, pois, ser apontados como uma al-

---

([271]) Neste mesmo sentido, Castel realça a necessidade de repensar as políticas de protecção social, mais concretamente os sistemas públicos de pensões, no contexto de uma sociedade *pós-salarial*.

Perante a crise de financiamento dos sistemas públicos de pensões, Castel aponta que a gestão da crise passa pela emergência de formas de protecção *pós-salariais*, surgidas no seio da sociedade civil e portadoras de semelhanças com as antigas formas de protecção *pré-salariais*. Porém, o mesmo autor alerta para o perigo da eclosão de formas de *neoclientelismo* e de *neofilantropia*, associadas a esses mecanismo pós-salariais.

Cfr. R. CASTEL, «Le mòdele de la "société salariale"», p. 35.

([272]) Cfr. B. S. SANTOS, *Pela Mão de Alice. O Social e o Político na Pós-Modernidade*, pp. 25-33.

ternativa credível, quando em confronto com os dois modelos anteriormente apontados.

Mais ainda, e no entender de Laville, a crise da sociedade salarial ([273]) poderá trazer um novo impulso ao desenvolvimento de um modelo de economia solidária. A ser verdade, poderemos então avaliar quais as condições que operam a distinção entre as actuais formas de terceiro sector e as formas de solidariedade pré-existentes, brevemente descritas no capítulo 1, no caso concreto do mutualismo. É de relevar, sobretudo, que, enquanto as formas de solidariedade pré-modernas se construíram num espaço vazio, que primava pela ausência de outros mecanismos de protecção social, o actual terceiro sector confronta-se com um espaço sobejamente ocupado por outras formas de regulação, por vezes repletas de disfunções, as quais, ele próprio, pode ser chamado a suprimir.

Daí que um estudo aturado sobre as potencialidades do terceiro sector como forma de regulação e sobre a pertinência do desenvolvimento de um projecto de economia solidária deva ocorrer, necessariamente, à luz da *matriz tripolar* da regulação, que foi objecto de estudo neste trabalho.

([273]) Cfr. R. CASTEL, «Le modèle de la "société salariale"», p. 35.

ANEXO I

ESTRUTURAS FISCAIS
E
COMPOSIÇÃO DAS RECEITAS E DAS DESPESAS
DA
SEGURANÇA SOCIAL

QUADRO 1 - Níveis de fiscalidade - percentagem das receitas fiscais em relação ao PIB (1965 / 1996)

País	1965	1970	1975	1980	1985	1990	1993	1994	1995	1996
Bélgica	31,1	35,7	41,6	43,7	46,9	44	44,9	46	46	46
Dinamarca	29,9	40,4	41,4	45,5	49	48,7	50,4	51,9	51,4	52,2
Alemanha	31,6	32,9	36	38,2	38,1	36,7	39	39,2	39,2	38,1
Grécia	22	25,3	25,5	29,4	35,1	37,1	39,5	40,2	40,8	40,6
Espanha	14,7	16,9	19,5	23,9	28,5	34,2	34,7	34,7	34	33,7
França	34,5	35,1	36,9	41,7	44,5	43,7	43,9	44,1	44,5	45,7
Irlanda	24,9	29,9	30,2	32,6	36,4	34,8	35,4	36,1	33,8	33,7
Itália	25,5	26,1	26,2	30,4	34,5	39,2	43,8	41,7	41,3	43,2
Luxemburgo	27,7	28	38,8	42	46,7	43,4	43,9	44,3	44,1	44,7
Holanda	32,8	37,1	43	45,2	44,1	44,6	47,5	44,7	43,8	43,3
Áustria	33,9	34,9	37,7	40,3	42,4	41	43,4	43,3	42,3	44
Portugal	16,1	20,1	21,6	25,1	27,6	30,9	32,4	33,8	34,9	34,9
Finlândia	30,3	32,5	37,7	36,9	40,8	45,4	45,4	47,6	46,1	48,2
Suécia	35	39,8	43,4	48,8	50	55,6	50,1	50,8	49,5	52
Reino Unido	30,4	37	35,4	35,1	37,5	36,5	33,5	34,5	35,6	36

Fonte: OCDE, *Statistiques des recettes publiques* – 1965/1996, 1998.

QUADRO 2 - Importância dos principais impostos em percentagem das receitas fiscais
(1965 / 1996)

BÉLGICA

	1965	1970	1975	1980	1985	1990	1993	1994	1995	1996
1000	27,63%	31,36%	39,28%	40,97%	40,20%	36,92%	35,61%	37,45%	38,46%	38,08%
2000	31,43%	30,48%	31,88%	30,41%	32,72%	34,35%	35,19%	33,25%	33,11%	32,35%
3000	-	-	-	-	-	-	-	-	-	-
4000	3,74%	3,05%	2,35%	2,36%	1,70%	2,61%	2,56%	2,60%	2,40%	2,62%
5000	37,17%	35,07%	26,42%	26,20%	25,38%	26,12%	26,65%	26,70%	26,03%	26,96%
6000	0,03%	0,04%	0,07%	0,07%	-	-	-	-	-	-

DINAMARCA

	1965	1970	1975	1980	1985	1990	1993	1994	1995	1996
1000	45,93%	51,22%	59,04%	55,01%	56,79%	58,27%	59,91%	60,42%	60,32%	60,19%
2000	5,44%	3,95%	1,33%	1,81%	3,79%	3,07%	3,22%	3,17%	3,11%	3,13%
3000	-	-	-	-	0,81%	0,64%	1,08%	0,53%	0,45%	0,43%
4000	8,00%	5,97%	5,86%	5,68%	4,22%	4,21%	4,12%	3,72%	3,48%	3,29%
5000	40,62%	38,80%	33,63%	37,38%	34,20%	33,62%	31,45%	31,93%	32,41%	32,74%
6000	-	0,06%	0,15%	0,13%	0,19%	0,20%	0,23%	0,22%	0,22%	0,21%

ALEMANHA

	1965	1970	1975	1980	1985	1990	1993	1994	1995	1996
1000	33,78%	32,33%	34,40%	35,10%	34,78%	32,38%	30,69%	29,37%	30,04%	28,44%
2000	26,79%	30,31%	34,00%	34,35%	36,53%	37,48%	38,76%	39,13%	39,43%	40,63%
3000	0,64%	0,62%	0,81%	0,15%	-	-	-	-	-	-
4000	5,81%	4,92%	3,86%	3,28%	3,02%	3,37%	2,72%	2,78%	2,75%	3,02%
5000	32,97%	31,81%	26,90%	27,11%	25,65%	26,73%	27,81%	28,69%	27,77%	27,90%
6000	0,00%	0,00%	0,04%	0,02%	0,02%	0,04%	0,02%	0,02%	0,02%	0,02%

GRÉCIA

	1965	1970	1975	1980	1985	1990	1993	1994	1995	1996
1000	9,12%	11,82%	13,27%	19,37%	17,48%	19,90%	18,98%	21,62%	22,75%	19,90%
2000	31,59%	30,03%	29,51%	32,89%	35,58%	30,21%	31,00%	30,88%	30,97%	30,21%
3000	0,78%	0,71%	0,78%	1,83%	1,47%	0,69%	0,60%	0,73%	0,77%	0,69%
4000	9,66%	9,26%	9,65%	4,59%	2,70%	4,64%	3,70%	3,52%	3,38%	4,64%
5000	48,84%	48,18%	46,80%	41,24%	42,72%	44,54%	45,72%	43,26%	42,13%	44,54%
6000	-	-	-	0,07%	0,06%	0,02%	0,00%	0,00%	0,00%	0,02%

(cont.)
ESPANHA

	1965	1970	1975	1980	1985	1990	1993	1994	1995	1996
1000	24,52%	20,19%	22,04%	25,83%	26,23%	30,66%	29,86%	28,28%	29,23%	30,66%
2000	28,26%	37,41%	47,49%	48,29%	41,33%	35,39%	37,87%	37,31%	36,18%	35,39%
3000	-	-	-	-	-	-	-	-	-	-
4000	6,36%	6,52%	6,31%	5,08%	3,52%	5,52%	5,02%	5,63%	5,52%	5,52%
5000	40,84%	35,87%	24,16%	20,58%	28,71%	28,40%	26,87%	28,28%	28,68%	28,40%
6000	0,01%	0,01%	0,00%	0,22%	0,21%	0,03%	0,38%	0,50%	0,38%	0,03%

FRANÇA

	1965	1970	1975	1980	1985	1990	1993	1994	1995	1996
1000	15,89%	18,34%	17,61%	18,10%	17,33%	17,23%	17,38%	17,71%	17,56%	17,95%
2000	34,16%	36,29%	40,58%	42,69%	43,32%	44,06%	44,61%	43,44%	43,34%	43,13%
3000	4,61%	1,20%	1,94%	2,20%	2,06%	1,90%	2,33%	2,44%	2,43%	2,29%
4000	4,29%	3,55%	3,41%	3,52%	4,43%	5,15%	5,19%	5,29%	5,24%	5,09%
5000	38,41%	38,13%	33,29%	30,42%	29,67%	28,41%	26,66%	27,13%	27,31%	27,27%
6000	2,64%	2,50%	3,18%	3,07%	3,20%	3,24%	3,83%	3,97%	4,12%	4,27%

IRLANDA

	1965	1970	1975	1980	1985	1990	1993	1994	1995	1996
1000	25,73%	27,09%	30,01%	36,52%	34,50%	36,89%	40,14%	40,25%	39,12%	40,92%
2000	6,50%	8,24%	13,78%	14,28%	14,75%	14,84%	15,38%	14,47%	14,42%	13,47%
3000	-	-	-	0,22%	2,34%	1,31%	2,01%	1,66%	1,21%	1,12%
4000	15,13%	12,24%	9,70%	5,27%	3,99%	4,68%	4,17%	4,46%	4,51%	4,78%
5000	52,64%	52,42%	46,51%	43,71%	44,42%	42,29%	38,30%	39,15%	40,75%	39,71%
6000	-	-	-	-	-	-	-	-	-	-

ITÁLIA

	1965	1970	1975	1980	1985	1990	1993	1994	1995	1996
1000	17,83%	17,41%	21,48%	31,15%	36,83%	36,48%	36,96%	34,70%	35,08%	34,42%
2000	34,17%	37,78%	45,86%	38,03%	34,71%	32,91%	31,43%	31,25%	31,67%	34,18%
3000	-	-	-	0,64%	0,56%	0,34%	0,29%	0,30%	0,30%	0,15%
4000	7,21%	6,01%	3,29%	3,72%	2,52%	2,26%	5,41%	5,43%	5,68%	5,38%
5000	39,47%	38,69%	29,36%	26,46%	25,38%	28,02%	25,91%	28,32%	27,26%	25,87%
6000	1,31%	0,11%	0,00%	-	-	-	-	-	-	-

(cont.)
LUXEMBURGO

	1965	1970	1975	1980	1985	1990	1993	1994	1995	1996
1000	35,91%	43,33%	43,54%	43,32%	43,34%	39,41%	36,96%	38,46%	38,84%	38,05%
2000	32,27%	28,59%	29,54%	29,25%	26,30%	27,28%	28,03%	26,61%	26,79%	26,62%
3000	0,91%	1,00%	1,02%	0,65%	0,54%	-	-	-	-	-
4000	6,17%	6,55%	5,12%	5,68%	5,50%	8,49%	7,75%	7,57%	7,23%	7,62%
5000	24,74%	20,53%	20,79%	21,10%	24,31%	24,82%	27,27%	27,36%	27,14%	27,71%
6000	-	-	-	-	-	-	-	-	-	-

HOLANDA

	1965	1970	1975	1980	1985	1990	1993	1994	1995	1996
1000	35,77%	33,45%	34,77%	32,85%	26,35%	32,24%	32,33%	28,01%	26,33%	27,04%
2000	30,77%	35,15%	38,39%	38,05%	44,25%	37,39%	38,21%	41,08%	41,80%	39,56%
3000	-	-	-	-	-	-	-	-	-	-
4000	4,38%	3,33%	2,39%	3,58%	3,47%	3,65%	3,76%	4,18%	4,06%	4,44%
5000	28,64%	27,78%	24,17%	25,25%	25,65%	26,40%	25,23%	26,27%	27,35%	28,56%
6000	0,44%	0,29%	0,28%	0,27%	0,28%	0,32%	0,47%	0,47%	0,46%	0,40%

ÁUSTRIA

	1965	1970	1975	1980	1985	1990	1993	1994	1995	1996
1000	25,51%	25,16%	26,14%	26,75%	26,42%	25,53%	26,96%	24,76%	26,68%	27,75%
2000	24,93%	25,41%	27,59%	30,91%	31,80%	32,87%	33,98%	35,05%	36,23%	34,80%
3000	7,59%	7,72%	8,03%	7,05%	5,70%	6,03%	5,85%	6,54%	6,70%	6,33%
4000	3,97%	3,74%	3,10%	2,88%	2,44%	2,73%	2,60%	1,57%	1,51%	1,43%
5000	37,38%	37,36%	34,52%	31,52%	32,57%	31,50%	29,31%	30,91%	27,69%	28,58%
6000	0,62%	0,60%	0,63%	0,89%	1,07%	1,34%	1,30%	1,18%	1,18%	1,12%

PORTUGAL

	1965	1970	1975	1980	1985	1990	1993	1994	1995	1996
1000	24,58%	23,70%	17,43%	19,71%	25,75%	25,67%	27,52%	26,10%	26,28%	28,53%
2000	21,88%	23,89%	34,56%	29,53%	25,91%	27,15%	26,81%	26,28%	27,01%	25,69%
3000	0,94%	0,96%	2,50%	2,60%	2,47%	-	-	-	-	-
4000	5,13%	4,23%	2,53%	1,45%	1,90%	2,71%	2,44%	2,40%	2,47%	2,47%
5000	44,24%	44,63%	40,75%	44,88%	42,79%	43,83%	42,64%	44,56%	43,53%	42,62%
6000	3,21%	2,58%	2,23%	1,84%	1,18%	0,64%	0,60%	0,66%	0,71%	0,69%

(cont.)

FINLÂNDIA

	1965	1970	1975	1980	1985	1990	1993	1994	1995	1996
1000	41,30%	44,45%	48,06%	42,67%	45,19%	43,11%	38,47%	40,49%	40,23%	41,73%
2000	6,84%	8,95%	15,09%	19,42%	17,43%	21,74%	26,36%	26,39%	27,51%	25,76%
3000	5,16%	4,48%	2,34%	0,18%	0,50%	-	-	-	-	-
4000	3,97%	2,23%	1,94%	1,85%	2,73%	2,38%	2,79%	2,47%	2,31%	2,24%
5000	42,55%	39,72%	32,41%	35,70%	33,96%	32,64%	32,20%	30,42%	29,72%	30,07%
6000	0,16%	0,18%	0,15%	0,17%	0,18%	0,13%	0,19%	0,22%	0,22%	0,21%

SUÉCIA

	1965	1970	1975	1980	1985	1990	1993	1994	1995	1996
1000	54,89%	54,19%	50,49%	43,54%	42,23%	41,64%	40,92%	42,43%	41,42%	40,97%
2000	12,13%	14,95%	19,52%	28,83%	24,96%	27,23%	27,30%	27,18%	29,09%	29,84%
3000	0,03%	1,11%	4,34%	2,61%	3,72%	-	-	-	-	-
4000	1,78%	1,45%	1,11%	0,82%	2,34%	3,52%	3,21%	3,21%	2,85%	3,79%
5000	31,18%	28,25%	24,35%	24,04%	26,60%	24,96%	27,22%	25,79%	24,29%	22,78%
6000	-	0,06%	0,20%	0,16%	0,14%	0,17%	0,06%	0,09%	0,18%	0,11%

REINO UNIDO

	1965	1970	1975	1980	1985	1986	1987	1988	1989	1990
1000	36,98%	40,40%	44,76%	37,78%	38,69%	39,23%	34,87%	35,57%	36,55%	36,79%
2000	15,40%	13,91%	17,51%	16,65%	17,79%	17,05%	17,95%	18,09%	17,62%	17,26%
3000	-	4,45%	0,00%	4,30%	0,03%	-	-	-	-	-
4000	14,54%	12,46%	12,71%	12,03%	12,02%	7,80%	10,58%	10,71%	10,36%	10,65%
5000	33,08%	28,78%	25,02%	29,23%	31,45%	31,69%	35,64%	35,46%	35,38%	35,24%
6000	-	-	-	-	-	4,23%	0,96%	0,17%	0,10%	0,06%

Fonte: OCDE, *Statistiques des recettes publiques – 1965/1996*, 1998.

NOTA - De acordo com a classificação proposta pela OCDE, as receitas fiscais dividem-se nas seguintes categorias:

Classe 1000 - Impostos sobre o rendimento das pessoas singulares e colectivas
Classe 2000 - Quotizações para a Segurança Social
Classe 3000 - Impostos sobre salários ou mão-de-obra
Classe 4000 - Impostos sobre o património
Classe 5000 - Impostos sobre bens e serviços
Classe 6000 - Outros impostos

QUADRO 3 - Estrutura das despesas da Segurança Social em percentagem das despesas correntes totais (1983 / 1994)

BÉLGICA

	1983	1984	1985	1986	1987	1988	1989	1990	1991	1992	1993	1994
Prestações da protecção social	95,3%	95,2%	95,3%	95,3%	94,5%	94,7%	94,9%	94,9%	95,3%	95,7%	95,6%	95,7%
Custos de funcionamento	4,2%	4,2%	4,0%	3,9%	3,9%	3,8%	3,7%	3,4%	3,5%	3,3%	3,3%	3,2%
Outras despesas correntes	0,5%	0,6%	0,7%	0,8%	1,6%	1,5%	1,4%	1,7%	1,2%	1,0%	1,1%	1,1%

DINAMARCA

	1983	1984	1985	1986	1987	1988	1989	1990	1991	1992	1993	1994
Prestações da protecção social	97,2%	:	97,2%	97,2%	97,1%	97%	97,1%	97,1%	97,3%	97,3%	97,4%	97,2%
Custos de funcionamento	2,3%	:	2,8%	2,8%	2,9%	3,0%	2,9%	2,9%	2,7%	2,7%	2,6%	2,8%
Outras despesas correntes	0,5%	:	0%	0%	0%	0%	0%	0%	0%	0%	0%	0%

ALEMANHA

	1983	1984	1985	1986	1987	1988	1989	1990	1991	1992	1993	1994
Prestações da protecção social	96,5%	96,3%	96,8%	96,7%	96,6%	96,7%	96,8%	96,8%	96,0%	95,6%	95,8%	96,1%
Custos de funcionamento	2,7%	2,8%	2,5%	2,4%	2,4%	2,4%	2,4%	2,5%	2,6%	2,6%	2,6%	2,6%
Outras despesas correntes	0,8%	0,9%	0,7%	0,9%	1,0%	0,9%	0,8%	0,7%	1,4%	1,8%	1,6%	1,3%

(cont.)

GRÉCIA

	1983	1984	1985	1986	1987	1988	1989	1990	1991	1992	1993	1994
Prestações da protecção social	:	:	:	90,6%	89,1%	91,7%	90,4%	92,4%	93,0%	94,7%	93,9%	94,9%
Custos de funcionamento	:	:	:	5,2%	5,2%	4,2%	3,4%	4,1%	4,1%	3,9%	3,9%	4,1%
Outras despesas correntes	:	:	:	4,2%	5,7%	4,1%	6,2%	3,5%	2,9%	1,4%	2,2%	1,0%

ESPANHA

	1983	1984	1985	1986	1987	1988	1989	1990	1991	1992	1993	1994
Prestações da protecção social	:	:	96,8%	95,9%	95,4%	95,8%	95,3%	95,6%	95,8%	95,7%	95,9%	96,2%
Custos de funcionamento	:	:	2,6%	2,7%	2,6%	2,5%	2,5%	2,5%	2,5%	2,4%	2,6%	2,3%
Outras despesas correntes	:	:	0,6%	1,4%	2,0%	1,7%	2,2%	1,9%	1,7%	1,9%	1,5%	1,5%

FRANÇA

	1983	1984	1985	1986	1987	1988	1989	1990	1991	1992	1993	1994
Prestações da protecção social	94,5%	:	94,7%	94,8%	94,9%	95,1%	95,3%	95,3%	94,9%	94,8%	94,6%	94,8%
Custos de funcionamento	4,5%	:	4,3%	4,3%	4,2%	4,1%	4,0%	4,0%	4,0%	3,9%	3,9%	3,9%
Outras despesas correntes	1,0%	:	1,0%	0,9%	0,9%	0,8%	0,7%	0,7%	1,1%	1,3%	1,5%	1,3%

(cont.)

IRLANDA

	1983	1984	1985	1986	1987	1988	1989	1990	1991	1992	1993	1994
Prestações da protecção social	95,4%	95,7%	95,7%	95,7%	95,5%	95,4%	95,4%	95,5%	95,5%	95,5%	95,6%	95,7%
Custos de funcionamento	4,5%	4,2%	4,2%	4,2%	4,4%	4,5%	4,5%	4,4%	4,4%	4,4%	4,3%	4,2%
Outras despesas correntes	0,1%	0,1%	0,1%	0,1%	0,1%	0,1%	0,1%	0,1%	0,1%	0,1%	0,1%	0,1%

ITÁLIA

	1983	1984	1985	1986	1987	1988	1989	1990	1991	1992	1993	1994
Prestações da protecção social	93,9%	:	94,5%	94,7%	94,9%	94,8%	94,8%	94,8%	95,2%	95,9%	95,7%	96,1%
Custos de funcionamento	3,5%	:	3,7%	3,6%	3,6%	3,6%	3,6%	3,8%	3,7%	3,5%	3,5%	3,4%
Outras despesas correntes	2,6%	:	1,8%	1,7%	1,5%	1,6%	1,6%	1,4%	1,1%	0,6%	0,8%	0,5%

LUXEMBURGO

	1983	1984	1985	1986	1987	1988	1989	1990	1991	1992	1993	1994
Prestações da protecção social	91,1%	:	95,7%	96,1%	95,9%	96,0%	96,3%	96,1%	96,4%	96,4%	96,5%	96,5%
Custos de funcionamento	3,0%	:	3,1%	3,1%	3,3%	3,1%	3,0%	3,0%	2,9%	2,9%	2,9%	2,8%
Outras despesas correntes	5,9%	:	1,2%	0,8%	0,8%	0,9%	0,7%	0,9%	0,7%	0,7%	0,6%	0,7%

(cont.)
HOLANDA

	1983	1984	1985	1986	1987	1988	1989	1990	1991	1992	1993	1994
Prestações da protecção social	96,4%	:	95,8%	95,7%	95,6%	95,6%	95,7%	95,8%	95,7%	95,6%	95,5%	95,6%
Custos de funcionamento	3,3%	:	3,7%	3,8%	3,9%	3,9%	3,8%	3,6%	3,7%	3,8%	3,9%	3,8%
Outras despesas correntes	0,3%	:	0,5%	0,5%	0,5%	0,5%	0,5%	0,6%	0,6%	0,6%	0,6%	0,6%

ÁUSTRIA

	1983	1984	1985	1986	1987	1988	1989	1990	1991	1992	1993	1994
Prestações da protecção social	:	:	:	:	:	:	:	:	:	:	:	:
Custos de funcionamento	:	:	:	:	:	:	:	:	:	:	:	:
Outras despesas correntes	:	:	:	:	:	:	:	:	:	:	:	:

PORTUGAL

	1983	1984	1985	1986	1987	1988	1989	1990	1991	1992	1993	1994
Prestações da protecção social	:	:	92,7%	93,2%	93,1%	93,5%	93,5%	93,9%	94,3%	95,1%	94,9%	94,8%
Custos de funcionamento	:	:	7,1%	6,7%	6,8%	6,4%	6,3%	5,8%	5,5%	4,7%	4,9%	4,8%
Outras despesas correntes	:	:	0,2%	0,1%	0,1%	0,1%	0,2%	0,3%	0,2%	0,2%	0,2%	0,4%

(cont.)
FINLÂNDIA

	1983	1984	1985	1986	1987	1988	1989	1990	1991	1992	1993	1994
Prestações da protecção social	:	:	:	:	:	96,3%	96,4%	96,4%	97,0%	97,2%	97,3%	97,2%
Custos de funcionamento	:	:	:	:	:	3,7%	3,6%	3,6%	3,0%	2,8%	2,7%	2,8%
Outras despesas correntes	:	:	:	:	:	0%	0%	0%	0%	0%	0%	0%

SUÉCIA

	1983	1984	1985	1986	1987	1988	1989	1990	1991	1992	1993	1994
Prestações da protecção social	:	:	:	:	:	97,4%	97,5%	97,4%	97,8%	98,0%	:	:
Custos de funcionamento	:	:	:	:	:	2,6%	2,5%	2,6%	2,2%	2,0%	:	:
Outras despesas correntes	:	:	:	:	:	:	:	:	:	:	:	:

REINO UNIDO

	1983	1984	1985	1986	1987	1988	1989	1990	1991	1992	1993	1994
Prestações da protecção social	96,2%	96,3%	96,3%	96,2%	96,0%	95,6%	95,5%	95,4%	95,9%	96,1%	96,2%	96,2%
Custos de funcionamento	3,8%	3,7%	3,7%	3,8%	3,9%	4,3%	4,4%	4;5%	4,0%	3,8%	3,7%	3,7%
Outras despesas correntes	0%	0%	0%	0%	0,1%	0,1%	0,1%	0,1%	0,1%	0,1%	0,1%	0,1%

Fonte: EUROSTAT, *Estatísticas de Base da Comunidade*, números diversos.

QUADRO 4 - Estrutura das prestações da protecção social por função em percentagem das prestações totais (1983 / 1994)

BÉLGICA

	1983	1984	1985	1986	1987	1988	1989	1990	1991	1992	1993	1994
Doença	:	21,37%	:	21,83%	22,34%	22,19%	22,80%	23,21%	23,70%	24,91%	23,74%	24,68%
Invalidez e Enfermidade	:	9,62%	:	9,02%	9,63%	9,77%	9,30%	9,15%	8,98%	7,82%	8,78%	8,74%
Acidentes de trabalho e doença profissional	:	2,61%	:	2,34%	2,28%	2,25%	2,22%	2,16%	2,15%	2,09%	2,01%	1,97%
Velhice	:	27,73%	:	30,79%	30,72%	31,47%	32,43%	32,39%	33,06%	34,46%	33,48%	33,43%
Sobrevivência	:	12,50%	:	12,38%	12,10%	12,06%	11,83%	11,55%	10,91%	9,99%	10,85%	10,74%
Maternidade	:	0,89%	:	0,33%	0,52%	0,52%	0,55%	0,77%	0,91%	0,80%	0,75%	0,76%
Família	:	10,07%	:	8,57%	8,78%	8,63%	8,47%	8,19%	7,64%	7,83%	7,62%	7,33%
Colocação, orientação e mobilidade	:	2,11%	:	3,10%	2,01%	1,89%	1,98%	1,62%	1,49%	1,51%	1,67%	1,61%
Desemprego	:	11,63%	:	10,44%	10,37%	9,97%	9,23%	9,43%	9,66%	9,46%	9,75%	9,39%
Habitação	:	0,00%	:	0,00%	0,00%	0,00%	:	:	:	:	:	:
Diversos	:	1,47%	:	1,21%	1,25%	1,24%	1,19%	1,53%	1,50%	1,14%	1,35%	1,35%
TOTAL	:	100%	:	100%	100%	100%	100%	100%	100%	100%	100%	100%

DINAMARCA

	1983	1984	1985	1986	1987	1988	1989	1990	1991	1992	1993	1994
Doença	:	21,71%	21,65%	22,35%	21,51%	21,42%	21,16%	19,66%	19,64%	18,99%	18,76%	17,40%
Invalidez e Enfermidade	:	8,17%	8,11%	8,61%	8,76%	8,73%	8,63%	8,75%	8,63%	8,42%	8,41%	8,83%
Acidentes de trabalho e doença profissional	:	0,74%	0,72%	1,28%	1,02%	1,03%	0,82%	0,81%	0,79%	0,75%	0,94%	0,73%
Velhice	:	36,30%	37,61%	37,98%	37,50%	36,50%	36,62%	36,55%	35,57%	34,64%	33,93%	36,56%
Sobrevivência	:	0,10%	0,10%	0,10%	0,09%	0,09%	0,08%	0,08%	0,08%	0,07%	0,07%	0,06%
Maternidade	:	1,20%	1,55%	1,73%	1,76%	1,74%	1,73%	1,82%	1,75%	1,76%	1,70%	1,57%
Família	:	9,02%	9,22%	9,06%	10,29%	10,73%	10,27%	10,31%	10,13%	10,14%	10,08%	10,00%
Colocação, orientação e mobilidade	:	4,05%	3,78%	3,05%	2,78%	3,32%	3,58%	4,30%	4,78%	6,27%	6,30%	5,44%
Desemprego	:	13,30%	11,79%	10,20%	10,06%	10,36%	10,89%	11,03%	11,59%	11,92%	12,62%	11,34%
Habitação	:	1,72%	1,77%	1,87%	2,02%	2,04%	2,13%	2,34%	2,45%	2,51%	2,57%	2,46%
Diversos	:	3,69%	3,71%	3,77%	4,22%	4,06%	4,08%	4,36%	4,59%	4,55%	4,63%	5,61%
TOTAL	:	100%	100%	100%	100%	100%	100%	100%	100%	100%	100%	100%

(cont.)

ALEMANHA

	1983	1984	1985	1986	1987	1988	1989	1990	1991	1992	1993	1994
Doença	27,34%	27,71%	28,08%	27,96%	28,45%	27,60%	28,13%	28,72%	28,36%	26,73%	27,01%	
Invalidez e Enfermidade	10,18%	10,05%	9,60%	9,45%	8,73%	8,76%	8,92%	9,04%	8,41%	8,75%	8,99%	
Acidentes de trabalho e doença profissional	3,15%	3,13%	3,28%	3,10%	3,06%	3,05%	3,10%	3,08%	2,98%	2,88%	2,84%	
Velhice	28,71%	28,82%	28,68%	28,60%	29,06%	29,95%	30,00%	29,45%	30,13%	30,60%	30,96%	
Sobrevivência	13,86%	13,67%	13,27%	12,99%	12,73%	12,56%	12,10%	11,58%	10,31%	10,17%	10,22%	
Maternidade	0,80%	0,78%	0,75%	0,65%	0,69%	0,71%	0,80%	0,87%	0,74%	0,74%	0,71%	
Família	6,05%	5,80%	6,30%	7,22%	7,11%	7,28%	7,26%	8,08%	7,63%	7,29%	6,92%	
Colocação, orientação e mobilidade	1,16%	1,43%	1,68%	1,84%	1,88%	1,74%	1,97%	2,16%	3,13%	2,97%	2,34%	
Desemprego	5,44%	5,22%	4,83%	4,90%	4,95%	4,58%	4,09%	3,59%	5,20%	6,69%	6,85%	
Habitação	0,77%	0,75%	0,90%	0,92%	0,87%	0,80%	0,73%	0,70%	0,89%	0,80%	0,69%	
Diversos	2,56%	2,62%	2,63%	2,35%	2,47%	2,96%	2,90%	2,72%	2,22%	2,39%	2,46%	
TOTAL	100%	100%	100%	100%	100%	100%	100%	100%	100%	100%	100%	

GRÉCIA

	1983	1984	1985	1986	1987	1988	1989	1990	1991	1992	1993	1994
Doença	:	:	:	:	:	:	10,27%	10,53%	9,43%	11,97%	13,82%	14,87%
Invalidez e Enfermidade	:	:	:	:	:	:	11,72%	11,38%	10,22%	10,03%	10,30%	9,50%
Acidentes de trabalho e doença profissional	:	:	:	:	:	:	0,10%	0,10%	0,08%	0,09%	0,09%	0,09%
Velhice	:	:	:	:	:	:	56,86%	57,49%	59,40%	56,67%	55,61%	56,22%
Sobrevivência	:	:	:	:	:	:	11,43%	10,63%	10,27%	11,07%	10,97%	10,61%
Maternidade	:	:	:	:	:	:	0,27%	0,53%	0,70%	0,62%	0,53%	0,53%
Família	:	:	:	:	:	:	1,38%	1,16%	1,07%	0,61%	0,85%	0,69%
Colocação, orientação e mobilidade	:	:	:	:	:	:	:	0,00%	0,00%	0,00%	0,00%	0,00%
Desemprego	:	:	:	:	:	:	1,85%	3,02%	2,99%	3,46%	3,36%	2,69%
Habitação	:	:	:	:	:	:	0,88%	0,74%	0,71%	0,56%	0,60%	0,67%
Diversos	:	:	:	:	:	:	5,23%	4,41%	5,13%	4,92%	3,87%	4,13%
TOTAL	:	:	:	:	:	:	100%	100%	100%	100%	100%	100%

Anexo I 219

(cont.)

ESPANHA

	1983	1984	1985	1986	1987	1988	1989	1990	1991	1992	1993	1994
Doença	:	:	:	22,13%	23,22%	23,82%	26,19%	25,95%	26,02%	26,57%	25,61%	25,98%
Invalidez e Enfermidade	:	:	:	9,82%	9,30%	9,12%	8,63%	8,40%	8,62%	7,71%	7,72%	8,07%
Acidentes de traballho e doença profissional	:	:	:	2,45%	2,34%	2,41%	2,27%	2,41%	2,32%	2,23%	2,13%	2,16%
Velhice	:	:	:	35,28%	35,99%	35,93%	32,85%	32,67%	31,24%	31,19%	30,87%	32,57%
Sobrevivência	:	:	:	10,79%	10,92%	10,87%	9,88%	10,03%	9,84%	9,77%	9,58%	10,03%
Maternidade	:	:	:	1,12%	1,23%	1,22%	0,99%	0,96%	0,95%	0,92%	0,88%	0,89%
Família	:	:	:	0,93%	0,74%	0,67%	0,70%	0,79%	0,72%	0,90%	0,80%	0,83%
Colocação, orientação e mobilidade	:	:	:	1,07%	1,15%	1,28%	0,90%	0,87%	0,85%	0,68%	0,65%	0,70%
Desemprego	:	:	:	15,99%	14,54%	13,90%	15,69%	16,13%	17,53%	18,42%	20,34%	17,38%
Habitação	:	:	:	0,13%	0,35%	0,59%	0,72%	0,63%	0,59%	0,38%	0,35%	0,34%
Diversos	:	:	:	0,30%	0,21%	0,19%	1,17%	1,16%	1,33%	1,23%	1,07%	1,06%
TOTAL	:	:	:	100%	100%	100%	100%	100%	100%	100%	100%	100%

FRANÇA

	1983	1984	1985	1986	1987	1988	1989	1990	1991	1992	1993	1994
Doença	:	:	:	25,71%	25,54%	25,55%	26,17%	26,54%	26,33%	26,70%	26,36%	26,24%
Invalidez e Enfermidade	:	:	:	6,21%	6,36%	6,35%	6,21%	6,13%	6,01%	5,89%	5,82%	5,86%
Acidentes de traballho e doença profissional	:	:	:	2,39%	2,35%	2,28%	2,26%	2,23%	2,14%	2,06%	1,92%	1,87%
Velhice	:	:	:	37,14%	37,16%	37,04%	37,07%	36,76%	36,46%	37,18%	36,92%	37,17%
Sobrevivência	:	:	:	7,93%	7,88%	7,93%	7,64%	7,69%	7,47%	6,69%	6,56%	6,49%
Maternidade	:	:	:	1,54%	1,65%	1,73%	1,74%	1,53%	1,50%	1,46%	1,41%	1,41%
Família	:	:	:	9,23%	9,02%	8,88%	8,59%	8,48%	8,44%	7,96%	8,20%	8,16%
Colocação, orientação e mobilidade	:	:	:	1,12%	1,03%	1,12%	0,77%	0,93%	1,13%	1,44%	1,83%	2,00%
Desemprego	:	:	:	5,34%	5,58%	5,70%	5,65%	5,64%	6,17%	6,43%	6,44%	6,08%
Habitação	:	:	:	2,71%	2,79%	2,79%	2,82%	2,86%	2,85%	2,89%	3,04%	3,14%
Diversos	:	:	:	0,66%	0,64%	0,61%	1,06%	1,23%	1,51%	1,31%	1,51%	1,60%
TOTAL	:	:	:	100%	100%	100%	100%	100%	100%	100%	100%	100%

(cont.)

IRLANDA

	1983	1984	1985	1986	1987	1988	1989	1990	1991	1992	1993	1994
Doença	:	28,99%	29,01%	28,17%	27,31%	26,93%	27,28%	28,64%	28,70%	29,39%	29,68%	29,30%
Invalidez e Enfermidade	:	6,67%	6,66%	6,59%	6,53%	6,77%	6,92%	6,44%	6,44%	6,78%	6,91%	7,02%
Acidentes de trabalho e doença profissional	:	0,54%	0,53%	0,51%	0,58%	0,56%	0,59%	0,59%	0,54%	0,52%	0,50%	0,49%
Velhice	:	24,91%	24,20%	23,67%	24,25%	24,61%	25,10%	22,01%	21,56%	22,37%	21,89%	21,40%
Sobrevivência	:	7,14%	7,02%	6,74%	6,88%	7,05%	6,92%	6,80%	6,60%	6,37%	6,18%	6,08%
Maternidade	:	2,45%	2,41%	2,11%	2,17%	1,91%	1,98%	2,12%	2,15%	2,12%	2,11%	2,09%
Família	:	9,97%	9,86%	10,22%	10,51%	10,47%	10,71%	15,42%	15,16%	10,66%	10,55%	11,02%
Colocação, orientação e mobilidade	:	0,00%	0,00%	2,46%	2,39%	2,37%	2,05%	2,32%	2,26%	2,10%	2,52%	3,93%
Desemprego	:	13,84%	14,40%	13,88%	13,76%	13,35%	12,97%	10,32%	11,35%	14,43%	14,47%	13,27%
Habitação	:	4,10%	4,42%	4,23%	4,23%	4,36%	3,90%	3,52%	3,34%	3,15%	3,09%	3,22%
Diversos	:	1,38%	1,49%	1,42%	1,39%	1,62%	1,55%	1,81%	1,89%	2,12%	2,10%	2,19%
TOTAL	:	100%	100%	100%	100%	100%	100%	100%	100%	100%	100%	100%

ITÁLIA

	1983	1984	1985	1986	1987	1988	1989	1990	1991	1992	1993	1994
Doença	:	22,03%	22,60%	21,93%	23,37%	23,79%	23,28%	21,71%	24,51%	23,14%	22,16%	20,90%
Invalidez e Enfermidade	:	18,88%	19,33%	7,21%	7,20%	7,21%	7,33%	7,30%	6,62%	6,42%	6,75%	6,75%
Acidentes de trabalho e doença profissional	:	2,64%	2,77%	2,50%	2,48%	2,49%	2,42%	2,37%	2,28%	2,25%	2,10%	2,24%
Velhice	:	35,58%	35,20%	49,32%	48,78%	48,89%	49,22%	50,66%	49,84%	51,37%	51,79%	52,70%
Sobrevivência	:	10,49%	10,19%	10,59%	10,77%	10,50%	10,70%	11,06%	10,72%	10,90%	11,16%	11,31%
Maternidade	:	0,63%	0,72%	0,64%	0,55%	0,66%	0,45%	0,47%	0,50%	0,51%	0,49%	0,44%
Família	:	6,09%	5,82%	4,54%	4,23%	4,37%	4,82%	4,63%	3,73%	3,45%	3,18%	3,11%
Colocação, orientação e mobilidade	:	0,09%	0,09%	0,06%	0,08%	0,07%	0,07%	0,08%	0,07%	0,07%	0,07%	0,07%
Desemprego	:	3,43%	3,14%	2,97%	2,35%	1,96%	1,65%	1,69%	1,68%	1,86%	2,27%	2,44%
Habitação	:	0,00%	0,00%	0,08%	0,08%	0,04%	0,03%	0,02%	0,02%	0,01%	0,01%	0,01%
Diversos	:	0,14%	0,16%	0,16%	0,10%	0,02%	0,02%	0,02%	0,02%	0,02%	0,02%	0,03%
TOTAL	:	100%	100%	100%	100%	100%	100%	100%	100%	100%	100%	100%

(cont.)

LUXEMBURGO

	1983	1984	1985	1986	1987	1988	1989	1990	1991	1992	1993	1994
Doença	:	23,12%	:	24,24%	24,78%	24,32%	24,53%	24,48%	23,97%	24,33%	24,76%	23,81%
Invalidez e Enfermidade	:	16,64%	:	15,78%	12,46%	12,68%	12,45%	12,29%	11,74%	11,76%	11,23%	11,24%
Acidentes de trabalho e doença profissional	:	3,88%	:	3,94%	3,66%	3,62%	3,22%	3,17%	3,08%	3,17%	3,27%	2,92%
Velhice	:	28,79%	:	28,27%	31,87%	32,33%	32,43%	31,95%	32,47%	32,75%	31,77%	31,74%
Sobrevivência	:	16,95%	:	16,11%	15,37%	15,68%	15,04%	14,79%	16,16%	15,56%	15,01%	14,20%
Maternidade	:	1,51%	:	1,56%	1,42%	1,46%	1,45%	1,53%	1,49%	1,40%	1,44%	1,44%
Família	:	7,52%	:	8,22%	8,21%	8,22%	9,29%	9,63%	9,60%	9,77%	11,19%	12,15%
Colocação, orientação e mobilidade	:	0,15%	:	0,33%	0,37%	0,28%	0,19%	0,23%	0,25%	0,14%	0,16%	1,06%
Desemprego	:	1,29%	:	0,90%	0,97%	0,70%	0,57%	0,57%	0,75%	0,72%	0,86%	1,20%
Habitação	:	0,06%	:	0,08%	0,15%	0,21%	0,25%	0,23%	0,20%	0,23%	0,23%	0,18%
Diversos	:	0,09%	:	0,58%	0,75%	0,49%	0,57%	1,13%	0,30%	0,18%	0,08%	0,07%
TOTAL	:	100%	:	100%	100%	100%	100%	100%	100%	100%	100%	100%

HOLANDA

	1983	1984	1985	1986	1987	1988	1989	1990	1991	1992	1993	1994
Doença	:	:	:	28,99%	29,63%	29,22%	21,34%	21,49%	21,53%	22,79%	22,77%	22,27%
Invalidez e Enfermidade	:	:	:	23,07%	23,89%	23,52%	22,63%	22,83%	22,96%	23,25%	22,77%	22,30%
Acidentes de trabalho e doença profissional	:	:	:	0,00%	0,00%	0,00%	0,00%	0,00%	0,00%	0,00%	0,00%	0,00%
Velhice	:	:	:	31,46%	32,28%	34,05%	31,08%	31,72%	31,59%	32,39%	32,33%	31,99%
Sobrevivência	:	:	:	5,13%	5,18%	5,30%	4,93%	5,37%	5,37%	5,55%	5,53%	5,58%
Maternidade	:	:	:	0,44%	0,47%	0,46%	0,39%	0,40%	0,40%	0,57%	0,59%	0,56%
Família	:	:	:	10,31%	7,97%	6,84%	5,80%	8,06%	8,13%	5,07%	4,95%	4,92%
Colocação, orientação e mobilidade	:	:	:	0,04%	0,04%	0,05%	0,00%	0,00%	0,00%	0,00%	0,00%	0,00%
Desemprego	:	:	:	0,30%	0,28%	0,23%	9,21%	8,34%	8,26%	8,63%	9,37%	10,64%
Habitação	:	:	:	0,00%	0,00%	0,00%	1,33%	1,11%	1,14%	1,11%	1,07%	1,07%
Diversos	:	:	:	0,25%	0,26%	0,32%	3,30%	0,68%	0,62%	0,64%	0,61%	0,67%
TOTAL	:	:	:	100%	100%	100%	100%	100%	100%	100%	100%	100%

(cont.)

ÁUSTRIA

	1983	1984	1985	1986	1987	1988	1989	1990	1991	1992	1993	1994
Doença	:	:	:	:	:	:	:	:	:	:	:	:
Invalidez e Enfermidade	:	:	:	:	:	:	:	:	:	:	:	:
Acidentes de trabalho e doença profissional	:	:	:	:	:	:	:	:	:	:	:	:
Velhice	:	:	:	:	:	:	:	:	:	:	:	:
Sobrevivência	:	:	:	:	:	:	:	:	:	:	:	:
Maternidade	:	:	:	:	:	:	:	:	:	:	:	:
Família	:	:	:	:	:	:	:	:	:	:	:	:
Colocação, orientação e mobilidade	:	:	:	:	:	:	:	:	:	:	:	:
Desemprego	:	:	:	:	:	:	:	:	:	:	:	:
Habitação	:	:	:	:	:	:	:	:	:	:	:	:
Diversos	:	:	:	:	:	:	:	:	:	:	:	:
TOTAL	:	:	:	:	:	:	:	:	:	:	:	:

PORTUGAL

	1983	1984	1985	1986	1987	1988	1989	1990	1991	1992	1993	1994
Doença	:	:	:	30,97%	29,40%	29,54%	29,56%	28,69%	27,23%	30,87%	30,79%	34,26%
Invalidez e Enfermidade	:	:	:	13,69%	14,02%	13,65%	13,81%	13,31%	12,15%	11,65%	11,71%	11,25%
Acidentes de trabalho e doença profissional	:	:	:	2,27%	2,43%	2,38%	2,43%	2,35%	2,94%	2,46%	2,12%	2,48%
Velhice	:	:	:	31,82%	33,79%	34,57%	33,76%	35,28%	32,12%	31,38%	33,38%	32,99%
Sobrevivência	:	:	:	7,91%	7,69%	7,46%	7,13%	7,31%	7,04%	7,05%	7,34%	7,23%
Maternidade	:	:	:	0,87%	0,85%	0,86%	0,92%	0,92%	0,89%	0,85%	0,86%	0,77%
Família	:	:	:	6,50%	6,31%	6,27%	6,39%	5,80%	4,97%	5,73%	4,56%	4,42%
Colocação, orientação e mobilidade	:	:	:	0,44%	0,34%	0,42%	0,66%	0,65%	2,52%	1,82%	1,67%	0,52%
Desemprego	:	:	:	3,01%	2,67%	2,02%	1,88%	2,06%	2,34%	3,26%	4,87%	5,27%
Habitação	:	:	:	0,02%	0,04%	0,04%	0,05%	0,03%	0,03%	0,02%	0,02%	0,01%
Diversos	:	:	:	2,51%	2,47%	2,79%	3,40%	3,61%	7,77%	4,90%	2,70%	0,80%
TOTAL	:	:	:	100%	100%	100%	100%	100%	100%	100%	100%	100%

(cont.)

FINLÂNDIA

	1983	1984	1985	1986	1987	1988	1989	1990	1991	1992	1993	1994
Doença	:	:	:	:	:	:	26,79%	26,63%	24,76%	21,58%	:	:
Invalidez e Enfermidade	:	:	:	:	:	:	14,79%	14,15%	13,92%	13,79%	:	:
Acidentes de traballho e doença profissional	:	:	:	:	:	:	1,20%	1,88%	1,81%	1,84%	:	:
Velhice	:	:	:	:	:	:	31,83%	31,70%	30,45%	29,22%	:	:
Sobrevivência	:	:	:	:	:	:	4,15%	4,03%	3,90%	3,82%	:	:
Maternidade	:	:	:	:	:	:	2,52%	2,55%	2,54%	2,44%	:	:
Família	:	:	:	:	:	:	10,31%	10,96%	10,68%	10,27%	:	:
Colocação, orientação e mobilidade	:	:	:	:	:	:	2,91%	3,04%	3,50%	4,17%	:	:
Desemprego	:	:	:	:	:	:	2,54%	2,45%	5,56%	9,71%	:	:
Habitação	:	:	:	:	:	:	0,72%	0,74%	0,86%	1,14%	:	:
Diversos	:	:	:	:	:	:	2,24%	1,87%	2,01%	2,02%	:	:
TOTAL	:	:	:	:	:	:	100%	100%	100%	100%	:	:

SUÉCIA

	1983	1984	1985	1986	1987	1988	1989	1990	1991	1992	1993	1994
Doença	:	:	:	:	:	:	37,12%	36,14%	32,77%	24,81%	:	:
Invalidez e Enfermidade	:	:	:	:	:	:	(a)	(a)	(a)	(a)	:	:
Acidentes de traballho e doença profissional	:	:	:	:	:	:	2,16%	2,27%	2,32%	2,24%	:	:
Velhice	:	:	:	:	:	:	41,40%	40,81%	40,83%	47,84%	:	:
Sobrevivência	:	:	:	:	:	:	-	-	-	-	:	:
Maternidade	:	:	:	:	:	:	2,90%	3,34%	3,41%	3,36%	:	:
Família	:	:	:	:	:	:	11,65%	12,20%	13,12%	12,66%	:	:
Colocação, orientação e mobilidade	:	:	:	:	:	:	-	-	-	-	:	:
Desemprego	:	:	:	:	:	:	4,21%	4,65%	6,87%	8,46%	:	:
Habitação	:	:	:	:	:	:	-	-	-	-	:	:
Diversos	:	:	:	:	:	:	0,55%	0,58%	0,68%	0,63%	:	:
TOTAL	:	:	:	:	:	:	100%	100%	100%	100%	:	:

(a) - Incluido em «Doença».

(cont.)

REINO UNIDO

	1983	1984	1985	1986	1987	1988	1989	1990	1991	1992	1993	1994
Doença	:	20,38%	:	19,71%	25,93%	21,44%	21,36%	20,60%	21,11%	20,96%	19,24%	:
Invalidez e Enfermidade	:	9,08%	:	8,80%	8,69%	10,36%	10,47%	11,39%	12,32%	11,26%	11,73%	:
Acidentes de trabalho e doença profissional	:	0,87%	:	0,84%	0,83%	0,91%	0,93%	0,90%	0,40%	0,36%	0,36%	:
Velhice	:	41,22%	:	40,70%	39,08%	42,07%	42,39%	41,88%	40,04%	40,17%	40,08%	:
Sobrevivência	:	1,76%	:	1,60%	1,24%	1,35%	1,19%	1,14%	1,40%	1,16%	1,25%	:
Maternidade	:	1,33%	:	1,05%	0,82%	0,88%	0,86%	0,97%	1,04%	1,18%	1,25%	:
Família	:	10,47%	:	9,96%	9,19%	10,21%	10,32%	9,86%	9,98%	9,66%	10,18%	:
Colocação, orientação e mobilidade	:	0,99%	:	1,16%	1,12%	1,31%	2,26%	1,82%	1,45%	1,10%	1,13%	:
Desemprego	:	8,86%	:	8,77%	6,28%	4,94%	3,57%	3,95%	5,23%	6,56%	6,13%	:
Habitação	:	3,89%	:	5,72%	5,29%	5,24%	5,31%	6,06%	5,44%	6,04%	7,03%	:
Diversos	:	1,15%	:	1,71%	1,53%	1,29%	1,35%	1,43%	1,59%	1,54%	1,61%	:
TOTAL	:	100%	:	100%	100%	100%	100%	100%	100%	100%	100%	:

Fonte: EUROSTAT, *Estatísticas de Base da Comunidade*, números diversos.

**QUADRO 5 - Receitas correntes por tipo em percentagem das receitas correntes totais
(1983 / 1994)**

BÉLGICA

	1983	1984	1985	1986	1987	1988	1989	1990	1991	1992	1993	1994
Quotizações da entidade patronal	40,1%	41,4%	39,4%	40,6%	41,4%	41,8%	40,9%	40,6%	43,5%	43,1%	41,9%	43,1%
Quotizações das pessoas protegidas	18,7%	19,7%	20,2%	19,5%	20,2%	25,6%	24,6%	26,1%	25,6%	26,6%	26,5%	26,5%
Contribuições públicas correntes	36,4%	33,8%	32,1%	30,7%	28,1%	28,4%	25,8%	24,2%	22,1%	21,0%	22,2%	20,6%
Outras receitas correntes	4,8%	5,1%	8,3%	9,2%	10,3%	4,2%	8,7%	9,1%	8,8%	9,3%	9,4%	9,8%

DINAMARCA

	1983	1984	1985	1986	1987	1988	1989	1990	1991	1992	1993	1994
Quotizações da entidade patronal	10,7%	10,4%	10,1%	10,5%	10,7%	8,4%	8,7%	7,9%	7,2%	6,8%	6,8%	9,2%
Quotizações das pessoas protegidas	3,8%	4,0%	4,0%	4,2%	4,3%	4,4%	4,8%	5,3%	4,9%	5,1%	5,1%	10,1%
Contribuições públicas correntes	78,4%	78,1%	78,5%	77,7%	78,1%	80,3%	79,8%	80,1%	81,3%	81,8%	81,2%	75,6%
Outras receitas correntes	7,1%	7,5%	7,4%	7,6%	6,9%	6,9%	6,7%	6,7%	6,6%	6,3%	6,9%	5,1%

ALEMANHA

	1983	1984	1985	1986	1987	1988	1989	1990	1991	1992	1993	1994
Quotizações da entidade patronal	39,9%	40,5%	41,2%	41,1%	40,9%	41,0%	40,5%	41,2%	40,0%	39,6%	38,3%	38,4%
Quotizações das pessoas protegidas	29,4%	29,8%	30,3%	30,2%	30,2%	30,3%	30,3%	30,4%	30,8%	30,9%	31,0%	32,0%
Contribuições públicas correntes	27,3%	26,3%	25,0%	25,2%	25,5%	25,5%	25,8%	24,7%	25,7%	26%	27,4%	26,6%
Outras receitas correntes	3,4%	3,4%	3,5%	3,5%	3,4%	3,2%	3,4%	3,6%	3,5%	3,5%	3,3%	3,0%

(cont.)

GRÉCIA

	1983	1984	1985	1986	1987	1988	1989	1990	1991	1992	1993	1994
Quotizações da entidade patronal	:	:	:	46,1%	41,2%	48,8%	50,4%	47,8%	48,1%	46,8%	46,1%	45,7%
Quotizações das pessoas protegidas	:	:	:	37,4%	33,8%	26,2%	23,9%	25,9%	27,4%	27,7%	27,4%	26,6%
Contribuições públicas correntes	:	:	:	9,5%	16,8%	18,9%	19,2%	16,5%	16,7%	17,8%	18,5%	19,2%
Outras receitas correntes	:	:	:	7,0%	8,2%	6,1%	6,5%	9,8%	7,8%	7,7%	8,0%	8,5%

ESPANHA

	1983	1984	1985	1986	1987	1988	1989	1990	1991	1992	1993	1994
Quotizações da entidade patronal	:	:	52,4%	51,4%	52,3%	53,1%	52,6%	53,4%	53,6%	53,2%	50,2%	50,3%
Quotizações das pessoas protegidas	:	:	19,9%	20,2%	19,4%	17,6%	17,4%	17,5%	17,3%	16,9%	16,7%	18,0%
Contribuições públicas correntes	:	:	25,7%	26,5%	26,1%	26,6%	27,7%	26,8%	26,7%	27,6%	31,0%	29,6%
Outras receitas correntes	:	:	2,0%	1,9%	2,2%	2,7%	2,3%	2,3%	2,4%	2,3%	2,1%	2,1%

FRANÇA

	1983	1984	1985	1986	1987	1988	1989	1990	1991	1992	1993	1994
Quotizações da entidade patronal	52,8%	:	52,3%	52,8%	52,2%	51,8%	52,1%	52,2%	51,4%	51,0%	50,0%	49,1%
Quotizações das pessoas protegidas	23,6%	:	25,0%	26,0%	27,0%	27,4%	28,3%	28,6%	28,4%	28,3%	27,9%	27,4%
Contribuições públicas correntes	20,5%	:	19,6%	18,3%	18,2%	18,2%	17,2%	16,7%	17,7%	18,3%	19,8%	21,5%
Outras receitas correntes	3,1%	:	3,1%	2,9%	2,6%	2,6%	2,4%	2,5%	2,5%	2,4%	2,3%	2,0%

Anexo I 227

(cont.)
IRLANDA

	1983	1984	1985	1986	1987	1988	1989	1990	1991	1992	1993	1994
Quotizações da entidade patronal	21,5%	21,7%	22,2%	22,0%	22,1%	23,2%	23,8%	24,5%	23,9%	22,9%	23,6%	23,0%
Quotizações das pessoas protegidas	12,9%	13,2%	12,4%	12,3%	13,1%	14,7%	15,2%	15,5%	15,0%	15,1%	14,9%	15,2%
Contribuições públicas correntes	64,3%	64,2%	64,5%	64,9%	63,9%	61,2%	59,9%	58,9%	60,0%	60,8%	60,6%	61,0%
Outras receitas correntes	1,3%	0,9%	0,9%	0,8%	0,9%	0,9%	1,1%	1,1%	1,1%	1,2%	0,9%	0,8%

ITÁLIA

	1983	1984	1985	1986	1987	1988	1989	1990	1991	1992	1993	1994
Quotizações da entidade patronal	53,3%	:	52,5%	53,4%	52,2%	52,1%	52,4%	53,0%	51,3%	50,2%	48,9%	46,5%
Quotizações das pessoas protegidas	13,9%	:	14,6%	15,6%	16,1%	15,6%	14,9%	15,0%	15,5%	15,6%	17,3%	16,3%
Contribuições públicas correntes	30,6%	:	29,5%	27,8%	28,6%	29,4%	29,4%	29,0%	30,2%	32,0%	31,5%	35,0%
Outras receitas correntes	2,2%	:	3,4%	3,2%	3,1%	2,9%	3,3%	3,0%	3,0%	2,2%	2,3%	2,2%

LUXEMBURGO

	1983	1984	1985	1986	1987	1988	1989	1990	1991	1992	1993	1994
Quotizações da entidade patronal	33,2%	:	33,4%	32,2%	33,4%	32,3%	32,9%	31,0%	31,1%	30,5%	30,1%	29,5%
Quotizações das pessoas protegidas	25,5%	:	25,6%	23,6%	23,3%	22,9%	22,6%	21,8%	21,9%	21,7%	21,7%	21,9%
Contribuições públicas correntes	32,8%	:	34,2%	37,6%	36,8%	38,6%	37,8%	39,0%	39,4%	40,6%	41,0%	42,6%
Outras receitas correntes	8,5%	:	6,8%	6,6%	6,5%	6,2%	6,7%	8,2%	7,6%	7,2%	7,2%	6,0%

(cont.)

HOLANDA

	1983	1984	1985	1986	1987	1988	1989	1990	1991	1992	1993	1994
Quotizações da entidade patronal	32,0%	:	31,9%	33,3%	33,3%	31,7%	30,6%	20,1%	20,2%	20,2%	20,5%	20,1%
Quotizações das pessoas protegidas	36,3%	:	36,1%	34,5%	35,8%	35,5%	34,2%	39,0%	40,3%	41,6%	42,1%	47,8%
Contribuições públicas correntes	18,3%	:	16,3%	15,6%	14,0%	16,9%	18,8%	25,0%	23,8%	22,4%	21,7%	16,3%
Outras receitas correntes	13,4%	:	15,7%	16,6%	16,9%	15,9%	16,4%	15,9%	15,7%	15,8%	15,7%	15,8%

ÁUSTRIA

	1983	1984	1985	1986	1987	1988	1989	1990	1991	1992	1993	1994
Quotizações da entidade patronal	:	:	:	:	:	:	:	:	:	:	:	43,2%
Quotizações das pessoas protegidas	:	:	:	:	:	:	:	:	:	:	:	25,3%
Contribuições públicas correntes	:	:	:	:	:	:	:	:	:	:	:	29,1%
Outras receitas correntes	:	:	:	:	:	:	:	:	:	:	:	2,4%

PORTUGAL

	1983	1984	1985	1986	1987	1988	1989	1990	1991	1992	1993	1994
Quotizações da entidade patronal	:	:	47,7%	52,7%	51,9%	49,7%	45,6%	45,4%	45,3%	41,8%	37,3%	34,4%
Quotizações das pessoas protegidas	:	:	16,1%	16,2%	19,3%	20,8%	21,2%	21,1%	21,9%	20,8%	20,2%	21,3%
Contribuições públicas correntes	:	:	33,3%	27,0%	24,6%	24,9%	28,9%	28,1%	27,7%	32,4%	34,4%	37,4%
Outras receitas correntes	:	:	2,9%	4,1%	4,2%	4,6%	4,3%	5,4%	5,1%	5,0%	8,1%	6,9%

(cont.)

FINLÂNDIA

	1983	1984	1985	1986	1987	1988	1989	1990	1991	1992	1993	1994
Quotizações da entidade patronal	:	:	:	:	:	:	:	:	:	:	:	:
Quotizações das pessoas protegidas	:	:	:	:	:	:	:	:	:	:	:	:
Contribuições públicas correntes	:	:	:	:	:	:	:	:	:	:	:	:
Outras receitas correntes	:	:	:	:	:	:	:	:	:	:	:	:

SUÉCIA

	1983	1984	1985	1986	1987	1988	1989	1990	1991	1992	1993	1994
Quotizações da entidade patronal	:	:	:	:	:	:	:	:	:	:	:	:
Quotizações das pessoas protegidas	:	:	:	:	:	:	:	:	:	:	:	:
Contribuições públicas correntes	:	:	:	:	:	:	:	:	:	:	:	:
Outras receitas correntes	:	:	:	:	:	:	:	:	:	:	:	:

REINO UNIDO

	1983	1984	1985	1986	1987	1988	1989	1990	1991	1992	1993	1994
Quotizações da entidade patronal	31,6%	30,8%	29,6%	28,8%	28,4%	29,1%	28,4%	27,4%	26,5%	26,1%	26,1%	:
Quotizações das pessoas protegidas	16,4%	16,8%	16,6%	16,8%	16,8%	17,3%	17,3%	16,1%	16,4%	15,6%	15,6%	:
Contribuições públicas correntes	43,1%	42,6%	43,7%	43,9%	42,6%	41,1%	37,6%	39,4%	42,4%	43,9%	43,9%	:
Outras receitas correntes	8,9%	9,8%	10,1%	10,5%	12,2%	12,5%	16,7%	17,1%	14,7%	14,4%	14,4%	:

Fonte: EUROSTAT, *Estatísticas de Base da Comunidade*, números diversos.

ANEXO II

ESTRUTURA DEMOGRÁFICA NA UNIÃO EUROPEIA

Estatísticas e Projecções

QUADRO 1 - População Total dos Estados-membros da União Europeia em 1 de Janeiro (1987 / 1997)

(1000)

	1987	1988	1989	1990	1991	1992	1993	1994	1995	1996	1997
EUR 15	359986	360813	362130	363763	365430	367068	368990	370433	371590	372670	373713
Bélgica	9865	9876	9928	9948	9987	10022	10068	10101	10131	10143	10170
Dinamarca	5125	5129	5130	5135	5147	5162	5181	5197	5216	5251	5275
Alemanha	77780	77900	78390	79113	79753	80275	80975	81338	81539	81818	82012
Grécia	9985	10016	10058	10121	10200	10295	10349	10410	10443	10465	10487
Espanha	38587	38675	38757	38826	38875	38965	39051	39121	39177	39242	39299
França	55682	55966	56270	59577	56893	57218	57530	57779	58020	58258	58492
Irlanda	3545	3535	3515	3507	3521	3548	3569	3583	3598	3620	3652
Itália	56595	56609	56649	56694	56744	56757	56960	57139	57269	57333	57461
Luxemburgo	370	372	375	379	384	390	395	401	407	413	418
Holanda	14615	14715	14805	14893	15010	15129	15239	15342	15424	15494	15567
Áustria	7594	7603	7628	7690	7769	7868	7962	8015	8040	8055	8068
Portugal	10007	9981	9955	9920	9873	9860	9865	9892	9912	9921	9934
Finlândia	4926	4939	4954	4974	4999	5029	5055	5078	5099	5117	5132
Suécia	8382	8414	8459	8527	8591	8644	8692	8745	8816	8838	8845
Reino Unido	56930	57084	57258	57459	57685	57907	58099	58293	58500	58704	58902

Fonte: EUROSTAT, *Annuaire - Vue statistique sur l'Europe*, ed. 98/99.

QUADRO 2 - Estrutura da População dos Estados-membros da União Europeia por grupos de idade e sexo em percentagem da população total (1983/1994)

1983

	Menos de 15 anos M	Menos de 15 anos F	De 15 a 64 anos M	De 15 a 64 anos F	Mais de 65 anos M	Mais de 65 anos F	Total M	Total F
EUR 15	:	:	:	:	:	:	:	:
Bélgica	10	9,6	33,3	33	5,5	8,6	48,8	51,2
Dinamarca	9,8	9,4	33,3	32,7	6,2	8,6	49,3	50,7
Alemanha	8,3	7,9	34,4	34,7	5,1	9,6	47,8	52,2
Grécia	11,2	10,4	32,1	33	5,9	7,4	49,2	50,8
Espanha	12,6	11,8	31,7	32,2	4,8	6,9	49,1	50,9
França	11,1	10,6	32,6	32,6	5,1	8	48,8	51,2
Irlanda	15,4	14,6	30,1	29,3	4,7	5,9	50,2	49,8
Itália	11	10,5	32,2	33,1	5,4	7,8	48,6	51,4
Luxemburgo	9,2	8,8	34,2	34,4	5,3	8,2	48,6	51,4
Holanda	10,5	10,1	34,2	33,4	4,8	7	49,5	50,5
Áustria	9,7	9,3	32,5	34,1	5,1	9,3	47,3	52,7
Portugal	13	12,5	30,5	32,5	4,7	6,8	48,2	51,8
Finlândia	10	9,5	34	34,1	4,4	8	48,4	51,6
Suécia	9,4	9	32,7	32	7,3	9,6	49,4	50,6
Reino Unido	10,2	9,6	32,6	32,6	5,9	9,1	48,7	51,3

1984

	Menos de 15 anos M	Menos de 15 anos F	De 15 a 64 anos M	De 15 a 64 anos F	Mais de 65 anos M	Mais de 65 anos F	Total M	Total F
EUR 15	:	:	:	:	:	:	:	:
Bélgica	9,9	9,4	33,6	33,4	5,3	8,4	48,8	51,2
Dinamarca	9,6	9,2	33,4	32,9	6,2	8,7	49,2	50,8
Alemanha	8	7,6	34,8	35	5,1	9,6	47,9	52,1
Grécia	11	10,3	32,3	33,1	5,8	7,5	49,1	50,9
Espanha	12,3	11,6	32	32,3	4,8	7	49,1	50,9
França	11	10,5	32,8	32,8	4,9	7,9	48,7	51,3
Irlanda	15,2	14,5	30,3	29,5	4,7	5,9	50,2	49,8
Itália	10,2	9,7	33,3	34,1	5,2	7,6	48,7	51,3
Luxemburgo	9	8,6	34,4	34,7	5,2	8	48,6	51,4
Holanda	10,2	9,8	34,4	33,6	4,8	7,1	49,4	50,6
Áustria	9,5	9,1	32,9	34,3	5	9,2	47,4	52,6
Portugal	12,3	11,7	31,2	33	4,8	7	48,3	51,7
Finlândia	9,9	9,5	34,1	34,1	4,4	8	48,4	51,6
Suécia	9,3	8,9	32,7	32	7,3	9,8	49,3	50,7
Reino Unido	10	9,5	32,9	32,8	5,8	9	48,7	51,3

1985

	Menos de 15 anos M	Menos de 15 anos F	De 15 a 64 anos M	De 15 a 64 anos F	Mais de 65 anos M	Mais de 65 anos F	Total M	Total F
EUR 15	:	:	:	:	:	:	:	:
Bélgica	9,7	9,2	33,7	33,6	5,4	8,4	48,8	51,2
Dinamarca	9,4	9	33,6	32,9	6,3	8,8	49,3	50,7
Alemanha	7,7	7,4	35	35	5,1	9,7	47,8	52,2
Grécia	10,8	10,1	32,5	33,2	5,9	7,5	49,2	50,8
Espanha	11,9	11,2	32,3	32,6	4,9	7,1	49,1	50,9
França	10,9	10,3	32,9	32,9	5	8	48,8	51,2
Irlanda	15	14,2	30,3	29,7	4,8	6	50,1	49,9
Itália	9,9	9,4	33,5	34,3	5,2	7,7	48,6	51,4
Luxemburgo	8,9	8,4	34,5	34,8	5,4	8,1	48,8	51,2
Holanda	10	9,5	34,7	33,8	4,8	7,2	49,5	50,5
Áustria	9,3	8,9	33,1	34,3	5	9,3	47,4	52,6
Portugal	12	11,5	31,3	33,2	4,9	7,1	48,2	51,8
Finlândia	9,9	9,5	34,1	33,9	4,4	8,2	48,4	51,6
Suécia	9	8,6	32,7	31,9	7,7	10,2	49,4	50,6
Reino Unido	9,9	9,4	32,9	32,8	5,9	9,2	48,7	51,3

1986

	Menos de 15 anos M	Menos de 15 anos F	De 15 a 64 anos M	De 15 a 64 anos F	Mais de 65 anos M	Mais de 65 anos F	Total M	Total F
EUR 15	:	:	:	:	:	:	:	:
Bélgica	9,5	9	33,8	33,6	5,5	8,6	48,8	51,2
Dinamarca	9,2	8,9	33,7	32,9	6,3	8,9	49,2	50,8
Alemanha	7,6	7,3	35,1	35	5,1	9,9	47,8	52,2
Grécia	10,6	9,9	32,7	33,3	5,9	7,6	49,2	50,8
Espanha	11,6	10,9	32,5	32,7	4,9	7,2	49	51
França	10,7	10,2	32,9	33	5,1	8,1	48,7	51,3
Irlanda	14,8	14,1	30,4	29,8	4,8	6,1	50	50
Itália	9,6	9,1	33,7	34,4	5,3	7,9	48,6	51,4
Luxemburgo	8,8	8,3	34,7	34,9	5,1	8,2	48,6	51,4
Holanda	9,7	9,3	34,8	33,9	4,9	7,3	49,4	50,6
Áustria	:	:	:	:	:	:	:	:
Portugal	11,8	11,2	31,5	33,3	5	7,2	48,3	51,7
Finlândia	:	:	:	:	:	:	:	:
Suécia	:	:	:	:	:	:	:	:
Reino Unido	9,8	9,3	32,9	32,8	6	9,3	48,7	51,3

Anexo II

(cont.)

	1987									1988									1989									1990								
	Menos de 15 anos		De 15 a 64 anos		Mais de 65 anos		Total		Menos de 15 anos		De 15 a 64 anos		Mais de 65 anos		Total		Menos de 15 anos		De 15 a 64 anos		Mais de 65 anos		Total		Menos de 15 anos		De 15 a 64 anos		Mais de 65 anos		Total	
	M	F	M	F	M	F	M	F	M	F	M	F	M	F	M	F	M	F	M	F	M	F	M	F	M	F	M	F	M	F	M	F
EUR 15	:	:	:	:	:	:	:	:	:	:	:	:	:	:	:	:	:	:	:	:	:	:	:	:	:	:	:	:	:	:	:	:
Bélgica	9,4	8,9	33,9	33,6	5,6	8,7	48,9	51,1	:	:	:	:	:	:	:	:	9,3	8,8	33,8	33,4	5,8	8,9	48,9	51,1	9,3	8,8	33,7	33,3	5,9	9	48,9	51,1
Dinamarca	9,1	8,7	33,9	33	6,4	9	49,4	50,6	:	:	:	:	:	:	:	:	8,5	8,1	34,2	33,3	6,7	9,4	49,4	50,6	8,7	8,3	34,1	33,2	6,4	9,2	49,2	50,8
Alemanha	7,5	7,1	35,3	34,8	5,2	10,1	48	52	:	:	:	:	:	:	:	:	7,6	7,2	35,2	34,5	5,2	10,2	48	52	7,7	7,3	35,3	34,4	5,2	10,1	48,2	51,8
Grécia	10,4	9,7	32,8	33,5	5,9	7,6	49,1	50,9	:	:	:	:	:	:	:	:	10,2	9,6	33	33,6	6	7,7	49,2	50,8	10,2	9,6	33	33,6	6	7,7	49,2	50,8
Espanha	11,4	10,7	32,7	32,8	5	7,3	49,1	50,9	:	:	:	:	:	:	:	:	10,5	9,9	33,2	33,3	5,4	7,7	49,1	50,9	10,2	9,8	32,9	33	5,5	7,9	48,6	51,4
França	10,6	10,2	32,9	33	5,2	8,2	48,7	51,3	:	:	:	:	:	:	:	:	10,3	9,8	33	33	5,4	8,5	48,7	51,3	10,3	9,8	32,9	33	5,5	8,5	48,7	51,3
Irlanda	14,7	13,9	30,5	29,9	4,8	6,2	50	50	:	:	:	:	:	:	:	:	14,3	13,5	30,8	30,1	4,9	6,4	50	50	14,3	13,5	30,8	30,2	4,9	6,4	50	50
Itália	9,3	8,8	33,9	34,5	5,4	8,1	48,6	51,4	:	:	:	:	:	:	:	:	8,7	8,3	34,1	34,6	5,7	8,6	48,5	51,5	8,5	8	34,2	34,6	5,9	8,8	48,6	51,4
Luxemburgo	8,7	8,3	35	34,7	5	8,3	48,7	51,3	:	:	:	:	:	:	:	:	8,8	8,4	35	34,4	4,9	8,5	48,7	51,3	8,9	8,5	35,1	34,1	5	8,5	49	51
Holanda	9,5	9,1	34,9	34	5	7,5	49,4	50,6	:	:	:	:	:	:	:	:	9	8,6	35,1	34,1	5,3	7,9	49,4	50,6	9	8,6	35,1	34	5,3	8	49,4	50,6
Austria	9,2	8,8	33,3	34,3	5,1	9,4	47,6	52,4	:	:	:	:	:	:	:	:	9	8,6	33,5	34,1	5,2	9,7	47,7	52,3	8,9	8,5	33,7	33,8	5,3	9,9	47,9	52,1
Portugal	11,5	10,9	31,7	33,4	5,1	7,4	48,3	51,7	:	:	:	:	:	:	:	:	10,9	10,3	32,1	33,7	5,3	7,7	48,3	51,7	10,7	10,2	32,2	33,8	5,4	7,8	48,3	51,7
Finlândia	9,9	9,5	34,1	33,9	4,5	8,2	48,5	51,5	:	:	:	:	:	:	:	:	9,9	9,5	34,1	33,9	4,5	8,2	48,5	51,5	9,9	9,4	33,9	33,4	4,7	8,6	48,5	51,5
Suécia	8,8	8,4	32,7	31,8	7	10,4	48,5	51,5	:	:	:	:	:	:	:	:	8,8	8,4	32,7	31,8	7,8	10,5	49,3	50,7	9,2	8,7	32,6	31,7	7,6	10,2	49,4	50,6
Reino Unido	9,7	9,2	32,9	32,7	6,1	9,3	48,7	51,3	:	:	:	:	:	:	:	:	9,7	9,2	32,8	32,6	6,2	9,4	48,7	51,3	9,8	9,3	32,8	32,6	6,3	9,4	48,9	51,1

(cont.)

	1991							1992							1993							1994						
	Menos de 15 anos		De 15 a 64 anos		Mais de 65 anos		Total		Menos de 15 anos		De 15 a 64 anos		Mais de 65 anos		Total		Menos de 15 anos		De 15 a 64 anos		Mais de 65 anos		Total		Menos de 15 anos		De 15 a 64 anos		Mais de 65 anos		Total	
	M	F	M	F	M	F	M	F	M	F	M	F	M	F	M	F	M	F	M	F	M	F	M	F	M	F	M	F	M	F	M	F
EUR 15	:	:	:	:	:	:	:	:	:	:	:	:	:	:	:	:	:	:	:	:	:	:	:	:	:	:	:	:	:	:	:	:
Bélgica	9,3	8,9	33,6	33,1	6	9,1	48,9	51,1	9,3	8,9	33,5	33	6,1	9,2	48,9	51,1	9,3	8,9	33,4	32,9	6,2	9,3	48,9	51,1	9,3	8,8	33,4	32,9	6,3	9,4	49	51
Dinamarca	8,7	8,3	34,2	33,3	6,4	9,2	49,3	50,7	8,7	8,3	34,2	33,4	6,4	9	49,3	50,7	8,7	8,3	34,2	33,3	6,4	9,1	49,3	50,7	8,5	8,1	34,3	33,1	6,6	9,3	49,4	50,6
Alemanha	8,3	7,8	34,9	34	5	9,9	48,2	51,8	8,3	7,9	34,9	33,9	5,1	9,9	48,3	51,7	8,4	8	34,9	33,6	5,2	9,9	48,5	51,5	8,4	8	34,8	33,5	5,4	9,9	48,6	51,4
Grécia	9,5	8,9	33,5	33,8	6,2	8	49,2	50,8	9,2	8,7	33,7	33,9	6,3	8,1	49,2	50,8	9,2	8,7	33,6	33,7	6,6	8,3	49,4	50,6	8,9	8,4	33,7	33,8	6,7	8,4	49,3	50,7
Espanha	9,8	9,2	33,6	33,6	5,6	8,1	49	51	9,5	8,9	33,8	33,8	5,8	8,2	49,1	50,9	9,1	8,6	33,9	34	5,9	8,5	48,9	51,1	8,8	8,4	34	34	6,2	8,7	49	51
França	10,3	9,8	32,8	32,8	5,6	8,6	48,7	51,3	9,8	9,8	32,8	32,8	5,7	8,7	48,7	51,3	9,7	9,7	32,7	32,8	5,8	8,8	48,7	51,3	9,6	8,9	32,8	32,8	5,9	8,9	48,7	51,3
Irlanda	13,7	13	31,3	30,5	4,9	6,6	49,9	50,1	10,2	9,8	31,4	31	4,9	6,5	49,7	50,3	10,2	9,7	31,6	31,2	4,9	6,5	49,7	50,3	10,1	9,6	31,8	31,5	4,9	6,6	49,7	50,3
Itália	8,5	8	34,2	34,6	5,9	8,8	48,6	51,4	13,4	12,7	34,3	34,6	6,2	9,1	48,6	51,4	13,2	12,5	34,2	34,6	6,5	9,4	48,6	51,4	13	12,2	34,1	34,5	6,7	9,6	48,6	51,4
Luxemburgo	9	8,6	35,1	33,9	5	8,5	49,1	50,9	8,1	7,6	34,3	33,7	5,1	8,5	49,1	50,9	7,9	7,5	34,2	33,5	5,1	8,6	49,7	51	7,8	7,4	34,1	34,5	5,2	8,7	49	51
Holanda	9,3	8,9	35	33,9	5,2	7,8	49,5	50,5	9,1	8,7	34,9	33,8	5,2	7,8	49,5	50,5	9,2	8,8	34,9	33,7	5,2	7,8	48,6	50,5	9,4	8,9	34,4	33,4	5,2	7,9	49,5	50,5
Austria	9	8,5	33,8	33,5	5,3	9,9	48,1	51,9	9,4	8,9	34,9	33,8	5,2	7,8	49,5	50,5	9	8,6	34,1	33,3	5,3	9,7	48,4	51,6	9	8,6	34,1	33,3	5,4	9,6	48,5	51,5
Portugal	10,6	10	32,3	33,9	5,4	7,8	48,3	51,7	9,8	9,3	32,6	34,3	5,8	8,2	48,2	51,8	9,5	9,1	32,8	34,4	5,8	8,3	48,1	51,9	9,3	8,9	32,9	34,5	5,9	8,4	48,1	51,9
Finlândia	9,8	9,4	33,9	33,3	4,8	8,7	48,5	51,5	9,8	9,4	33,9	33,3	4,9	8,8	48,6	51,4	9,8	9,4	33,8	33,2	5	8,8	48,6	51,4	9,8	9,3	33,8	33,1	5,1	8,9	48,7	51,3
Suécia	9,3	8,8	32,6	31,6	7,5	10,2	49,4	50,6	9,4	8,9	32,5	31,5	7,5	10,2	49,4	50,6	9,1	9,1	32,4	31,4	7,5	10,1	49,4	50,6	9,6	9,1	32,4	31,4	7,4	10,1	49,4	50,6
Reino Unido	9,8	9,3	32,8	32,6	6,3	9,4	48,9	51,1	9,9	9,4	32,7	32,3	6,3	9,4	48,9	51,1	10	9,5	32,6	32,2	6,3	9,4	48,9	51,1	10	9,5	32,6	32,2	6,4	9,4	49	51

Fonte: EUROSTAT, *Estatísticas de Base da Comunidade*, números diversos

QUADRO 3 - Projecções da População dos Estados-membros da União Europeia elaboradas por organismos diversos

(1000)

	EUROSTAT Estimativa mínima 2000	EUROSTAT Estimativa mínima 2020	EUROSTAT Estimativa máxima 2000	EUROSTAT Estimativa máxima 2020	Institutos Nacionais de Estatística 2000	Institutos Nacionais de Estatística 2020	Nações Unidas 2000	Nações Unidas 2020
EUR 15	373792	363784	380544	416383	:	:	375240	371527
Bélgica	10171	9898	10332	11270	10229	10338	10257	10304
Dinamarca	5271	5075	5365	5950	5323	5523	5274	5320
Alemanha	82323	79074	84013	91559	82182	78445	82688	81525
Grécia	10539	10450	10720	11900	:	:	10597	10249
Espanha	39239	37809	39946	43504	39442	39331	39801	38281
França	58815	59307	59710	66896	59412	63453	59061	60330
Irlanda	3594	3652	3661	4248	3692	4163	3574	3734
Itália	56911	52753	57997	60334	57456	55939	57194	53237
Luxemburgo	428	445	440	555	426	488	430	463
Holanda	15684	15819	15982	18319	15801	16898	15871	16182
Áustria	8076	7882	8234	9231	8118	8327	8292	8392
Portugal	9911	9808	10085	11265	:	:	9788	9541
Finlândia	5135	5008	5231	5777	5179	5267	5179	5288
Suécia	8852	8792	9034	10248	8894	9222	8898	9384
Reino Unido	58842	58013	59795	65236	59398	62065	58336	59297

Fonte: EUROSTAT, *Annuaire - Vue statistique sur l'Europe*, ed. 98/99.

QUADRO 4 - Projecções da População dos Estados-membros da União Europeia por grupo etário
(elaboradas pelos Institutos Nacionais de Estatística)

2000 (1000)

	EUR 15	Bélgica	Dinamarca	Alemanha	Grécia	Espanha	França	Irlanda	Itália	Luxemburgo	Holanda	Austria	Portugal	Finlândia	Suécia	Reino Unido
0-4	:	580	360	3746	:	1927	3716	238	2708	27	941	427	:	300	471	3626
5-9	:	624	343	4331	:	1941	3810	254	2782	28	1000	474	:	328	588	3870
10-14	:	608	299	4748	:	2089	3894	280	2808	25	957	470	:	318	588	3864
15-19	:	616	281	4632	:	2593	3969	329	3065	24	922	493	:	330	508	3700
20-24	:	632	337	4414	:	3179	3766	342	3718	24	952	476	:	326	515	3520
25-29	:	702	383	5198	:	3309	4327	319	4489	29	1172	574	:	305	588	4108
30-34	:	758	415	7067	:	3226	4297	247	4727	35	1314	709	:	347	624	4688
35-39	:	807	404	7243	:	3051	4337	246	4507	37	1315	720	:	378	630	4733
40-44	:	773	374	6262	:	2763	4243	243	3973	34	1215	619	:	381	582	4087
45-49	:	711	367	5674	:	2458	4212	232	3739	30	1134	523	:	398	581	3778
50-54	:	670	401	4654	:	2354	3959	216	3831	27	1145	499	:	426	641	4022
55-59	:	514	335	5456	:	2034	2728	170	3389	23	858	494	:	310	591	3197
60-64	:	525	259	5526	:	1927	2707	142	3397	21	722	418	:	256	443	2861
65-69	:	520	218	4022	:	2043	2744	123	3112	19	644	344	:	224	379	2574
70-74	:	456	193	3533	:	1753	2475	106	2740	17	550	331	:	209	363	2314
75-79	:	377	167	2825	:	1341	2118	90	2251	12	457	292	:	161	339	2007
80-84	:	171	110	1284	:	813	871	57	1048	7	275	137	:	97	249	1193
85-89	:	128	66	1104	:	452	827	29	846	5	158	105	:	54	143	755
90+	:	58	30	465	:	187	409	10	326	2	70	43	:	22	69	391
TOTAL	:	10229	5341	82182	:	39442	59412	3674	57456	426	15801	8149	:	5172	8894	59287

Anexo II

(cont.) 2005
(1000)

	EUR 15	Bélgica	Dinamarca	Alemanha	Grécia	Espanha	França	Irlanda	Itália	Luxemburgo	Holanda	Áustria	Portugal	Finlândia	Suécia	Reino Unido
0-4	:	570	351	3335	:	2008	3603	235	2820	26	931	401	:	288	484	3470
5-9	:	585	366	3828	:	1933	3779	237	2717	28	956	432	:	301	478	3635
10-14	:	628	348	4414	:	1947	3859	253	2795	29	1014	482	:	330	597	3885
15-19	:	614	305	4835	:	2093	3939	280	2818	26	976	485	:	318	596	3898
20-24	:	635	289	4755	:	2592	3961	328	3087	26	955	512	:	329	519	3767
25-29	:	651	345	4543	:	3182	3776	341	3767	27	987	490	:	326	525	3554
30-34	:	704	388	5282	:	3314	4353	318	4527	31	1193	581	:	306	593	4110
35-39	:	751	418	7107	:	3225	4287	246	4736	36	1321	712	:	346	625	4687
40-44	:	795	404	7231	:	3040	4306	245	4498	37	1312	718	:	375	627	4721
45-49	:	758	371	6211	:	2745	4186	241	3949	34	205	613	:	376	576	4062
50-54	:	694	361	5582	:	2429	4129	229	3698	30	1115	514	:	390	572	3729
55-59	:	649	387	4529	:	2305	3852	211	3754	26	1115	486	:	415	627	3924
60-64	:	492	306	5199	:	1968	2622	162	3270	22	822	473	:	298	573	3061
65-69	:	488	236	5125	:	1821	2563	131	3198	19	673	392	:	240	421	2657
70-74	:	463	187	3575	:	1853	2533	107	2822	17	574	309	:	201	348	2267
75-79	:	377	153	2916	:	1487	2170	85	2341	14	456	278	:	174	313	1873
80-84	:	276	116	2039	:	1008	1667	63	1729	9	334	217	:	118	259	1424
85-89	:	100	62	738	:	496	565	31	653	4	161	82	:	55	156	694
90+	:	67	32	534	:	225	490	12	423	2	79	51	:	25	82	436
TOTAL	:	10297	5436	81777	:	39672	60642	3755	57602	443	16180	8227	:	5209	8970	59854

(cont.)

2010 (1000)

	EUR 15	Bélgica	Dinamarca	Alemanha	Grécia	Espanha	França	Irlanda	Itália	Luxemburgo	Holanda	Áustria	Portugal	Finlândia	Suécia	Reino Unido
0-4	:	553	323	3130	:	2021	3522	231	2681	25	875	386	:	285	485	3362
5-9	:	574	357	3417	:	2014	3668	234	2830	27	945	405	:	289	492	3479
10-14	:	588	357	3911	:	1939	3828	237	2730	29	970	439	:	303	487	3650
15-19	:	635	354	4501	:	1952	3904	253	2804	30	1033	496	:	330	606	3918
20-24	:	634	313	4958	:	2097	3932	279	2842	28	1010	504	:	317	607	3964
25-29	:	653	297	4884	:	2602	3971	326	3142	28	991	525	:	329	529	3800
30-34	:	654	350	4630	:	3194	3805	340	3812	29	1009	498	:	326	529	3558
35-39	:	698	391	5333	:	3317	4344	317	4538	32	1201	585	:	305	593	4112
40-44	:	739	418	7101	:	3214	4259	245	4726	36	1319	711	:	343	621	4676
45-49	:	779	401	7175	:	3020	4252	243	4470	37	1303	713	:	370	620	4693
50-54	:	740	365	6117	:	2712	4109	238	3908	33	1186	603	:	368	566	4013
55-59	:	673	349	5432	:	2380	4024	224	3629	29	1088	501	:	380	560	3645
60-64	:	622	366	4337	:	2232	3712	202	3629	25	1070	467	:	400	609	3770
65-69	:	460	288	4836	:	1864	2497	150	3088	20	768	445	:	281	546	2859
70-74	:	438	203	4584	:	1656	2386	115	2920	17	604	356	:	217	388	2367
75-79	:	387	148	2971	:	1579	2249	87	2436	15	480	262	:	169	303	1865
80-84	:	279	106	2117	:	1126	1743	61	1827	11	337	209	:	128	242	1351
85-89	:	164	65	1188	:	625	1107	35	1112	6	198	131	:	67	164	838
90+	:	59	31	414	:	255	407	14	370	2	83	46	:	26	93	428
TOTAL	:	10328	5496	81036	:	39800	61721	3832	57495	459	16470	8283	:	5233	9043	60352

Anexo II

(cont.)
2020

(1000)

	EUR 15	Bélgica	Dinamarca	Alemanha	Grécia	Espanha	França	Irlanda	Itália	Luxemburgo	Holanda	Áustria	Portugal	Finlândia	Suécia	Reino Unido
0-4	:	552	320	3064	:	1750	3478	210	2139	27	869	381	:	283	518	3392
5-9	:	553	313	3167	:	1898	3557	227	2374	26	863	387	:	287	505	3373
10-14	:	560	334	3258	:	2034	3637	231	2704	26	904	398	:	288	502	3369
15-19	:	581	369	3552	:	2025	3764	234	2852	28	979	428	:	291	511	3489
20-24	:	611	386	4091	:	1950	3870	237	2766	31	1023	473	:	302	509	3672
25-29	:	670	370	4727	:	1972	3910	251	2888	34	1104	529	:	328	627	3959
30-34	:	655	326	5141	:	2131	3972	277	2954	32	1069	526	:	317	621	3976
35-39	:	650	306	4986	:	2630	3995	324	3218	31	1023	538	:	328	535	3789
40-44	:	640	354	4665	:	3193	3781	337	3831	30	1018	503	:	323	528	3540
45-49	:	674	389	5288	:	3285	4271	313	4506	32	1192	582	:	299	583	4071
50-54	:	708	407	6933	:	3156	4142	241	4650	36	1291	696	:	332	605	4592
55-59	:	740	381	6877	:	2927	4088	236	4347	35	1255	686	:	354	599	4543
60-64	:	692	334	5705	:	2577	3889	225	3724	31	1117	570	:	348	542	3796
65-69	:	608	300	4867	:	2187	3736	201	3341	26	985	460	:	346	523	3309
70-74	:	530	285	3671	:	1933	3355	167	3173	21	911	408	:	341	542	3196
75-79	:	354	196	3636	:	1463	2129	111	2491	16	588	353	:	215	448	2167
80-84	:	281	111	2836	:	1084	1781	71	2052	12	383	239	:	135	270	1782
85-89	:	180	57	1303	:	763	1283	38	1285	8	217	125	:	70	155	848
90+	:	99	30	677	:	373	815	17	644	4	107	74	:	34	99	519
TOTAL	:	10338	5568	78445	:	39331	63453	3947	55939	488	16898	8354	:	5222	9222	61082

Fonte: EUROSTAT, *Statistiques démographiques*, 1997.

ANEXO III

ELENCO DOS MEMBROS
DA
ASSOCIATION INTERNATIONALE DE LA
MUTUALITÉ

MEMBROS POR PAÍS DE ORIGEM

➢ **Argentina**

- Confederación Nacional de Mutualidades de la República Argentina (CONAM)
- Federación Argentina de Mutuales de Salud (FAMSA)

➢ **Bélgica**

- Alliance Nationale des Mutualités Chrétiennes (ANMC)
- Ligue Nationale des Mutualités Libérales
- Union Nationale des Mutualités Libres
- Union Nationale des Mutualités Neutres
   incluindo o Vlaams Neutraal Ziekenfonds
- Union Nationale des Mutualités Socialistes (UNMS)

➢ **Burundi**

- Mutuelle de la Fonction Publique

➢ **Colômbia**

- Asociación Colombiana de Ayuda Mutua
- Asociación Mutual El Socorro

➢ **República Checa**

- Association of Company Health Insurance Funds
- General Health Insurance Office of the Czech Republic (VZP)
- Health Insurance Fund of the Railway Workers

➢ **Dinamarca**

- Sygeforsikring

➢ **França**

- Fédération Nationale de la Mutualité Française (FNMF)
   incluindo os seguintes membros:

* Mutualité de la Côte-d'Or
* Mutualité Fonction Publique
* Mutualité Francilienne
- Union des Caisses Centrales de la Mutualité Agricole

➢ **Alemanha**

- Arbeiter Ersatzkassen-Verband
- Bundesverband der Betriebskrankenkassen (BKK)
- Bundesverband der Innungskrankenkassen (IKK)
- Bundesverband der landwirtschaftlichen Krankenkassen
- Verband der Angestellten-Krankenkassen (VdAK)
    incluindo os seguintes membros:
    * Barmer Krankenkasse
    * Technische Krankenkasse

➢ **Grécia**

- The Medical Health Foundation of the National Bank of Greece (TYPET)

➢ **Húngria**

- Hungarian Federation of Mutual Funds

➢ **Irlanda**

- Voluntary Health Insurance Board (VHI)

➢ **Itália**

- Federazione Nazionale delle Mutue/COMIPA
- Federazione Italiana della Mutualità Integrativa Volontaria

➢ **Luxemburgo**

- Conseil Supérieur de la Mutualité Luxembourgeoise
    incluindo a Caisse Medico-Chiurgicale Mutualiste

Marrocos

- Caisse Nationale des Organismes de Prévoyance Sociale

Holanda

- KontaktKommissie Publiekrechtelijke Ziektekostenregelingen voor ambtenaren (KPZ)
- Zilveren Kruis Verzekeringen
- Zorgverzekeaars Nederland

Portugal

- União das Mutualidades Portuguesas (UMP)

República Eslovaca

- Association of Health Insurance Companies of the SlovaK Republic (ZZP)

Eslovénia

- Health Insurance Institute (ZZZS)

Espanha

- Confederación Nacional de Entidades de Previsión Social
- Federació de Mutualitats de Previsió Social de Catalunya incluindo a Previsió Popular

Suiça

- Konkordat der Schweizerischen Krankenversicherer

Tunísia

- Union Nationale des Mutuelles (UNAM)

➤ **Reino Unido**

- British United Provident Association (BUPA)
- Hospital Saving Association (HSA)

➤ **Uruguai**

- Unión de la Mutualidad del Uruguay (UMU)

ANEXO IV

INQUÉRITO ÀS ASSOCIAÇÕES MUTUALISTAS NACIONAIS

A. UNIVERSO CONSIDERADO

ASSOCIAÇÕES MUTUALISTAS POR DISTRITO	OBSERVAÇÕES
ANGRA DO HEROÍSMO	
Confederação Operária Terceirense	(f)
A. S. M. Montepio Terceirense	(b)
AVEIRO	
A Familiar de Espinho - A. S. M.	(f)
A. S. M. de S. Francisco de Assis de Anta	(e)
BEJA	
A. S. M. Artistas Bejenses	(f)
BRAGA	
A. S. M. Artística Vimaranense	(f)
A. S. M. Fúnebre Familiar Bracarense	(f)
Associação Familiar Vimaranense	(f)
A. S. M. Barcelinense	(f)
BRAGANÇA	
A. S. M. dos Artistas de Bragança	(f)
A. S. M. Artistas Mirandelenses	(f)
A. S. M. Artistas Macedenses	(a)
CASTELO BRANCO	
A. S. M. «Mutualista Covilhanense»	(f)
A. S. M. Previdência do Centro Artístico Albicastrense	(a)
COIMBRA	
A Previdência Portuguesa - Associação Mutualista	(e)
A. S. M. Montepio Recreio e Instrução	(a)
ÉVORA	
Legado do Caixeiro Alentejano - Associação Mutualista	(e)
O Legado do Operário de Évora - A. S. M.	(f)
A. S. M. Montemorense 1º de Maio	(a)
FARO	
Montepio Artístico Tavirense - A. S. M.	(f)
A. S. M. João de Deus	(c)
Mutualidade Popular - Associação Mutualista	(f)
«A Lacobrigense» - A. S. M.	(f)
A. S. M. Protectora dos Artistas de Faro	(f)

(cont.)

ASSOCIAÇÕES MUTUALISTAS POR DISTRITO	OBSERVAÇÕES
FUNCHAL	
A. S. M. «4 de Setembro de 1862»	(d)
A. S. M. «A Lutuosa Insular»	(f)
GUARDA	
A. S. M. Montepio Egitaniense	(f)
A. S. M. Artistas e Operários de Gouveia	(f)
HORTA	
A. S. M. União e Beneficência do Espírito Santo	(f)
LEIRIA	
A. S. M. Rainha D. Leonor (Montepio Rainha D. Leonor)	(e)
LISBOA	
A. S. M. Montepio Filarmónico	(f)
Montepio Geral - Associação Mutualista	(e)
A. S. M. Fraternal dos Artistas Vilafranquenses	(f)
A. S. M. dos Empregados no Comércio e Indústria	(f)
A. S. M. dos Empregados do Estado	(f)
Associação de Socorros Mútuos dos Empregados no Comércio de Lisboa	(e)
A. S. M. Instrução e Aliança Operária	(f)
A. S. M. Primeiro de Março de 1887	(d)
Montepio Comercial e Industrial - A. S. M.	(e)
A. S. M. «Dora»	(d)
A. S. M. Almirante Cândido dos Reis	(f)
Casa da Imprensa - Associação Mutualista	(f)
Associação de Socorros Mútuos Montepio Ferroviário	(f)
A. S. M. Caixa Auxiliar dos Estivadores do Porto de Lisboa e Centro de Portugal	(f)
Associação de Socorros Mútuos «Mutualidade Ocidental»	(f)
A. S. M. «Cofre de Previdência dos Arsenalistas da Marinha»	(d)
A. S. M. «Aliança Mutualista»	(f)
MONAF - Montepio Nacional das Farmácias - A. S. M.	(f)
A. S. M. da Guarda de Segurança Pública de Lisboa	(b)
A. S. M. Montepio Fidelidade	(f)
A. S. M. dos Alfaiates de Lisboa	(f)
A. S. M. Nossa Senhora do Restelo	(f)
Caixa Auxiliar dos Operários da Cordoaria Nacional «2 de Maio de 1895»	(b)
A. S. M. Cooperativa dos Empregados do Banco Nacional Ultramarino	(f)

(cont.)

ASSOCIAÇÕES MUTUALISTAS POR DISTRITO	OBSERVAÇÕES
PONTA DELGADA	
A. S. M. de Ponta Delgada	(f)
A. S. M. União e Trabalho	(f)
PORTO	
Associação Comercial de Socorros Mútuos de Porto	(f)
A. S. M. «Previdência Familiar do Porto»	(f)
A Beneficência Familiar - A. S. M.	(f)
Associação Benéfica dos Empregados de Comércio do Porto	(e)
Associação Vilanovense de Socorro Mùtuo	(f)
A. S. M. de s. Mamede de Infesta	(f)
A. S. M. «Glória Portuguesa»	(e)
A. S. M. Fúnebre Familiar para ambos os sexos em Grijó e freguesias circunvizinhas	(f)
Associação de Socorros Mútuos Restauradora de Avintes	(e)
Associação Oliveirense de Socorros Mútuos e Fúnebre para ambos os sexos	(e)
A. S. M. de São Bento das Pêras de Rio Tinto	(f)
A. S. M. e Fúnebre do Concelho de Valongo	(f)
A. S. M. Fúnebre Familiar de Ambos os Sexos de Pedroso	(f)
Cooperativa de Solidariedade Social do Povo Portuense	(f)
A. S. M. Fúnebre Familiar de Ambos os Sexos de Modivas	(f)
Associação de Socorros Mútuos Fúnebre dos Aflitos de Valadares	(f)
Associação Mutualista de Arcozelo	(f)
«A Vencedora» - Associação de Socorros Mútuos	(f)
A. S. M. de Serzedo	(e)
Liga das A.S.M. de Vila Nova de Gaia - Federação de Assoc. de Socorro Mútuo	(f)
Liga das Associações de Socorro Mútuo do Porto	(e)
A. S. M. Fúnebre Familiar Nossa Senhora da Conceição	(f)
«A Familiar» - A. S. M. da Póvoa do Varzim	(f)
Associação de Socorros Mútuos Freamundense	(f)
A Lutuosa de Portugal	(e)
A Previdente - Associação de Socorros Mútuos	(f)
A Mutualidade de Santa Maria - Associação Mutualista	(e)
A. S. M. Previdência dos Ferroviários de Portugal	(f)
A. S. M. Portuense de Socorros Mútuos das Classes Laboriosas	(d)
A. S. M. Penafidelense	(f)
A. S. M. Mealheiro dos Empregados Telégrafos-Postais	(f)

(cont.)

ASSOCIAÇÕES MUTUALISTAS POR DISTRITO	OBSERVAÇÕES
PORTO	
A. S. M. Fúnebre Santa Marinha de Gaia	(f)
A. S. M. Fúnebre e Familiar para ambos os sexos em Moreira da Maia	(f)
A. S. M. Fúnebre Familiar Penafidelense	(a)
SANTARÉM	
A. S. M. Montepio Abrantino «Soares Mendes»	(f)
Associação de Socorros Mútuos Benaventense	(f)
A. S. M. Montepio de Salvaterra de Magos	(a)
A. S. M. Montepio União Chamusquense	(a)
A. S. M. Humanitária Benfiquense	(f)
SETÚBAL	
União Mutualista Nossa Senhora da Conceição - Associação Mutualista	(e)
A. S. M. Montepio Grandolense	(f)
Associação Alcacerense de Socorros Mútuos	(f)
Associação de Socorros Mútuos «Primeiro de Dezembro»	(f)
A. S. M. Setubalense	(f)
A. S. M. Marítima e Terrestre da Vila de Sesimbra	(e)
A Mutualidade da Moita - Associação Mutualista	(e)
A. S. M. Instrutiva de Beneficência Familiar	(f)
VIANA DO CASTELO	
Associação de Socorros Mútuos Artística Monçanense	(f)
A. S. M. Artistas de Ponte de Lima	(a)
VISEU	
A. S. M. Fúnebre Familiar Lamacense	(f)
Associação Artística de Socorros Mútuos «19 de Março»	(f)
A. S. M. Nossa Senhora dos Remédios de Lamego	(f)

OBSERVAÇÕES:

(a) - Insuficiência de elementos para contacto, tal como explicitado no ponto 5.2 do trabalho.

(b) - Associação extinta.

(c) - Trata-se de uma cooperativa.

(d) - Envelope devolvido pelos serviços postais.

(e) - Associação presente na Assembleia Geral Extraordináriada União das Mutualidades Portuguesas, ocorrida em 17 de Abril de 1999, em Coimbra.

(f) - Associação contactada por via postal.

B. FORMULÁRIO UTILIZADO

I - CARACTERIZAÇÃO DA ASSOCIAÇÃO

1. Qual a data de fundação da instituição? ___/___/_____ (dia/mês/ano)

2. Qual foi e quando ocorreu a alteração de fundo mais recente na vida da instituição?
_____
_____
_____
_____

3. Com quantos associados efectivos conta actualmente? _____

4. Como se reparte esse número por sexo e por grupo etário?

(NOTA: responder de acordo com o proposto no quadro que se segue)

HOMENS		MULHERES	
Idade	Nº de associados	Idade	Nº de associados
< 20 anos		< 20 anos	
20 - 29 anos		20 - 29 anos	
30 - 39 anos		30 - 39 anos	
40 - 49 anos		40 - 49 anos	
50 - 59 anos		50 - 59 anos	
+ de 60 anos		+ de 60 anos	

5. Como evoluiu o número global de associados ao longo do tempo?
1900 _____ ; 1920 _____ ; 1950 _____ ; 1970 _____
1980 _____ ; 1990 _____

6. Nos últimos 10 anos, o número de associados:

 6.1 Aumentou mais do que 25% ☐

 6.2 Aumentou entre 10% e 25% ☐

 6.3 Aumentou menos que 10% ☐

 6.4 Não aumentou nem diminuiu ☐

 6.5 Diminuiu menos que 10% ☐

 6.6 Diminuiu entre 10% e 25% ☐

 6.7 Diminuiu mais do que 25% ☐

7. Como se distribui a população associativa, atendendo ao tempo de adesão à associação? (NOTA: responder de acordo com o proposto no quadro que se segue)

Nº de anos de quotização	Nº de associados
0 - 5	
6 -10	
11 - 20	
21 - 30	
31 - 50	
+ de 50	

8. A quantos beneficiários corresponde o número actual de associados? _____

9. Como se distribui a população associativa por grupos profissionais? (NOTA: responder de acordo com o quadro que se segue)

PROFISSÕES	Nº de associados
9.1 - Membros dos corpos legislativos, quadros dirigentes da função pública, directores e quadros dirigentes de empresas	
9.2 - Profissões intelectuais e científicas	
9.3 - Profissões técnicas intermédias	
9.4 - Empregados administrativos	
9.5 - Pessoal dos serviços de protecção e segurança, dos serviços pessoais e domésticos e trabalhadores similares	
9.6 - Trabalhadores da agricultura e da pesca	
9.7 - Trabalhadores da produção industrial e artesãos	
9.8 - Operadores de instalações industriais e máquinas fixas, condutores e montadores	
9.9 - Trabalhadores não qualificados da agricultura, indústria, comércio e serviços	
9.10 - Forças armadas	
9.11 - Estudantes	
9.12 - Desempregados	
9.13 - Domésticas	
9.14 - Reformados	

10. Existem, nessa associação mutualista, associados contribuintes, beneméritos, honorários ou outros previstos nos estatutos?

    10.1 Sim   ☐

    10.2 Não   ☐

Se sim, em que número?

    Contribuintes   _____

    Beneméritos   _____

    Honorários   _____

    Outros   _____

11. Os estatutos prevêem alguma limitação à admissão de novos associados?

    11.1 Sim   ☐

    11.2 Não   ☐

Se sim, de que tipo de restrição se trata?

_____

_____

_____

II - ÁREAS DE ACTUAÇÃO

12. Quais os fins prosseguidos por essa mutualidade?

_____

_____

_____

_____

_____

13. Entre esses fins, quais são as áreas privilegiadas de actuação?

(NOTA: indicar, de acordo com o quadro que se segue, por ordem decrescente de importância, os três domínios privilegiados de actuação nos três últimos exercícios; se possível, indicar, também, o montante de benefícios distribuídos em cada um deles).

19		19		19	
Áreas de actuação	Montante de benefícios	Áreas de actuação	Montante de benefícios	Áreas de actuação	Montante de benefícios
1.		1.		1.	
2.		2.		2.	
3.		3.		3.	

14. Reportando-nos, agora, ao domínio concreto das pensões de reforma, em seu entender:

    14.1 Existe uma grave crise de financiamento dos sistemas públicos de pensões ☐

    14.2 Existe uma crise de financiamento, embora de gravidade reduzida ☐

    14.3 Não existe crise de financiamento ☐

15. Independentemente da resposta dada à questão anterior, considera poder, o movimento mutualista em geral e essa mutualidade em particular, vir a exercer um papel preponderante nesse domínio?

    15.1 Sim ☐

    15.2 Não ☐

16. Que condicionalismos podem afectar o exercício desse papel?

_____

_____

_____

_____

_____

17. E nos restantes domínios da protecção social? Julga que essa mutualidade poderá aí exercer, no futuro, um papel relevante?

_____

_____

_____

_____

_____

III - FONTES DE FINANCIAMENTO

18. Assinale as fontes de financiamento dessa mutualidade, indicando a sua percentagem no total das receitas.

                                                                                                      (%)

18.1. Quotizações dos associados   ☐ ____

18.2. Doações feitas por empresas   ☐ ____

18.3. Receitas geradas por actividades desenvolvidas   ☐ ____

18.4. Contribuições do Estado   ☐ ____

18.5 Fundos comunitários   ☐ ____

18.6 Empréstimos   ☐ ____

18.7 Rendimentos de aplicações financeiras   ☐ ____

18.8 Rendimentos da exploração de instalações e equipamentos   ☐ ____

18.9. Outras   ☐ ____

        Quais? _____

Se assinalou 18.3, por favor, indique que tipo de actividades.

_____

_____

_____

_____

Se assinalou 18.4, por favor, indique se se tratam de contribuições regulares da Segurança Social, resultantes de convénio, ou se de subsídios pontuais.

_____

_____

Se assinalou 18.5, por favor, especifique quais.

_____

_____

_____

19. Essa importância relativa aplica-se a todas as modalidades prosseguidas pela associação?

    19.1 Sim   ☐

    19.2 Não   ☐

Se não, explicite, por favor, como se opera essa diversificação.

_____

_____

_____

_____

20. Considera que as mutualidades têm apoios adequados à prossecução dos seus fins, nomeadamente da parte do Estado?

    20.1 Sim   ☐

    20.2 Não   ☐

Se assinalou "não", indique, por favor, as razões de tal entendimento e apresente algumas sugestões que julgue pertinentes neste domínio.

_____

_____

_____

_____

_____

_____

_____

21. Assinale por ordem de importância (de um a oito, do mais para o menos importante) as entidades que, em seu entender, devem financiar as actividades desenvolvidas pelas associações mutualistas.

    21.1 Os seus associados   ☐

    21.2 Os cidadãos em geral   ☐

    21.3 As empresas locais   ☐

    21.4 O Estado, através das Autarquias   ☐

    21.5 O Estado, através dos organismos da Segurança Social   ☐

    21.6 A União Europeia, através de fundos apropriados ☐

    21.7 As próprias associações, desenvolvendo actividades rentáveis   ☐

    21.8 Outros   ☐

22. Considera que o modelo de financiamento das associações mutualistas actualmente em vigor:

22.1 É adequado aos fins por elas prosseguidos ☐

22.2 É adequado quanto a determinadas modalidades e desadequado noutras ☐

22.3 É desadequado aos fins por elas prosseguidos ☐

IV - PESSOAL AO SERVIÇO

23. Com quantos trabalhadores conta, neste momento, a associação? _____

24. Como se reparte esse pessoal entre trabalhadores assalariados e trabalhadores em regime de voluntariado?

        Trabalhadores assalariados _____

        Voluntários _____

25. Quais são as áreas onde, fundamentalmente, se faz sentir a acção dos voluntários?

_____

_____

_____

_____

26. Como se distribui o contingente actual por funções desempenhadas?

    26.1 Dirigentes ☐

    26.2 Médicos ☐

    26.3 Pessoal de enfermagem ☐

    26.4 Auxiliares de acção médica ☐

26.5 Professores/educadores de infância ☐

26.6 Cozinheiros/as ☐

26.7 Motoristas ☐

26.8 Animadores de acção social e cultural ☐

26.9 Pessoal auxiliar ☐

26.10 Outras ☐

V - RELAÇÕES INSTITUCIONAIS

27. Existem acordos de cooperação entre essa e outras associações mutualistas?

    27.1 Sim ☐

    27.2 Não ☐

Se sim, qual o âmbito desses acordos?

_____

_____

_____

Se não, seria conveniente, em seu entender, a associação subscrever acordos dessa natureza? Porquê?

_____

_____

_____

_____

28. Existem acordos de cooperação entre essa associação mutualista e instituições e serviços oficiais?

    28.1 Sim ☐

    28.2 Não ☐

Se sim, com que tipo de instituições e qual o teor de tais acordos?

___

Se não, seria importante que os houvesse? Com quem, concretamente, e com que finalidade?

___

29. Tem essa associação celebrado algum convénio que lhe permita gerir regimes profissionais de Segurança Social, ao abrigo do disposto no nº 2 do artigo 7º do Código das Associações Mutualistas?

    29.1 Sim   ☐

    29.2 Não   ☐

Se sim, caracterize, por favor, os termos desse(s) convénio(s).

___

30. A associação tem um relacionamento regular com a União das Mutualidades Portuguesas?

    30.1 Sim □

    30.2 Não □

Se "sim", quais as vantagens que a associação retira desse relacionamento?

_____

_____

_____

Se "não", seria útil para a associação promover um relacionamento mais efectivo e porquê?

_____

_____

_____

VI - PERSPECTIVAS DE EVOLUÇÃO E ESTRATÉGIAS FUTURAS

31. A instituição pretende alargar, no futuro, a sua acção, a outras valências?

    31.1 Sim □

    31.2 Não □

Se sim, quais? Que condicionantes podem afectar essa expansão?

_____

_____

_____

_____

Se não, quais as razões de tal entendimento?

32. Para concluir, aponte, por favor, duas vantagens e dois inconvenientes que julgue terem as mutualidades no exercício de um papel activo no âmbito das políticas de protecção social.

INFORMAÇÃO BIBLIOGRÁFICA

AAVV, «Remettre le politique au coeur du social», *Project*, n° 242, Verão 1995, pp. 17-23.

AAVV, *O Financiamento das Reformas – Contribuição do Sector de Seguros*, Lisboa, Associação Portuguesa de Seguradores, 1994.

ALBERT, Michel, *Capitalismo contra Capitalismo* (trad. port.), «Colecção Vida e Cultura», Lisboa, Livros do Brasil, 1992.

ALMEIDA, Aníbal, *Prelúdio a uma Reconstrução da Economia Política*, Lisboa, Editorial Caminho, 1989.

ALTMAN, Nancy, «Governement regulation: enhancing the equity, adequacy, and security of private pensions», *in* AAVV, *Private Pensions and Public Policy*, Paris, OECD, Social Policy Studies, n° 9, pp. 77-93.

ANTRÀS, Antoni, *Planes y fondos de pensiones*, Barcelona, Eada Géstion, 1992.

ARAÚJO, José Manuel Correia, «Fundos de Pensões: Breve Análise da sua Problemática», *Cadernos Sindicais*, n° 9, 1987, pp. 75-83.

ARSEGUEL, Albert e ISOUX, Philippe, «La protection des salariés âgés: effets de seuil, effets en chaîne, effets pervers», *Droit Social*, n° 12, Dezembro, 1993, pp. 942-944.

AUBRY, Éric, «La securité sociale britannique 50 ans après le rapport Beveridge», *Droit Social*, n° 12, Dezembro, 1992, pp. 1030-1039.

AUERBACH, Alan J. e outros, «Conséquences du vieillissement démographique pour l'évolution de l'économie: une étude sur le cas de quatre pays de l'OCDE», *Revue Économique de l'OCDE*, n° 12, Printemps, 1989, pp. 111-147.

AZEREDO, Beatriz, «O financiamento dos programas sociais: impasses e perspectivas», *Revista de Administração Pública*, vol. 22, Jan./Mar., 1988, pp. 3-13.

BANCAREL, Maurice, «La crise du recouvrement des cotisations de sécurité sociale», *Droit Social*, n° 9/10, Set./Out., 1993, pp. 779-786.

BEATTIE, Roger e McGILLIVRAY, Warren, «Une stratégie risquée: Réflexions sur le rapport de la Banque mondiale – La crise du vieillissement», *Revue internationale de sécurité sociale*, vol. 48, 3-4/95, pp. 5-25.

BENTO, Maria, «Estatísticas da Segurança Social - Indicadores», comunicação proferida na 2ª Reunião Internacional sobre Estatísticas Sociais dos Países de Língua Oficial

Portuguesa, Aveiro, 19-23 de Outubro de 1987, II Volume da Edição da Comissão Executiva da 2ª RIESLOP – MESS, Fevereiro, 1988, pp. 491-510.

BENTO, Maria, «Financiamento da Segurança Social», *Cadernos Sindicais*, n° 9, 1987, pp. 21-40.

BERGHMAN, J., «Tendences à la privatisation aux Pays-Bas», *Revue Belge de Sécurité Sociale*, n°s 1 e 2, Jan./Fev. 1989, pp. 25-36.

BEVERIDGE, William, *Las bases de la seguridad social*, Vérsion española de Teodoro Ortiz, México, Fondo de Cultura Economica, 1943.

BEVERIDGE, William, *Social Insurance and Allied Services*, London, H. M. Stationary Office, 1942.

BICHOT, Jacques, «Protection sociale : clarifier les idées avant de réformer», *Droit Social*, n° 12, Dezembro, 1988, pp. 834-845.

BICHOT, Jacques, «Réconcilier la sécurité social et le marché», *Futuribles*, n°196, Março, 1995, pp. 5-19.

BIDET, Eric, *L'économie sociale*, s.l., Le Monde-Editions, 1997.

BIROU, A., *Dicionário das Ciências Sociais* (trad. port.), Lisboa, Publicações D. Quixote, 1973.

BOLL, Stephan, RAFFELHÜSCHEN, Bernd e WALLISER, Jan, «Social security and intergenerational redistribution: a generational accouting perspective», *Public Choice*, vol. 81, n°s 1 e 2, Outubro, 1994, pp. 79-100.

BORDELOUP, Jean, «Refléxions sur les conditions d'accès aux soins des personnes en situation de precarité», *Droit Social*, n° 4, Abril, 1988, pp. 340-346.

BOURGEOIS-PICHAT, Jean «Du XXème au XXIème siècle: l'Europe et sa population après l'an 2000», *Population*, n°1, 1988, pp. 9-44.

BOURGEOIS-PICHAT, Jean e CHAPRON, J.-E., «Répartition du revenu national entre capital et travail: application au financement des systèmes de retraite», *Population*, n° 1, Jan./Fev., 1979.

BUCHANAN, James M., «From private preferences to public philosophy: the development of public choice», in AAVV, *The Economics of Politics*, Londres, Institute of Economic Affairs, s.d., pp. 3-20.

BURNHAM, James, *The Managerial Revolution*, London and Aylesbury, Penguin Books, 1945.

CABRA DE LUNA, Miguel Ángel, «El tercer sector», in AAVV, *El sector no lucrativo en España - Especial atención al ámbito social*, Ediciones Pirámide, Madrid, 1999, pp. 75-112.

CANTILLON, B., «Les limites de la securité sociale», *Revue Belge de Sécurité Sociale*, n°1, 1° trimestre de 1993, pp. 3-34.

CANTNER, Uwe e KUHN, Thomas, «Technical progress in bureaucracies», *Public Choice*, vol. 78, nºs 3 e 4, 1994, pp. 389-399.

CARACUEL, Manuel R. Alarcón e ORTEGA, Santiago González, *Compendio de Seguridad Social*, Madrid, Editorial Tecnos S.A., 1991.

CARDIGOS, Sara, «Preocupação Sim, Alarmismo Não», *Segurança Social – Regimes*, nº 2, Julho, 1993, pp. 6-7.

CARDIM, José Casqueiro, «Necessidades e políticas de formação», *Emprego e Formação*, nº 8, Maio, 1989, pp. 55-61.

CAREY, John, «Political shirking and the last term problem: evidence for a party-administered pension system», *Public Choice*, vol. 81, nºs 1 e 2, Outubro, 1994, pp. 1-22.

CASTEL, Robert, «Le modèle de la "société salariale" comme principe d'une comparaison entre les systèmes de protection sociale en Europe du Nord et en Europe du Sud», in AAVV, *Comparer les systèmes de protection sociale en Europe du Sud*, Paris, MIRE, Rencontres de Florence, vol. 3, pp. 29-47.

CHIAPPORI, Pierre-André, «Les Fonds de Pension», *Risques*, nº 20, Out.-Dez., 1994, pp. 145-153.

CHOTARD, Yvon, *Comment sauver la Securité Sociale*, Paris, Ed. Economica, 1989.

CLARE, Edward, «Euro pensions – the emerging scene», *Pensions Management*, Janeiro, 1992, pp. 39-41.

COMISSÃO DAS COMUNIDADES EUROPEIAS, *A Situação Demográfica na União Europeia – Relatório 1994*, Bruxelas, 13 de Dezembro de 1994, COM (94) 595 final.

COMISSÃO DAS COMUNIDADES EUROPEIAS, *Comunicação sobre os idosos. Proposta de decisão do Conselho relativa a acções comunitárias a favor dos idosos*, Bruxelas, 24 de Abril de 1990, COM (90) 80 final.

COMISSÃO DAS COMUNIDADES EUROPEIAS, *Emprego na Europa*, Bruxelas, 1993.

COMISSÃO DAS COMUNIDADES EUROPEIAS, *Projecções a médio prazo das despesas da Segurança Social e seu financiamento. Projecções para 1990 – relatório de síntese*, Bruxelas, 7 de Dezembro de 1988, COM (88) 655 final.

COMISSÃO DAS COMUNIDADES EUROPEIAS, *Proposta de Directiva do Conselho relativa à liberdade de gestão e de investimento dos fundos das instituições de realização de planos de pensões*, Bruxelas, 12 de Novembro de 1991, COM (91) 301 final.

COMISSÃO DAS COMUNIDADES EUROPEIAS, *Proposta de Recomendação relativa à convergência dos objectivos e das políticas de protecção social*, Bruxelas, 8 de Julho de 1991, COM (91) 228 final.

COMISSÃO EUROPEIA, *A concerted strategy for modernising Social Protection*, 14 de Julho de 1999, Bruxelas, COM (99) 347 final.

COMISSÃO EUROPEIA, *Os seus Direitos de Segurança Social quando se Desloca na União Europeia*, Luxemburgo, ed. das Comunidades Europeias, 1997.

COMISSION EUROPÉENNE, *La protection sociale dans les États membres de l'Union européenne*, Bruxelles, 1998.

COMITÉ ECONÓMICO E SOCIAL, «Parecer sobre a comunicação sobre os idosos», *Pareceres e Relatórios*, 4 de Julho de 1990, CES (90) 821.

COMITÉ ECONÓMICO E SOCIAL, «Parecer sobre a evolução social na Comunidade em 1990», *Pareceres e Relatórios*, 29 de Maio de 1991, CES (91) 708.

COMITÉ ECONÓMICO E SOCIAL, «Parecer sobre a proposta de recomendação do Conselho relativa a critérios comuns respeitantes a recursos e prestações suficientes nos sistemas de protecção social», *Pareceres e Relatórios*, 30 de Outubro de 1991, CES (91) 1252.

COMITÉ ECONÓMICO E SOCIAL, «Parecer sobre a proposta de recomendação do Conselho relativa à convergência dos objectivos e das políticas de protecção social», *Pareceres e Relatórios*, 28 de Novembro de 1991, CES (91) 1391.

COMITÉ ECONÓMICO E SOCIAL, «Parecer sobre as famílias monoparentais», *Pareceres e Relatórios*, 31 de Outubro de 1991, CES (91) 1266.

CÓNIM, Custódio e CARRILHO, Maria José, *Situação Demográfica e Perspectivas de Evolução – Portugal 1960 / 2000*, Instituto de Estudos para o Desenvolvimento, Caderno 16, Lisboa, 1985.

CORREIA, Hermínia Galvão e VIEGAS, Vítor, «A promoção de emprego e a redução de encargos para a Segurança Social», *Emprego e Formação*, n° 7, 1989, pp. 27-30.

CORREIA, Sérvulo, «Cooperação, Corporativismo e Doutrina Cooperativa», *Estudos Sociais e Corporativos*, Ano IV, Julho a Setembro, n° 15, Lisboa, 1965.

COSTA, A. Bruto da e MAIA, Fernando, *Segurança Social em Portugal: Principais características e análise dos seus efeitos redistributivos*, Desenvolvimento, 2.

CUTLER, Tony e outros, *Keynes, Beveridge and Beyond*, London, Routlege and Kegan Paul, 1986.

DE SWERT, G., «Et ils vécuront longtemps et heureux», *Revue Belge de Sécurité Sociale*, n°s 1 e 2, Jan./Fev., 1989, pp. 57-66.

DEFOURNY, Jacques e MONZON-CAMPOS, J.-L., *Economie Sociale – Third sector*, Bruxelles, De Boeck, 1995.

DEJARDIN, Jérôme, «L'Association Internationale de la Sécurité Sociale a soixante ans», *Revue Internationale du Travail*, vol. 126, n° 5, Set.-Out., 1987, pp. 659-670.

DELEECK, Hermann, «Sécurité Sociale et redistribution des revenus», *Problèmes économiques*, 2 de Março de 1977, apud Henri LEPAGE, *Amanhã o Liberalismo*, (trad. port.), Mem Martins, Publicações Europa-América, s.d..

DELMAS, Philippe, *O Senhor do Tempo – A modernidade da acção do Estado*, Porto, Edições Asa, 1993.

DESROCHE, Henri, *Pour un traité d'économie sociale*, Paris, CIEM, 1983.

DOLLFUS, O., «Geopolítica do Sistema Mundo», Milton Santos *et al.* (orgs.), *Fim de Século e Globalização*, São Paulo, Hucitec-Anpur, 1993, *apud* Pedro HESPANHA, «Globalização, Crise Social e Conflitualidade», *Oficina do CES*, n° 79, Outubro de 1996.

DUMONT, J.-P., «Les systèmes de securité sociale à l'epreuve de la crise», *Révue Internetionale du Travail*, 126, n°1, 1987, pp. 1-19.

ESPING-ANDERSEN, Gøsta, *The Three Worlds of Welfare Capitalism*, Cambridge, Polity Press, 1990.

EUROPEAN COMISSION, *Social Protection in the Member States of the European Union*, Brussels, 1994.

EUROSTAT, *Annuaire – Vue statistique sur l'Europe*, ed. 1998/99.

EUROSTAT, *Anuário Estatístico*, 1995.

EUROSTAT, *Anuário Estatístico*, 1997.

EUROSTAT, *Demographic Statistics*, 1993.

EUROSTAT, *Estatísticas de Base da Comunidade* (números diversos).

EUROSTAT, *Estatísticas Demográficas* (números diversos).

EUROSTAT, *Portrait Social de l'Europe* (números diversos).

EUROSTAT, *Statistiques démographiques*, 1997.

EUROSTAT, *Statistiques Rapides – Population et conditions sociales* (números diversos).

EUZEBY, Alain, «Les cotisations sociales en France: problèmes et perspectives», *Droit Social*, n° 12, Dezembro, 1987, pp. 864-873.

EWALD, François, *L'État Providence*, Paris, Grasset, 1987.

FALK, Richard, «The World Order between Inter-State Law and the Law of Humanity: the role of Civil Society Institutions», *in* AAVV, *Cosmopolitan Democracy*, Danièle Archibugi and David Held (eds.), Cambridge, Polity Press, 1995, chapter 6, pp. 163-179.

FAURE, Jean-Louis, «Action Sociale: le système statistique d'Etat», *Courrier des Statistiques*, n° 47, Julho, 1988, pp. 7-14.

FÉLIX, António Bagão, «As necessidades de formação em Portugal e o Mercado Único Europeu», *Emprego e Formação*, n° 7, 1989, pp. 69-76.

FÉLIX, António Bagão, «Segurança Social», *in* AAVV, *Pólis – Enciclopédia Verbo da Sociedade e do Estado*, Lisboa, Editorial Verbo, s.d., pp. 655-662.

FERNANDES, António Teixeira, *Os fenómenos políticos – sociologia do poder*, Biblioteca das Ciências do Homem, Porto, Edições Afrontamento, 1988.

FERRANDO, Manuel García, *Pensar Nuestra Sociedad – Fundamentos de Sociologia*, Valencia, Tirant lo Blanch, 1991.

FERRERA, Maurizio, «Introduction générale», in AAVV, Comparer les systèmes de protection sociale en Europe du Sud, Paris, MIRE, Rencontres de Florence, vol. 3, pp. 15-24.

FERRERA, Maurizio, «The 'Southern Model' of Welfare in Social Europe», *Journal of European Social Policy*, 1996, 6(1), pp. 17-37.

FONTAINE, Béatrice e BROUSSE, François, «Prestations d'Assurances Sociales», *Liaisons Sociales*, Número Especial, Fevereiro, 1988, pp. 3-111.

FOURASTIÉ, François, *Les Trente Glorieuses*, Paris, Fayard, 1980.

FRIEDMAN, Milton e FRIEDMAN, Rose, *Liberdade para Escolher* (trad. port.), 2ª ed., Mem Martins, Publicações Europa-América, s.d..

FRIEDMANN, John, *Empowerment: uma Política de Desenvolvimento Alternativo*, Oeiras, Celta Editora, 1996.

GIDDENS, Anthony, *Sociologia* (trad. port.), Lisboa, edição da Fundação Calouste Gulbenkian, 1997.

GIDDENS, Anthony, *The Consequences of Modernity*, Stanford, CA, Stanford University Press, 1990, apud Jan Nederveen PIETERSE, «Globalization as Hybridization», in AAVV, *Global Modernities*, Mike Featherstone, Scott Lash and R. Robertson (eds), London, Sage, 1997, pp. 45-68.

GILLIAND, Pierre, *La Sécurité Sociale dans une Société en Mutation*, Strasbourg, Conseil de l'Europe, 1989.

GINER, Salvador, *Historia del Pensamiento Social*, Madrid, Editorial Ariel, S.A., 1990.

GOUGH, I., *The Political Economy of Welfare State*, Londres, MacMillan, 1979.

GREFFE, Xavier, DUPUIS, X. e PLIEGER, S., *Financer l'économie sociale*, Paris, Economica, 1983.

GUESLIN, André, *L'invention de l'economie sociale*, Paris, Ed. Economica, 1987.

GUIBENTIF, Pierre, «Les transformations de l'appareil portugais de Sécurité sociale», in AAVV, *Comparer les systèmes de protection sociale en Europe du Sud*, Paris, MIRE, Rencontres de Florence, vol. 3, pp. 49-69.

GUILLEMARD, A. M., *La Vieilesse et l'Etat*, Paris, PUF, 1981.

GUIMARÃES, Maria Leonor Oliveira, «Esquemas Complementares de Segurança Social», *Cadernos Sindicais*, nº 9, 1987, pp. 67-74.

GUIMARÃES, Maria Leonor, «Regimes de Segurança Social – De Hoje Para Amanhã», *Segurança Social – Regimes*, nº1, Abril, 1993, pp. 8-11.

HAGEMANN, Robert P. e NICOLETTI, Giuseppe «Les effets économiques du vieillissement démographique et ses conséquences pour le financement des retraites publiques», *Revue Économique de l'OCDE*, nº 12, Printemps, 1989, pp. 59-101.

HALL, John A. e IKENBERRY, G. John, *O Estado*, Lisboa, Editorial Estampa, 1990.

HANNAH, Leslie, «Similarities and differences in the growth and structure of private pensions in the OECD countries», *in* AAVV, *Private Pensions and Public Policy*, Paris, OECD, Social Policy Studies, n° 9, pp. 21-30.

HATZFELD, Henri, *Du paupérism à la securité sociale*, Paris, Librairie Armand Colin, 1971.

HECQUET, Paul, «Le financement des retraites – La gestion du partage et des risques», *Années-Documents-Cleirppa*, n° 224, Janeiro, 1994, pp. 12-20.

HEPP, Stefan, «Comparaison entre les comportements en matière d'investissements des fonds de pension européens – Incidences sur les marchés financiers en Europe», *Révue d'Économie Financière*, n° 23, Inverno, 1992, pp. 135-157.

HESPANHA, Pedro, «Globalização, Crise Social e Conflitualidade», *Oficina dos CES*, n° 79, Centro de Estudos Sociais, Coimbra, Outubro de 1996.

HESPANHA, Pedro, «Redes e Políticas de Solidariedade: Globalização e Política Social», *Cadernos de Política Social*, Junho de 1999.

HESPANHA, Pedro, «Vers une société-providence simultanément pré- et post -moderne», *Oficina do CES*, n° 38, Centro de Estudos Sociais, Coimbra, Novembro de 1993, 23 pp.

HESPANHA, Pedro, *Os caminhos e os descaminhos do terceiro sector – A propósito da experiência portuguesa recente*, comunicação ao Seminário de Sociologia e Antropologia, integrada na mesa IV "Consolidação Democrática, Democracia Participativa e Terceiro Sector", Recife, 28-30 de Setembro de 1999, 31 pp.

HIRSCH, Fred, *Social Limits to Growth*, London and Hentley, Routledge & Kegan Paul, Ltd., 1978.

HIRSCHMAN, Albert O., «Estado-Providência em dificuldades: crise do sistema ou dores de crescimento», *Le Débat*, Dezembro de 1980, apud P. ROSANVALLON, *A crise do Estado-Providência* (trad. port.), Paris, Seuil, 1981.

HUBBARD, R. Glenn e JUDD, Kenneth L., «Social Security and Individual Welfare», *The American Economic Review*, vol. 77. n° 4, Setembro, 1987, pp. 630-643.

HUMBOLDT, Guillame de, *Essai sur les limites de l'action de l'Etat*, Paris 1867, apud P. ROSANVALLON, *A crise do Estado-Providência* (trad. port.), Paris, Seuil, 1981.

ILLICH, Ivan, *Limites para a medicina – A expropriação da saúde* (trad. port.), Lisboa, Livraria Sá da Costa, 1977.

INSTITUTO NACIONAL DE ESTATÍSTICA, *Inquérito Nacional às Instituições Particulares de Solidariedade Social – 1993*, Lisboa, INE, 1995.

JAFFRÉ, Denise, «Le revenu minimum d'insertion», *Revue Pratique de Droit Sociale*, n° 528, Abril, 1989, pp. 125-130.

JESSOP, Bob, *The Capitalist State*, Oxford, Martin Robertson, 1982.

KESSLER, D., «Le vieillessement de la population. Un défi europeen», *Revue Belge de Sécurité Sociale*, 4° trimestre, 1993, pp. 963-977.

LANGE, Oskar, *Moderna Economia Política – Problemas Gerais*, Rio de Janeiro, Fundo de Cultura, 1962.

LANGENDONK, J. Van, «Les tendences à la privatisation en Europe», *Revue Belge de Sécurité Sociale*, nºs 1 e 2, Jan./Fev., 1989, pp. 9-24.

LAROQUE, Michel, «Coordination et convergence des systèmes de Sécurité sociale des États membres de la CEE», *Droit Social*, nº 9/10, Set./Out., 1993, pp. 792-800.

LAROQUE, Michel, *Politique Sociale dans la France Contemporaine: le social face à la crise*, Éditions STH, 1984.

LASH, Scott e URRY, John, *Economies of Signs and Space*, London, Sage Publications Ltd, 1996.

LAVILLE, Jean-Louis, *L'économie solidaire – Une perspective internationale*, Paris, Desclée de Brouwer, 1994.

LEAL, António da Silva, *Organização da Previdência*, Apontamentos das lições proferidas no Instituto de Estudos Sociais, Ano lectivo de 1966/67.

LEPAGE, Henri, *Amanhã o Liberalismo*, (trad. port.), Mem Martins, Publicações Europa-América, s.d..

LORIAUX, M., «L'Europe vieillissante réussira-t-elle sa révolution grise? Nouvelle transition et perspectives démographiques européennes», *apud* ASSEMBLEIA DA REPÚBLICA, *Envelhecimento Demográfico e a Situação Social do Idoso – Envelhecimento demográfico e protecção social*, Tomo I, Cadernos de Informação, Série XIV.

MAIA, Fernando, «Sistemas de Segurança Social – Da lógica institucional à lógica funcional», *Cadernos Sindicais*, nº 9, 1987, pp. 41-65.

MAIA, Fernando, «Sistemas de Segurança Social», *Cadernos Sindicais*, nº 9, 1987, pp. 9-20.

MAIA, Fernando, *Segurança Social em Portugal – Evolução e Tendências*, Instituto de Estudos para o Desenvolvimento, 1ª edição, Caderno 11, Lisboa, 1985.

MAILLARD, Paul, *Votre retraite?*, Villennes-sur-Seine, Castelange Difusion, 1990.

MARTINEZ, Manuel, *Bienestar Social*, Madrid, Editorial Trivium, S.A., 1986.

MENDES, Fernando Ribeiro, «Segurança Social: a factura da terceira idade (I)», *Euroexpansão*, ano VI, nº 45, Junho/Julho, 1988, pp. 20-24.

MENDES, Fernando Ribeiro, *Transição Demográfica e Protecção Social. População e Economia na Modernização Portuguesa*, Lisboa, Universidade Nova de Lisboa, 1987.

MILLS, Catherine, «Protection Sociale – Selectivité et Régressions», *Economie et Politique*, Paris, nº 143, Mars, 1989, pp. 55-57.

MISHRA, Ramesh, *O Estado-Providência na sociedade capitalista*, Oeiras, Celta Editora, 1995.

MOLKHOU, Brigitte, «La Géstion de Trésorerie de la Securité Sociale, l'Exemple du Régime Général», *Droit Social*, n° 11, Novembre, 1987, pp. 761-768.

MOUZELIS, Nicos, *Politics in the Semi-periphery*, Londres, MacMillan, 1986.

MOZZICAFREDDO, Juan, «O Estado-Providência em Portugal», *Sociologia – Problemas e Práticas*, n° 12, 1992, pp. 57-89.

MOZZICAFREDDO, Juan, *Estado-Providência e Cidadania em Portugal*, Oeiras, Celta Editora, 1997.

MÜNKNER, Hans, «Panorama d'une économie sociale qui ne se reconnaît pas comme telle: le cas de l'Allemagne», *La Revue internationale de l'économie sociale*, n.° 44-45, 1993.

MUUS, Philip J., «La migration internationale dans et vers la région économique européenne (REE): tendances passées et prévisions pour la future migration internationale», *in* AAVV, *La securité sociale en Europe – egalité entre nationaux et non nationaux*, Lisboa, Departamento de Relações Internacionais e Convenções de Segurança Social, 1995, pp. 159-189.

NAMORADO, Rui, «A economia social em questão», *Oficina do CES*, n.° 5, 1988, 28 pp.

NAMORADO, Rui, «Estrutura e organização das cooperativas», *Oficina do CES*, n.° 138, 1999, 21 pp.

NAZARETH, José Manuel, *Portugal – Os próximos 20 anos*, III volume, Lisboa, Fundação Calouste Gulbenkian, 1988.

NEVES, Ilídio das, *Crise e Reforma da Segurança Social – Equívocos e Realidades*, Lisboa, edição do Montepio Geral, 1998.

NEYT, Ph., «"Occupational Pensions" Aspects budgétaires et de redistribution», *Revue Belge de Sécurité Sociale*, n°s 1 e 2, Jan./Fev., 1989, pp. 67-91.

NISKANEN, William A., «Compention Amoung Government Bureaus», *in* AAVV, *The Economics of Politics*, Londres, Institute of Economic Affairs, s.d., pp. 163--170.

NUNES, A. Sedas, *Princípios de Doutrina Social*, Lisboa, Livraria Morais Editora, 1961.

NUNES, A. Sedas, *Questões preliminares sobre as Ciências Sociais*, 8ª edição, Lisboa, Editorial Presença, Lda, s.d..

O'CONNOR, James, *The Fiscal Crisis of the State*, Nova Iorque, St. Martin's Press, 1973.

O'DONNELL, Guillermo, *El Estado Democratico Autoritario*, Buenos Aires, Editorial de Belgrano, 1982.

OCDE, *Statistiques des recettes publiques – 1965-1996*, Paris, 1998.

OCDE/SOPEMI, *Trends in International Migration*, Annual Reports (números vários).

OFFE, Claus, *Contradictions of the Welfare State*, Cambridge, Massachusetts, The MIT Press edition, 1984.

OFFE, Claus, *Disorganized Capitalism*, Cambridge, Polity Press, 1985.

OLIVEIRA Ana C., *Terceiro setor: uma agenda para reforma do marco legal*, São Paulo, edição da Fundação Getúlio Vargas, 1997.

OLIVEIRA, Renilda A. Marques, «Algumas considerações sobre o Sistema Nacional de Previdência e Assistência Social», *Revista de Administração Pública*, 2º trimestre, Abril, 1989, pp. 17-25.

OLMEDA, Alberto Palomar, «El procedimiento administrativo en el ámbito de la Administración de la Seguridad Social», *Civitas – Revista Española del Derecho del Trabajo*, nº 37, pp. 77-102.

PARLAMENTO EUROPEU, «Relatório elaborado em nome da Comissão dos Assuntos Sociais e do Emprego sobre a aplicação da Recomendação do Conselho de 20 de Dezembro de 1982 relativa aos princípios de política comunitária sobre a idade da reforma», *Relatórios*, 16 de Janeiro de 1989, PE DOC A 2-358/88.

PEACOCK, Alan T. e WISEMAN, Jack, *The Growth of Public Expenditure in the United Kingdom*, Woking and London, Unwin University Books, 1967, 2ª edição.

PEACOCK, Alan, «The Economics of Bureaucracy: an Inside View», *in* AAVV, *The Economics of Politics*, Londres, Institute of Economic Affairs, s.d., pp. 119--128.

PELAYO, Manuel Garcia, *Las transformaciones del Estado Contemporaneo*, Madrid, Alianza Editorial, SA, 1985.

PERPIÑA, António, *Sociologia de la Securidad Social*, Madrid, Confederacion Española de Cajas de Ahorro, 1972.

PERRIN, Guy, «Rationalisation du financement de la Sécurité Sociale», *in* AAVV, *Sécurité Sociale: quelle méthode de financement?*, Genève, Bureau Internationale du Travail, s.d., pp.123-149.

PESTIEAU, Pierre, «The distribution of private pension benefits: how fair is it?», *in* AAVV, *Private Pensions and Public Policy*, Paris, OECD, Social Policy Studies, nº 9, pp. 31-50.

PIETERSE, Jan Neverdeen, «Globalization as Hybridization», *in* AAVV, *Global Modernities*, Mike Featherstone, Scott Lash and Roland Robertson (eds.), London, Sage Publications, 1997, chapter 3, pp. 45-68.

PIVEN, Frances F. e CLOWARD, R., *Regulating the Poor: the Functions of Public Welfare*, Nova Iorque, Vintage Books, 1972.

PLASSART, Philippe, «Prévoyance: l'enterprise providence ?», *Liaisons Sociales*, nº 22, Out. 1987, pp. 54-58.

PLOUG, Niels, «L'Etat providence en liquidation?», *Revue internationale de sécurité sociale*, vol. 48, 2/95, pp. 65-77.

PRÉTOT, Xavier, «La Tutelle de l'Etat sur les Organismes de Securité Sociale, Aspects Contentieux», *Droit Social*, nº 11, Novembro, 1987, pp. 769-777.

PUÉRTOLAS, Juan Hernández, *Más seguros que nunca*, Colección Esade, Barcelona, Editorial Hispano Europea, SA, 1994.

QUELHAS, José Manuel Gonçalves Santos, *Sobre a evolução recente do sistema financeiros – novos «produtos financeiros»*, Separata do Boletim de Ciências Económicas da Faculdade de Direito da Universidade de Coimbra, Coimbra, Livraria Almedina, 1996.

REIS, António, *Portugal Contemporâneo*, vol. I, Lisboa, ed. Selecções do Reader's Digest, SA, 1996.

REYNAUD, Emmanuel, «Le financement des retraites: répartition et capitalisation dans l'Union européenne», *Revue internationale de sécurité sociale*, vol. 48, 3-4/95, pp. 47-65.

REYNAUD, Emmanuel, «Les fonds de pension – L'enseignementdes exemples allemand et britannique», *Futuribles*, n° 188, Junho, 1994, pp. 3-32.

RIBEIRO, José Joaquim Teixeira, *Lições de Finanças Públicas*, Coimbra, Coimbra Editora, Lda., 1991.

ROBERTSON, Roland, *Globalisation - Social Theory and Global Culture*, London, Sage Publications, 1992.

ROBINSON, Joan, *Economic Philosophy*, London, Penguin Books, 1966.

RODRIGUES, Eduardo Ferro, *Políticas Sociais e Estado-Providência: o financiamento da Segurança Social*, Lisboa, Fundação Friedrich Ebert, 1995.

ROSANVALLON, Pierre, *A Crise do Estado-Providência* (trad. port.), Paris, Seuil, 1981.

ROSANVALLON, Pierre, *La nouvelle question sociale: repenser l'Etat-providence*, Paris, Editions du Seuil, 1995.

ROWLEY, Charles e ELGIN, Robert, «Towards a Theory of Bureaucratic Behaviour», *in* AAVV, *Public Choice, Public Finance and Public Policy*, Oxford, David Greenaway e G. K. Shaw, 1985.

ROWLEY, Charles K. e TOLLISON, Robert D. «Peacock and Wiseman on the growth of public expenditure», *Public Choice*, vol. 78, n° 2, 1994, pp. 125-128.

ROWLEY, Charles K., «Market "Failure" and Gouvernment "Failure"», *in* AAVV, *The Economics of Politics*, Londres, Institute of Economic Affairs, s.d., pp. 31-42.

RUELLAN, Rolande, «Qui est responsable de la Securité Sociale?», *Droit Social*, n° 9/10, Set.-Out., 1995, pp. 718-722.

RUELLAN, Rolande, «Retraites: l'impossible réforme est-elle achevée?», *Droit Social*, n° 12, Dezembro, 1993, pp. 911-929.

SAINT- JOURS, Yves, «L'Association de la Mutualité au Service Publique de la Securité Sociale», *Droit Social*, n° 4, Abril, 1988, pp. 347-355.

SAINT-JOURS, Yves, «La securité sociale en déficit de supports culturels et scientifiques», *Droit Social*, n° 11, Novembro, 1993, pp. 896-900.

SANTOS, Boaventura de Sousa, «Toward a Multicultural Conception of Human Rigths», *Zeitschrift für Rechtssoziologie*, n° 1/97, pp. 1-15.

SANTOS, Boaventura de Sousa, *A Reivenção Solidária e Participativa do Estado*, comunicação apresentada no Seminário Internacional "Sociedade e Reforma do Estado", São Paulo, Brasil, Março de 1998, 43 pp.

SANTOS, Boaventura de Sousa, BENTO, Maria, GONELHA, Maldonado e COSTA, Alfredo Bruto da, *Uma visão solidária da Reforma da Segurança Social*, Lisboa, edição conjunta da União das Mutualidades Portuguesas e do Centro de Estudos Sociais da Faculdade de Economia da Universidade de Coimbra, 1998.

SANTOS, Boaventura de Sousa, *Introdução a uma ciência pós-moderna*, Biblioteca das Ciências do Homem, Porto, Edições Afrontamento, 1990, 2ª edição.

SANTOS, Boaventura de Sousa, *O Estado e a sociedade em Portugal (1974-1988)*, Biblioteca das Ciências do Homem, Porto, Edições Afrontamento, 1990.

SANTOS, Boaventura de Sousa, *Pela Mão de Alice – O Social e o Político na Pós--Modernidade*, Biblioteca das Ciências do Homem, Porto, Edições Afrontamento, 1994.

SANTOS, Boaventura Sousa, «The welfare state between conflicting globalizations», *Oficinas do CES*, n° 140, Maio de 1999.

SANTOS, José Carlos Gomes, «Contribuições patronais para a Segurança Social: racionalidade, efeitos e propostas de mudança – Uma aproximação teórica à questão», *Ciência e Técnica Fiscal*, n° 368, Out.-Dez., 1992, pp. 49-93.

SEGHAL, J. M., *An Introduction to Techniques of Population and Labour Force Projections*, Genève, O.I.T., 1986.

SILVA, Cidália, «Desemprego de longa duração: incentivos à criação de empregos», *Emprego e Formação*, n° 8, Maio, 1989, pp. 103-114.

SILVEIRA, Jorge, *O Mutualismo em Portugal*, Lisboa, União das Mutualidades Portuguesas, 1994.

SMITH, Adam, *A riqueza das Nações*, vol. I, Lisboa, ed. da Fundação Calouste Gulbenkian, s.d..

TAMBURI, G. e MOUTON, P., «Problèmes de frontières entre régimes privés et régimes publiques de pensions», *Révue Internationale du Travail*, 125, n° 2, 1986, pp. 143--158.

THERBORN, Göran, «Routes to/trough Modernity», *in* AAVV, *Global Modernities*, Mike Featherstone, Scott Lash and Roland Robertson (eds.), London, Sage Publications, 1997, chapter 7, pp. 124-139.

THOMPSON, L. H., «The Social Security Reform Debate», *Journal of Economic Literature*, 21, 1983, pp. 1425-1467.

TOCQUEVILLE, Alexis de, *De la Démocracie en Amérique*, Paris, Éditions Galimard, 1983, (edição revista e corrigida).

UNIÃO DAS MUTUALIDADES PORTUGUESAS, «Associação Mutualista dos Trabalhadores da Saúde dá os primeiros passos», *Mut-Actual*, nº 11, Dezembro de 1998, pp. 2-4.

UNIÃO DAS MUTUALIDADES PORTUGUESAS, *Relatório e Contas de 1998*, Lisboa, edição da União das Mutualidades Portuguesas, 1999.

UNIÃO DAS MUTUALIDADES PORTUGUESAS, *VIII Congresso de Mutualismo 1998 – Conclusões*, Lisboa, edição da União das Mutualidades Portuguesas, 1999.

VERKINDT, Pierre-Yves e WACONGNE, Mathilde, «Le travailleur vieillissant», *Droit Social*, nº 12, Dezembro, 1993, pp. 932-941.

VOIRIN, Michel, «Les régimes privés de pension en relation avec les régimes publiques: Clés pour une approche comparative», *Revue internationale de sécurité sociale*, vol. 48, 3-4/95, pp. 101-155.

WALKER, Alan, «The Economic "Burden" of Ageing and the Prospect of Intergenerational Conflict», *Ageing and Society*, volume 10, parte 4, Dezembro, 1990, pp. 377-396.

WOLF Jr, Charles, «A Theory of Non-Market Failures: Framework for Implementation Analysis», *The Journal of Law and Economics*, Abril de 1979.

WRIGTH, Erik O., *Class, Crisis and State*, Londres, New Left Books, 1987.

ZAIDMAN, Catherine, «Les grandes questions», *Droit Social*, nº 9/10, Set.-Out., 1995, pp. 723-730.

ZAVVOS, George S., «Libéralisation des fonds de pension en Europe – Le point de vue du Parlement Europeen», *Révue d'Économie Financière*, nº 23, Inverno de 1992, pp. 289-307.

ZERBATO, Michel e outros, *Keynesianisme et Sortie de la Crise*, Paris, Bordas, 1987.

ZOLLNER, Detlev, *Un Siècle de Securité Sociale (1881 - 1981)*, (ed. francesa), Max Planck Institut, 1982.

ÍNDICE

Nota da autora	7
Prefácio	9
Lista de quadros	11
Nota prévia	15
Capítulo 1 – Terceiro sector, mutualismo e globalização	19
1.1 – Sobre o conceito de terceiro sector	19
1.2 – Terceiro sector ou economia social?	23
1.3 – Das solidariedades primárias à emergência do mutualismo	26
1.4 – O terceiro sector e os processos de globalização	29
Capítulo 2 – A construção do Estado-Providência – a criação e o desenvolvimento dos sistemas públicos de protecção social	35
2.1 – A heterogeneidade dos sistemas públicos de protecção social	36
2.1.1 – Condicionantes históricas	36
2.1.2 – Condicionantes temporais	39
2.1.3 – Condicionantes de acesso	40
2.1.4 – Estruturas fiscais e modos de tributação	44
2.1.5 – Níveis efectivos de protecção prestada	44
2.2 – A questão do financiamento: considerações em torno do binómio repartição/capitalização	48
2.3 – Do crescimento do Estado	51
2.3.1 – A análise marxista do Estado	54
2.3.2 – As teorias explicativas do crescimento do Estado	56
2.4 – Da eficácia do Estado-Providência	61
Capítulo 3 – Das causas da crise dos sistemas públicos de protecção social	71
3.1 – A amplitude das transformações demográficas	72

3.1.1 – Fecundidade e mortalidade 74
3.1.2 – Fluxos migratórios 77
3.1.3 – Relações de dependência 81
3.2 – A amplitude das transformações sociais 84
3.2.1 – Estabilidade das estruturas familiares 84
3.2.2 – Feminização do emprego 90
3.3 – A amplitude das transformações laborais 93
3.3.1 – O fim da «sociedade salarial» 93
3.3.2 – Crescimento e emprego: a controvérsia no fim do século ... 95

Capítulo 4 – Da privatização à re-socialização das políticas sociais 103

4.1 – A resposta do mercado: o surgimento dos planos de pensões 104
4.2 – Os ecos da privatização: breve relato de algumas experiências 110
4.3 – As virtualidades do sistema público 113
4.4 – Um regresso à socialização? 116

Capítulo 5 – O mutualismo português perante a refundação das políticas sociais: potencialidades e limites 127

5.1 – Breve perspectiva do terceiro sector à escala europeia 127
5.2 – Contexto actual do mutualismo português 141
5.3 – As potencialidades e os limites do mutualismo em Portugal 149
5.3.1 – Algumas questões fundamentais 149
5.3.2 – Metodologia utilizada 157
5.3.3 – Resultados obtidos 165
5.4 – Em jeito de síntese 197

Nota Final 201

Anexo I – Estruturas fiscais e composição das receitas e das despesas da Segurança Social 205

Anexo II – Estrutura Demográfica na União Europeia – Estatísticas e Projecções ... 231

Anexo III – Elenco dos membros da Association Internationale de la Mutualité ... 243

Anexo IV – Inquérito às associações mutualistas nacionais 249

A. Universo considerado 251
B. Formulário utilizado 255

Informação bibliográfica 269

Índice 283